新时代"强基兴师"丛书

马林谈数学教育

回眸与凝视

马　林◎著

安徽师范大学出版社
ANHUI NORMAL UNIVERSITY PRESS
·芜湖·

图书在版编目(CIP)数据

回眸与凝视:马林谈数学教育 / 马林著. —芜湖:安徽师范大学出版社,2023.8
(新时代"强基兴师"丛书)
ISBN 978-7-5676-5938-4

Ⅰ. ①回… Ⅱ. ①马… Ⅲ. ①中学数学课—教学研究 Ⅳ. ①G633.602

中国版本图书馆CIP数据核字(2022)第213090号

回眸与凝视:马林谈数学教育 马 林◎著
HUIMOU YU NINGSHI MALIN TAN SHUXUE JIAOYU

策划编辑:吴顺安 吴毛顺
责任编辑:孔令清 责任校对:吴毛顺
装帧设计:王晴晴 冯君君 责任印制:桑国磊
出版发行:安徽师范大学出版社
芜湖市北京中路2号安徽师范大学赭山校区 邮政编码:241000
网 址:http://www.ahnupress.com
发 行 部:0553-3883578 5910327 5910310(传真)
印 刷:江苏凤凰数码印务有限公司
版 次:2023年8月第1版
印 次:2023年8月第1次印刷
规 格:787 mm ×1 092 mm 1/16
印 张:19.25
字 数:295千字
书 号:ISBN 978-7-5676-5938-4
定 价:108.00元

内容简介

“新时代‘强基兴师’丛书”以安徽师范大学“基础教育振兴行动计划”为指引，坚持落实“立德树人”的根本任务，立意高远，目标清晰，特点鲜明。

本书是数学教育名师马林从教40年来探索数学教育及其变革的全面总结和全新阐释。内容主要分为“教海泛舟”和“数苑撷英”两篇。“教海泛舟”篇，作者用研究的视角和写真的手法，结合教学案例和教育理论研究，着重探讨数学课堂教学的真善美，努力生成富有真理性的数学课堂，揭示教师专业成长的过程；“数苑撷英”篇，作者从课程开发、教学改革、深度学习、专业发展等方面，在一线教师可“身临其境”这一“得天独厚”的条件下对其进行实证和探索，从而展现教师多重素养、多元角色和角色转变的能力。

本书与实践相随，与阅读同行，与思考为伴，是普通教师成长为名师的真实心路历程。这是一本写自己、写过往的书，更是一本“致敬青春：写给未来名师”的书。

作者简介

马林，安徽师范大学附属中学原校长、中教集团总校长，安徽省首批正高级教师，数学特级教师，安徽师范大学硕士生导师，教育部“国培计划”首批入选专家，国家考试中心专家库成员，安徽省中学数学专业委员会副理事长，安徽省特级教师讲师团成员。芜湖市首批“名校长工作室”“名师工作室”主持人，获安徽省首届“教坛新星”、安徽省有突出贡献教育专家、全国第五届“苏步青数学教育奖”等荣誉。在《数学通报》《中学数学教学参考》等期刊发表教研论文160余篇，出版《心舟揽胜——马林数学教育文选》《奥林匹克竞赛集粹》等专著、合著38部，主持并完成“基于‘数学教研共同体’的教师在岗发展研究”和“‘校本研究网络平台’设计开发与应用研究”等多项国家级和省级课题。

赓续学脉　强基兴师
擦亮师范教育的育人底色

教育、科技、人才是全面建设社会主义现代化国家的基础性、战略性支撑，建设教育强国是中华民族伟大复兴的基础工程。安徽师范大学在新时期的办学理念上坚持“1234”：一是以实现中华民族伟大复兴为己任；二是尊重科学、尊重知识；三是做好基础与应用、理论与实践、科学与工程的结合；四是人才培养注重服务“四个面向”战略部署。新时代新征程，学校全面实施推进“基础教育振兴”和“学科振兴”两大行动计划，着力提升学校办学综合实力与核心竞争力，奋力在“双一流”建设上实现新突破，全面引领服务安徽基础教育发展，打造基础教育振兴安徽模式。

百年大计，教育为本；教育大计，教师为本。基础教育是人才成长的起点，又是整个教育体系的根基，在国民教育体系中承担着特殊使命，事关国民素质提升，事关人的全面发展，事关社会公平正义。

再回母校，我越发深切地意识到提升基础教育的质量、造就一支高素质专业化基础教育教师队伍，对于办好基础教育乃至整个国民教育至关重要。强基兴师，利在当下、功在千秋。

强基兴师，是师范院校的使命。师范教育一直都是安徽师范大学的办学底色，也是办学核心竞争力的关键所在。学校是安徽基础教育的“母机”，是强基兴师的主力，要牢牢坚守培养高素质基础教育师资的办学使命，坚决扛起基础教育振兴时代重任，擦亮师范教育的育人底色，努力解决“双减”政策背景下，基础教育优质资源难以满足人民群众需求的难题。我们要为安徽基础教育改革做点事情，务实求真，做好高品质教师培养，全面服务安徽基础教育发展，努力为振兴安徽基础教育作出师大人的贡献。

强基兴师，是创新教育的基石。在中国式现代化进入新征程的今天，强化教育优先发展的战略地位，体现了以创新为核心的教育、科技、人才三大战略的规律性联系。无论是加快建设科技强国，实施创新驱动发展战略，加快实现高水平科技自立自强，积聚力量进行原创性引领性科技攻关，坚决打赢关键核心技术攻坚战，增强自主创新能力，还是建设人才强国，加快建设世界重要人才中心和创新高地，着力形成人才国际竞争的比较优势，基础都在教育。创新的基础教育才能培养创新的人才，而创新人才培养又有赖于高素质专业化创新型教师队伍。因此，学校要从师资队伍建设、人才培养方案、教材教法教案抓起，着力打造优秀教师培养体系和教师终身学习体系，让每个从安徽师大走出的教师乐教善教，成为安徽教育的主力军，推动教育高质量发展。

强基兴师，是教育强国的关键。党的二十大描绘了中国式现代化的宏伟蓝图，亟须进一步形成加快建设高质量教育体系赋能中国式现代化的实践进路，实现中华民族伟大复兴的中国梦。习近平总书记在致清华大学苏世民学者项目启动仪式的贺信中指出，教育决定着人类的今天，也决定着人类的未来。教育兴则国家兴，教育强则国家强。“教育是提高人民综合素质、促进人的全面发展的重要途径，是民族振兴、社会进步的重要基石，是对中华民族伟大复兴具有决定性意义的事业。”由此，我们师大人使命光荣、责任重大，唯有踔厉奋发、笃行不怠，方不负党和人民的信任和重托。

安徽师范大学出版社策划的“新时代‘强基兴师’丛书”很好地顺应了学校事业发展上水平、上台阶谋划设计的发展举措——“基础教育振兴行动计划”，立意高远，目标清晰，特点鲜明。

其一，开放性与系统性相结合。“新时代‘强基兴师’丛书”是一个开放性的体系，在确保科学性、学术性、可读性的基础上，不断吸纳新理论、新思想的教育论著，推进创新；不断发现有创举、有成效的教育成果，推广运用；不断推荐省内有思想、有成就的学科名师，传经授艺。同时，丛书围绕理论、实践和名师三个系列，将介绍教育理论、推荐教育实践、总结名师经验进行系统性整合，希望可以打造成为安师大出版社教育类图书的品牌。

其二，科学性与前沿性相统一。丛书既有高校教育专家学者的理论研究，也有中学教育名师关于自身成长历程的总结和对教育管理与教育教学的探索，还将总结与推广2022年安徽省基础教育教学特等奖和一等奖的获奖成果，展示这些成果坚持立德树人的价值导向，一切从学生出发，释放学生生命活力和智慧灵性的实践案例，产生激励、引领、推而广之的积极作用。丛书力求展现安徽基础教育前沿成果，宣传安徽名师典型，充分发挥名师效应。

其三，理论性与实践性相呼应。丛书包含两条主线：一是重点展现名师关于教育理论和教育实践的理性思考，体现他们对教育本质的探索和追求；二是展示新时代教育工作者对基础教育改革与发展的新探索和新实践，让教育教学创新成果落地生根。丛书既关注教育教学研究的前沿动态，又贴近中小学教师的工作生活，做到理论与实践相统一，力求建立一套完善的中学学科教师专业发展机制，形成一批可复制、可推广的中学师资队伍建设改革经验，发挥示范引领作用。

这套丛书将为中国教育的高质量发展提供我们安徽的真知灼见，也为安徽师大正在打造的金牌教案、金牌教练、金牌师范生“三金”工程提供鲜活的案例，力争为全国师范教育改革和基础教育振兴提供“参考样板”。

李亚栋

癸卯兔年盛夏于清华园

（李亚栋，中国科学院院士、安徽师范大学校长）

目　录

教海泛舟

数苑撷英

致敬青春：写给未来的名师

未来的名师：

当我提笔给你们写这封信的时候，脑海里浮现的是一张张青春的面孔、欢悦的笑容和奋进的场景.

青春是什么？记得一位诗人这样描述：青春是一团激情燃烧的火，青春是一面领先时代的旗，青春是一条不知疲倦的河，青春是一座超越平坦的山，青春是一幅灵动绮丽的画，青春是一颗征服世界的心.青春不做一叶随风荡漾的浮萍，在世俗中四处漂泊;青春要做一棵挺拔有力的劲松，在风雨中成就伟岸.

未来的名师们，无论是你们选择了教育，还是教育选择了你们，你们所踏上的这条教育之路，既是一条铺满鲜花的朝圣之路，更是一条布满荆棘的探索之路，需要你们用赤诚的心去铺就，用满腔的爱去奔赴，用无尽的执著去超越.

“青春时很多都不懂，当懂了已不青春.”对于青春已成遥想的我来说，总希冀用我的笔墨，我的亲历，我的真情，我的实感，甚至是我的警醒，能让青春的你们在教育之旅的启程阶段，就能多懂一点，懂多一点，以更好地行稳致远.

1 锤炼情感

“师者，人之模范也.”以德育人，是教育的第一要义.要做到以德立身，就要在是非、曲直、善恶、得失上率先垂范，以身作则，用堂堂正正的人格去感染学生，影响学生.用宽广的胸怀，把对家国之爱、对教育之爱、对学生之爱融为一体，践行“知行合一”，做到行为世范，不断提高师德修养.

“教育的事业是爱的事业，师爱超越亲子之爱、友人之爱，因为它包含了崇高的使命感和责任感.”要做未来的名师，从业开始就要给自己树立一个道德标杆，把修身养德作为一生的功课，像人民教育家于漪老师那样，“一辈子做老师，一辈子学做老师”.你们要捧出自己的真心，走进学生的内心；献出自己的爱心，收获学生的真心.

人的心灵就是通过一件件平凡而又具体的事进行雕塑的，这是一个持续的不断修炼、自我塑造的过程.“千件、万件，把它们穿在育人这根红线上，就觉得忙得应该，忙得其所，忙得意义非凡.”当我们把对学生爱的情感编织在职业生涯中的每一个平凡日子里；当我们把对学生爱的关怀融化到教育人生中的每一个具体行动上时，我们就会听到自己和孩子们心灵碰撞的声音，自然就可以笑得灿烂如烟，无悔青春，无悔过往，无悔人生！

2 扎实学识

古往今来，能称得上名师的，都有渊博的学识，让学生折服，受社会崇敬.要做未来的名师，就要力戒浮躁，如饥似渴，孜孜以求，与大师对话，与经典为友，与实践相伴，与同伴切磋，不断厚实根基，丰富内涵，提升教育教学的真本领、硬功夫.

“一个人的阅读史，就是他的精神发育史.”寻访每一位名师的成长路径，都有一个不二法门，那就是阅读.我们数学系曾进行过有关名师专业发展路径研究的课题，在对特级教师的访谈、交流和观察中，发现他们都有一共同的“喜好”，那就是阅读中学数学方面的期刊.虽然中学数学教师时间紧、任务重，但也需要充电，不断学习.中学数学期刊中的论文多是直面中学教学实际，讲述的是师生自己的故事，提供的是一线教师所需的“给养”.工作间隙和夜深人静时阅读中学数学期刊，既满足了名师对知识的渴求，又解决了利用有限时间和碎片时间“充电”的问题.名师多是“有思想的阅读者”,即在阅读时与文本之间产生有内涵的呼应，引发自己的思考，自然心灯点亮，笔端生花.

老子曰：“天下难事，必作于易；天下大事，必作于细.”教学无小事，教师的一言一行，都会给学生以影响.比如，教师上课时饱满的热情，全力的投入，精当的语言，工整的板书，美观的作图等.这些看似小事，无不折射出严谨的治学态度，给学生以潜移默化的影响和感染.让我感动的是，我执教的每届学生在参加集体返校活动时，总免不了要我为他们再在黑板上徒手画个圆，表示让我们回到从前.

3 丰富智慧

现今我国教育已进入高质量发展阶段，教育教学面临更多更新的机遇和挑战，这就需要一线教师与时俱进，既要仰望星空，又要脚踏实地.把日常工作作为课题进行实证性研究，要敏于问题，善于钻研，敢于创新，方可“培根铸魂，启智润心”.

如何在教学中夯实功底、凸显特长和追求卓越，以不断丰富教育实践智慧呢？我以在《中学数学教学参考》和《中国数学教育》上为教师发展而写就的《在岗研究与教师专业发展》《骨干教师怎样从高原到高地》和《在行动中摄取，在反思中凝练》等论文（均被中国人民大学《高中数学教与学》全文转载）为基本线索，用研究的视角和写真的手法，揭示教师专业成长的过程就是痛并快乐着的不断修炼、修为的过程.

在本书中对老师的分类，我想我可以称得上学者型教师.殊不知，我曾“跨界”当选过校工会主席，甚至在获评省首届“教坛新星”、破格晋升中学高级教师后，还兼任一段时间校总务主任，后又担任副校长、校长工作.若用数学研究的眼光来审视，我发现做管理、搞活动，都很像是写论文.先进行数学分析（统计规划）、明确主题（工作目标），再围绕主题去遴选素材、确定权重（统筹安排），进行撰写(开展工作)，然后再修改完善（检查落实）.这对于拓宽视野，学以致用，经受历练，累积智慧，丰富人生，都是大有裨益的.

4 追寻梦想

安徽师范大学附中校园里有“穷理致知”和“放飞理想”两个雕塑，意在激励师生只有不断探寻，穷究事理，才能放飞理想，成就梦想.教育的理想，并不是那种彼岸的天国，多是在日复一日平凡而又单调的教育生活中，构建出来的对于明天所要培养的人的憧憬和使命.只有历尽艰难、不懈追寻的人，才能从看似庸常的教育现实中，真正领略到教育的诗情和画意.

我是一个体育爱好者，体育运动让我和我的学生们亲近了很多.我知道，长跑既需要速度，更需要耐力和恒心，以及在漫长的奔跑路上适时调整步幅和速率.青年教师不缺速度和冲劲，需要的是毅力和恒久.教师专业成长之路，何尝不像长跑.今天上好一节公开课，明天完成一篇教学反思，后天参加一次培训研修，日复一日，年复一年，初心不变，矢志追求，做一个奋发上进者、终身学习者，方能抵达专业发展的理想境地.

当你的人生之路有了这样的“长跑规划”，纵然你今天参加的教学比赛失利，明天参加的论文评选没有获得理想的名次，后天单位把培训的机会给了他人，这些又算得了什么？你还有大把的机会，你还有无限的可能.因为教师专业成长之路并不都是柳暗花明，常常是山重水复，坎坷不断，甚至荆棘丛生.但你要相信自己、相信“相信的力量”，相信努力终会成就你自己.踏平坎坷成大道，斗罢艰险又出发.请记住泰戈尔的这句话：“你所吃过的苦，受的罪，流的泪，忍的痛，到最后都会变成光，照亮你的路.”

未来的名师们，“老师”将成为你的人生标签.愿你们无悔于自己当初的选择，执著于“昨夜西风凋碧树，独上高楼，望尽天涯路”的无怨无悔，感怀于“衣带渐宽终不悔，为伊消得人憔悴”的成长历练，欣喜于“众里寻他千百度，蓦然回首，那人却在灯火阑珊处”的豁然开朗，尽情地享受教育生活的惬意，在教育的追梦之旅上激情奋发、努力前行.

未来的名师们，岁月因青春慷慨以赴而更加静好，世间因青年挺身向前而越发瑰丽.愿你们怀揣梦想，一起向未来,去奔赴属于你们的星辰大海！

顺颂

教祺！

一位致敬青春的老教师

2023年6月

教海泛舟

“连雨不知春去，一晴方觉夏深.”转瞬间，在中学数学教育这片沃土上耕耘已然四十个春秋.我从一名青涩的新手教师，成长为安徽省首届“教坛新星”，破格晋升中学高级教师，获评中学数学特级教师，荣获全国第五届“苏步青数学教育奖”，后又成为安徽省首批正高级教师.

一路行走，一路温暖，一路感动.总有睿智的师长提携，总有诚挚的同仁呵护，总有友善的亲朋激励.

一路行走，一路探索，一路收获.寻觅数学教育的真谛，邂逅教坛美好的际遇，演绎专业发展的故事.

教育，俨已成为我的职业守望，也成了我的生活样态.

今生有缘：我与中学的故事

我生长在一个教师家庭，甚至我的名字都与中学关联，原名叫“马柏林”，就是取自我的出生地，父母亲的工作单位——肥东县柏林中学.后因柏林与西德首都同名，“文革”中，父母因此也未少受责难，后更名为“马林”.

1979年，我参加高考，成绩超出本科线四十几分，根据我的性格特征和志趣爱好，父母和老师建议我填报安徽师范大学，子承父业，做一名中学数学老师.坦率地讲，自小就在校园里长大的我，从父母奔波忙碌的身影中，并未感知到“园丁”的多少荣光，相反倒是“臭老九”粉笔生涯的清苦劳作，和那个年代教师社会地位的不被重视，在孩提时代给我以感，现在步其后尘，自然心有不甘.但因就考此分，加之当时我也没有更加明晰的职业取向和专业体验，就只好言听计从于父母和老师的谆谆告诫.

大学前三年的校园生活平静而又美好，充实又很惬意.寝室—食堂—教室—球场—寝室，是我校园生活的基本回路.其间，我被评选为“优秀团员”，成为“三好学生”，还参加了1982年安徽省高校“三好学生”夏令营.

遇见中学名师

大四的教育见习和实习，彻底打破了我内心的宁静，也进一步明晰或者说确定了我未来的人生轨迹．寝室的同学与我调侃，说学校给我们这一届安排的各种中学教育教学活动与我的“交集”最大，而他们只是“陪我一同走过的人”．

那一年，给我们上教育见习示范课的是安徽师范大学附属中学（简称“附中”）数学教研组组长刘宁基先生．刘老师儒雅、谦和、沉稳，整堂课教学循循善诱，张弛有度；问题揭示，引人入胜；探寻研究，逐层递进；师生互动，和谐自如．可以说，刘老师的课让我们眼界大开，数学课堂竟可以演绎得如此精彩，尽享数学文化，感受思维体操．

后来，带队的老师给我们“解密”：刘老师之所以展现了如此大的个人魅力，源自他教育教学的厚实功底和实践智慧．刘老师是芜湖市中学数学大组组长，是芜湖中学数学界公认的“很会上课”的人．他能说善写，发表多篇论文，参编多部论著．当时北京师范大学组织全国名师编著的《中学数学教材研究与教案选》丛书，刘老师就有多篇教案收录其中．在那个年代，刘老师坚持课余走笔，著述丰厚，着实让我们敬佩不已．可以说：这次观课活动，让我们对即将到来的教育实习工作充满了无限的期待和激动．

教育见习前，给我们做教学经验介绍的李承尧老师也来自附中数学组．李老师风趣幽默，饱含智慧，充满激情，用大量鲜活的教育教学案例介绍了身边的人和事，给我们描绘了附中师生们和谐相处、教学相长、成就梦想的文化育人场景，真可谓“天边不如身边，道理不如故事”．我们听得动容，甚至热血沸腾、激动不已，真切感受到“名校出名师，名师促名校”的真谛，心想将来能在附中这所名校实习乃至工作，该是多么美好啊！

后来我才得知，李老师不仅是一位名师，还是名人、名嘴．用现在的话来说，他是一位极具魅力，“粉丝”颇多的复合型、全能型的“顶流”教师．他既是学生非常喜爱的数学老师和班主任，也是校工会主席、区人大代表，还是一位热心的社会活动家．单位里有民事纠纷，当事人都争着请思维缜密、能言善辩的李老师做辩护，他简直是一位“被数学耽误了的律师”．

走进中学校园

机缘巧合，我所在的实习小组被调配到附中实习．带队指导教师是仲国年老师和盛哲生老师，他们都与附中有着特殊的关系——仲老师的爱人和盛老师的儿子都是附中数学组的老师．这样，原本就以严谨、认真著称的数学系老师，对这次教育实习工作的认真负责态度和严格要求程度可想而知．

学校给我安排的指导教师是常焕芝老师，那时常老师系初二（3）班班主任兼数学教师．恰巧，常老师的爱人是安徽师范大学数学系的老师，自然也把我们当成了自己的学生，我们便把附中当成数学系．甚至多年后的今天，我依然感觉生活在老师们的关照下，每每相遇，他们总是问及我的工作、学习和生活情况，令我动容，让我温暖．

常老师教学认真严谨，做事规范细致、讲究实效．我们见面聊了几句后，他便要求我就近期数学教学的相关内容，即教材、教参的相关章节从头到尾学习一遍．然后，他拿出班级学生的简明情况登记册，给我介绍学生的基本情况，并让我把登记册拿回去，结合学生特征尽快记住每一名学生的姓名和基本情况．他还告诉我：这虽是一个“笨办法”，但也是“真功夫”．我按照常老师的要求做了，这拉近了师生的距离，为后期开展教育教学工作提供了极大的方便．提前认识并记住每一名学生，成为我以后当班主任给新生的“见面礼”．因为第一次见面就能直呼每一名学生的姓名，这会让学生感到很温暖，感到老师很在意他们．

第二天，听完课回到办公室，常老师便给我说课，说这节课的总体概况，说教学重点的处理方式、教学难点的突破方式，以及课堂上学生的表现情况等．常老师还提出要求，后面每一节课的教学内容，我都要提前准备，提前思考如何讲解．他见我有些茫然，便说：“老师要把自己当学生，想想怎样讲解问题，学生最好接受、最好理解．这样不就是置身于学生的年龄特点和认知情况去思考问题、组织教学了嘛!”就这样，听从了常老师的指导意见，我带着思考、带着方案比较性地听课，把自己摆进去，把学生摆进来，果然有了全新的感觉．课后，再听听授课老师讲解为何这样设计教学，就觉得自己有很多感慨要表达，同时，也发现很多自己不以为意的问题．

记得我们小组教学实习的第一节课是《一元二次方程的根与系数关系》的起始课．老师带领我们分析教材，指导教法，书写规范教案，并明确要求教案经指导老师认定通过后，方可进入课堂教学环节．我们一遍遍地修改教案，一次次地试讲，直到第一批上课的六位同学全部试讲通过后，才进班上课．

在试讲中，指导老师要求我们脱稿教学，并指出：如果看着教案才能上课，说明教师还没有真正把数学知识理解好，还没有把数学知识内化为自己的东西．脱稿教学就是要把书本知识变成自己理解的知识，只有这样才能更好地与学生进行心灵对话，从而引领学生进行思维碰撞．同时，要我们切记：脱稿教学是态度，是习惯，是功夫，是成为一个好老师的必要条件．每一个老师从教育人生的“第一课”就要认真做起，练好脱稿教学的童子功!

后来，我们实习小组的第一堂课，都得到了指导老师的认可，欣喜之余也坚定了自己好好教学和教好数学的信心．

我还清楚地记得，教育实习期我上的第四次课是周四上午的第二节课．上课前，仲老师携同我们数学系主任张国铮教授等一批人来校检查了解教育实习情况，点名进班要听我的课．人群中，我看到还有附中数学老师徐开琪主任和给我们上示范课的刘宁基组长．见到这阵势，我有点紧张，常老师给我鼓励，让我放松：“什么都不要管，就当上一节公开课．今后你会上很多这样的公开课，多上上就习惯了．这次你就按事先准备的正常上课，相信你可以的!”这节课结束后，徐主任、刘组长等给我很多赞许．张教授也对我的课进行了激励性评价，勉励我要珍惜这次教育实习的机会，学到真本领，练就基本功，把教育实习工作做实、做细、做好．

情定师大附中

教育实习生活充实而又美好．可以说，在这所底蕴深厚、教风严谨、温情充盈的学校里，我学到了很多，也见识了很多．这段经历，让生在校园、长在校园的我，对中学、对中学教育有了全新的认知和体验．原先的计划，上师大，进中学，当老师，似乎是人生“只好作罢”，而今我却对中学教学萌生几分“心之所向”．

实习结束前，常老师郑重地同我说：“徐开琪主任、刘宁基组长等都很欣赏你上的课，认为你是‘可堪造就之才’（实则是先生们对我的褒奖和期待）．我们几位指导老师关注到了你，认为你的综合素质比较好，仲国年老师也介绍了你在大学的表现，总之，大家都很认可你．附中的发展需要一批有为青年，学校领导委托我问问你：‘是否愿意留在附中当老师，成为我们的同事？’”

能得到这些老师的认可，我很激动，也很感动．因为在我教育人生的启程阶段，能遇到一批在为人、为学、为师方面影响我终身的导师，我真的很幸运．我对常老师真诚地表示：“在这里，我学到了很多东西，增进了我对中学的认知，能留在这样的学校学习和生活，当然很好．”

未承想，附中汤翠菊校长和徐开琪主任接着就专程去大学人事处申请了指标，同时请求数学系领导把我留下来，分配到附中．就这样，我们这一届学生还未到毕业分配这一环节，我就“内定”为附属中学的一名“准教师”了．以致后来其他院校，尤其是我很向往的部队院校来系里招聘毕业生，都与我无干系了，因为我已与附中“结缘”．

点燃青春激情，其力量的坚毅和执着，是不可估量的．正是这份铭刻于心的情缘，使得我在这所教风严谨、学风浓厚、充满人文气息的学校里，踌躇满志地开启了我的教学生涯．

教学生涯期间，也有其他大城市的名校向我抛来“橄榄枝”．面对诚挚的邀请、优越的条件、丰厚的待遇和值得展望的发展前景，坦率地说，我纠结过，心动过，甚至向往过，但最后还是沿着初心，凭着“匠”心，守着恒心，深情而又淡定地行走在百年附中这一座“放飞理想、成就梦想”的校园里，静心从事教学，真心呵护学生，舒心感受生活．

从成为教师的第一天起，准确地说是从开始教育实习的第一天起，在这所百年中学里，我一干就是四十载！

夯实功底：研究状态下教学

每一位教师的专业成长，纵然有很多这样那样的诱发因子和助推元素，但一定会有属于自己的那份特质．回望自己的教师专业成长历程，一路走来很多事犹如过往烟云，惟有一个关键词始终与我形影不离，且随着时间的沉淀愈发清晰，这个词就是“研究”．

为什么都要谈研究

记得20世纪90年代初，某重点中学在《中国教育报》上刊登招聘优秀教师的讯息，应聘者需满足的一个条件是：能在研究状态下工作．

“能在研究状态下工作”，使得我内心深处产生了一种难以言表的感触和震撼．我尝试揣摩，这里的“研究”，绝不仅仅是指发表几篇文章，而是指一名优秀教师应具有的一种气质、一种状态，或是一种由内而外的教学行为，又或是一种持之以恒的教研气场．

21世纪初，《中学数学杂志》主编李吉宝教授对著名数学教育专家杨之先生进行了一次专访．在专访中，杨先生坦言：“他在当教师时，无论是教材处理、备课、上课、辅导、批改作业等，都是用‘研究’的态度来对待，不放过任何一个‘弄不清’的问题.”

如今，在新一轮基础教育课程改革中，“教师即研究者”“行动研究”“校本研究”等概念频见于各级课改培训活动和各类报纸杂志.我们不禁要问：为什么都要谈“研究”？

答案很明确：如果你想让教师的劳动能够给教师带来乐趣，使天天上课不至于变成一种单调乏味的责任和义务，那你就应当引导每一位教师走上从事研究这条幸福的道路上来（苏霍姆林斯基）.更何况，新课程的推进，对教师提出转型要求，要求教师角色要由教书匠转变成教育的专家，所以教师必须学会反思、创新，成为实践的研究者.

总而言之，教师做研究是职业使然，时代呼唤！

怎样做好教学研究

记得21世纪之初，我有幸参加教育部组织的中学数学骨干教师国家级首期培训.著名数学教育家张奠宙等导师一再告诫我们：一线教师的教育研究是一种直接指向实践、重在改进教育教学行为的研究.所有研究的问题，应源自自己的课堂、教学和学生，切不可忽视教师教育研究的内在特质，以及对自身研究的准确定位.

回味导师们的告诫，我更加明晰地认识到：我们中学教师所从事的研究不是从理论到理论，也不是把观点拔得越高越好，更不是把简单的问题用晦涩的术语表述，而是应根植于课堂，用案例说话.

很明显，我们所从事的研究和所需要的研究，应是针对自身教育教学中的问题和困惑进行的反思性实践研究，是“行动研究”，重在解决实际问题.它不排除使用其他学科的研究方法，但更多的是学习、讨论、总结和实践.它既需要专家的专业引领，更需要教师自我的实践反思和与同伴的交流研讨.

兴许有人会说，这样的研究存在吗？其实这样的研究我们身边处处都有.

比较研究，相互独立事件教学的有效举措

执教过“相互独立事件”这部分内容的教师都有这样的感受：学生初学时接受并不困难，可一旦遇到具体问题，却时常出错.究其原因，是学生并非真正把握了相互独立事件的内涵.如何解决这一问题呢？通过教学实践，我发现：以互斥事件为“参照物”，实施比较研究，是突破这个教学难点的一个行之有效的办法.

1 比较互斥事件，强化对相互独立事件概念的理解

1.1 避免互斥事件负迁移效应的影响

对于相互独立事件的定义，教材通过让学生研究“从甲坛子里摸出1个球，得到白球”与“从乙坛子里摸出1个球，得到白球”之间存在何种关系引入.其实，学生这里只凭直觉（两个独立的坛子），无须分析就可直接认为它们是“独立”的（实则是字面上的理解）.而学生这样认定的“独立”，自然就与前面所学的互斥事件挂钩了.

因为从集合的观点看：若事件A，B互斥，则事件A，B不含有相同的结果，就是集合A，B的交集为空集，即$A\cap B=\phi$.

学生通过这种“形似联想”（A，B“独立”$\Leftrightarrow A\cap B=\phi$）的直接结果，把“事件$A$是否发生对事件$B$发生的概率没有影响”误解为“事件$A$是否发生对事件$B$发生没有影响”.

事实上，这种“独立性”的全称是“概率独立性”，定义的关键词是“概率”.学生把这种对“概率”没有影响，狭隘地理解成对“事件”没有影响，自然为日后处理具体问题埋下了隐患.因此，教学中必须予以关注.

1.2 辨析两个概念的区别与联系

互斥与相互独立事件是两个不同的概念.虽然它们都是描述两个事件关系的，但不同的是：两者针对问题的角度一个是能不能同时发生，一个是有没有影响.从试验的次数看，前者是指一次试验下出现的不同事件，后者是指两次或多次不同试验下出现的不同事件.

事件A，B互斥，其内涵为$A\cap B=\phi$，是从事件运算的角度来下定义，

强调的是两个事件之间有很强的依赖关系：在一次随机试验中，A，B互斥，是B出现必然导致A不出现；或A出现必然导致B不出现. 故知B出现的概率与另一事件A是否出现密切相关. 而事件A，B相互独立，其内涵是$P(A\cdot B)=P(A)\cdot P(B)$，是从概率的角度下定义，强调在两个试验之中，一个事件的发生与否对另一个事件发生的概率大小没有影响.

互斥的两个事件可以相互独立，相互独立的两个事件也可以互斥. 例如：一个盒子里放有3个红球、4个黄球，现从中任取一个球. 事件A“摸出的是红球”，事件B“摸出的是黄球”，显然A，B不能同时发生（即A，B互斥），而此时A，B也相互独立. 可以证明：必然事件、不可能事件与任何事件都是相互独立的.

但在一般情况下，两事件互斥与相互独立是不等价的. 这是因为：在$P(A)>0$，$P(B)>0$的条件下，若A，B相互独立，则$P(A\cdot B)=P(A)\cdot P(B)>0$；若$A$，$B$互斥，则$P(A\cdot B)=0$. 矛盾！此即说明，在$P(A)>0$，$P(B)>0$的情况下，相互独立不能互斥，而互斥也不能相互独立.

基于此，教师在教学中，要有意选编一些鉴别“互斥”与“相互独立”的实例，引导学生通过对比，更好地掌握和区分这两个概念，以防止因混淆关系而致误. 请看下面的问题：

猎人在距离100 m处射击一只野兔，其命中率为$\frac{1}{2}$. 如果第一次射击未命中，则猎人进行第二次射击，但距离为150 m；如果第二次射击又未命中，则猎人进行第三次射击，但在射击瞬间距离野兔200 m. 已知猎人命中率与距离的平方成反比，求猎人命中野兔的概率.

对于这一综合问题，学生处理时普遍感到棘手. 困惑在哪呢？困惑就在于对互斥和相互独立事件辨别不清. 因此，分析清楚整个事件的结构特征，让学生明确各次射击为相互独立事件、各次“命中”为互斥事件是求解的关键.

由于“猎人在某一枪命中野兔”事件发生要受到前一次是否命中的影响，但这一枪“命中”事件的概率只与猎人和野兔之间的距离有关，与前一次是否命中无关. 因此，各项射击是相互独立的.

又因为“命中野兔”只需“命中”一次即可，命中两次或三次不会同时发生，故命中事件是互斥的.

这样，“命中野兔”这个事件可分解为三个互斥事件之和：第一次命中，第一次未命中而第二次命中，第一次、第二次均未命中而第三次命中，即$A+\overline{A}\cdot B+\overline{A}\cdot\overline{B}\cdot C$.

由$P(A)=\dfrac{1}{2}$，又$\dfrac{P(A)}{P(B)}=\dfrac{150^2}{100^2}$，$\dfrac{P(A)}{P(C)}=\dfrac{200^2}{100^2}$，

知$P(B)=\dfrac{2}{9}$，$P(C)=\dfrac{1}{8}$.

故猎人命中野兔的概率为：

$$
\begin{aligned}
&P(A+\overline{A}\cdot B+\overline{A}\cdot\overline{B}\cdot C)\\
=&P(A)+P(\overline{A}\cdot B)+P(\overline{A}\cdot\overline{B}\cdot C)\\
=&P(A)+P(\overline{A})\cdot P(B)+P(\overline{A})\cdot P(\overline{B})\cdot P(C)\\
=&\frac{1}{2}+(1-\frac{1}{2})\times\frac{2}{9}+(1-\frac{1}{2})\times(1-\frac{2}{9})\times\frac{1}{8}=\frac{95}{144}.
\end{aligned}
$$

2 比照互斥事件，矫正多个相互独立事件的认识偏差

在相互独立事件的教学中，我们除了要研究两个事件的独立性外，还经常遇到多个事件之间的相互独立问题.新教材按照教学要求和减轻学生负担要求编写，只给出多个事件相互独立情况下的概率乘法公式，没有针对多个事件之间的相互独立性作任何定义与讨论.

教师在此要引领学生作必要的研讨，否则遇到类似问题时，学生类比多个事件互斥的定义容易作出误判.因此，对教材进行必要的补白是需要的.

2.1 多个事件两两独立，但未必相互独立

我们知道：若多个事件两两互斥，则它们彼此互斥.互斥事件中的这一事实，往往被同学们类比到相互独立的事件中，误认为：若多个事件两两独立，则它们相互独立.其实不然.例如：

一个正方体玩具，六个面分别标有1，2，3，4，5，6这六个数字，现将该玩具抛掷两次.记“第一次落地时向上的数字是偶数”为事件A，“第二次落地时向上的数字是奇数”为事件B，“两次落地时向上的数字之和为偶数”为事件C，则A，B，C两两独立，但不相互独立.

这是因为：

由$P(A)=\dfrac{C_3^1C_6^1}{6\times6}=\dfrac{1}{2}$，$P(B)=\dfrac{C_6^1C_3^1}{6\times6}=\dfrac{1}{2}$，$P(C)=\dfrac{2C_3^1C_3^1}{6\times6}=\dfrac{1}{2}$，

知$P(A\cdot B)=\dfrac{C_3^1C_3^1}{6\times6}=\dfrac{1}{4}$，

同理$P(A\cdot C)=P(B\cdot C)=\dfrac{1}{4}$.

由$P(A\cdot B)=P(A)\cdot P(B)$，$P(A\cdot C)=P(A)\cdot P(C)$，$P(B\cdot C)=P(B)\cdot P(C)$，知$A$，$B$，$C$两两独立.

又$P(A\cdot B\cdot C)=0$，$P(A)\cdot P(B)\cdot P(C)=\dfrac{1}{8}$，

所以$P(A\cdot B\cdot C)\neq P(A)\cdot P(B)\cdot P(C)$.

故事件A，B，C不相互独立.

2.2 若$P(A\cdot B\cdot C)=P(A)\cdot P(B)\cdot P(C)$，但事件$A$，$B$，$C$未必两两独立

受多个互斥事件概念的影响，初学者往往误认为相互独立事件也有类似结果，即若$P(A\cdot B\cdot C)=P(A)\cdot P(B)\cdot P(C)$，则$A$，$B$，$C$两两独立.这也是不妥的，反例如下：

设有一个质地均匀的正八面体，其第1，2，3，4面涂有红色，第1，2，3，5面涂有黄色，第1，6，7，8面涂蓝色.现以A，B，C分别表示投一次正八面体，底面出现红、黄、蓝颜色的事件，则：

$P(A)=P(B)=P(C)=\dfrac{1}{2}$，$P(A\cdot B\cdot C)=\dfrac{1}{8}=P(A)\cdot P(B)\cdot P(C)$，

但$P(A\cdot B)=\dfrac{3}{8}\neq\dfrac{1}{4}=P(A)\cdot P(B)$，$P(A\cdot C)=\dfrac{1}{8}\neq\dfrac{1}{4}=P(A)\cdot P(C)$，

$P(B\cdot C)=\dfrac{1}{8}\neq\dfrac{1}{4}=P(B)\cdot P(C)$，

所以A，B，C不两两独立.

当然，也有类比成立的，如互斥和独立关系各自均不具有传递性.即若事件A，B互斥，B，C互斥，但A，C未必互斥；若事件A，B独立，B，C独立，但A，C未必独立.

可见，实践性很强的概率内容的教学，也应关注理性思考.正如弗赖登塔尔所述：教师不应该让学生停留在这个仅依赖本能的水平上，而要引

导他们作更为深入的研究！

（原文载于《数学通报》2008年第4期）

我想，类似的经历我们每个老师应该都有过，难道这些“见怪不怪”的现象不值得我们研究和深思吗？如此，中学一线老师研究的东西未必都是文本性的，它更多地表现为专业素质的提高、教学经验的梳理、教学行为的转变、教学效益的提升，其形式是多种多样且贯穿整个教育教学过程.

研究怎样站稳讲台

教师做研究的目的是改进教育教学工作，有效提升学生的学习能力.因此，一线教师所进行的研究就是要聚焦课堂，用研究的态度对待教学流程中的每一个环节，努力站稳讲台，站好讲台.尤其是青年教师，更应着力进行如下三方面的教学研究：

1 实施由传统的备课到教学设计的研究

目前有些省（区、市）在教师职称评定文件中已将“提供上一学年的备课笔记”更改为“提供上一学年的教学设计”，这不是文字的更改，而是直面传统的备课笔记中的不足所采取的应对良策.

备课是展示教师个性化创造过程的真实纪录.然而，传统的备课，多有教的思考，少有学的研究；多有对教材知识体系的探究，少有将其转化为教育形态的研讨；多有课前的思考，少有课后的反思.而新课程内容的综合性、弹性加大，教材、教参为教师留下充分的余地，要求教师既是课程的实践者，更是课程的研究者、开发者.因此，这种只方便教师讲课的“备忘录”，必然要被新课改理念支配下的教学设计所替代.

教学设计的宗旨是为了一切学生的充分发展.为此，教师需要沉下心来潜心研究教材.没有对教材的“深入”，也就没有对教材的“浅出”，更没有对教材的“超越”.教师应以研究的视角，对既定的教材内容进行必要的增减、置换及加工，整合各种课程资源，使之更好地适应具体的教育教学情景和学生的学习需求.

受篇幅的限制，教材中的内容呈现不可能罗列很多的示例，更不可能过多地呈现教学的探究过程.教材中的数学知识多以静态的、形式化的“学术形态”呈现，这就需要教师通过再选择、再加工和再创造的教学设计，把数学的形式化逻辑链条转化为符合学生认知实际的、可以促进学生思考的“教育形态”，让学生在多种探究活动中体验数学发现和创造的历程，培养创新意识.

教师只有在深入研究教材、充分了解学生的学习意向、体察学生的学习情感、诊断学生的学习障碍的基础上，才能设计出真正关注学生，促进学生全面、全方位发展的教学设计.例如，笔者曾写就下面的“微型设计”，阐述课前的构思、教学中的调适以及课后的思考.

两次新课导入“临阵变卦”

新课导入，每位老师都非常关注.为此，我们常常苦思冥想，力求创设“良好的开端”，以求“成功的一半”！可有时就在上课前的一刹那，改变了原先费尽心思的设计.“临阵变卦”却颇有新意的新课导入，让我更真切地感悟到“临阵变卦”的价值之所在.

［案例 1］　投其所好引入极坐标

有一次，我在外校借班上教学研究课，选定的课题是“极坐标系”.在新课引入上，我希望能有点特色，权衡再三，决定这样导入：先借助多媒体演示解放军军演的场景，引导学生发现炮弹是如何击中目标的，从而说明可以用“方向和距离”来定位，继而导入极坐标系.

第二天课前，我在休息室等待，适逢一位老先生过来，问我叫什么名字，我回答后，他风趣地调侃道：“你可是老国脚、新国手啊！”看得出，他是一个球迷.我转念一想，一个新的教学设计方案油然而生：我可以先自我介绍，再由学生最感兴趣的话题引入新课.

当时的课堂情境是这样的：

师：各位同学，我姓马，刚才一位老先生说我是新乒乓球国手，老足球国脚，你们猜猜我的名字叫什么？

众生（几乎同时说）：叫马林，是吧?!

师：对！我叫马林，我也爱好体育，特别喜欢踢足球．几天前，我还参加了一场足球比赛．比赛中，我曾接到队友的一记妙传．接球后，我先晃过对方一名后卫．那时，对方门前只有守门员一人站在球门中央．我在他右前方60°，大约20米处，一脚劲射！（停顿，此时学生都屏住了呼吸，似乎在等待一个激动人心的时刻）“啪！”打偏了．

众生（惋惜地）：哎！（甚至有的责怪道）臭球！

师（指着黑板笑道）：谁能把我踢“臭球”的这个“点”画出来呢?

至此，极坐标系定义的引入也就水到渠成了．

课后，评委们评价这堂课成功的一个重要因素是，教师“投其所好”，选择了足球这一学生最喜爱的话题作为切入口，使得师生一见如故，从而营造了自然而又精彩的情感交融的氛围．

［案例2］ **护其所短讲解二面角**

周二下午第二节课，我准备讲解两个平行平面的有关习题．走进教室，发现从未有过的现象：教室里乱哄哄的，一名女生正在追赶一名男生，另有部分学生在看热闹，少数几个“好事之徒”在推波助澜．见我出现，他们也就都知趣地回到了座位上，只见那男生不好意思地把手里的东西扔向女生，不巧落在过道上．刹那间，教室里的空气一下子“凝固”了．我捡起来一看，这是一张精美的折叠式贺卡．我走向讲台，盘算着怎么讲话．忽然，脑际中闪现出一个想法．

我大步跨向讲台，把手中的贺卡高高举起，说：“同学们，这张贺卡的美除了色彩以外还在于它的款式，因为它是一个很美的数学模型．”

同学们相互观望，不知我葫芦里卖的什么药．

“如果我们把它展开，它就是你们非常熟悉的图形的一部分．”

“平面．”有同学小声地说．

“对，它是平面的一部分，如果我把它还原成刚才折叠的形式，又是什么图形呢？它又是怎么形成的？这堂课我们就来研究这个问题.”说完我在黑板上重重地写下了“二面角”三个字.

此时，同学们都长长地舒了口气，课堂气氛一下子活跃起来，全然“忘却”了刚发生的那一幕.

下课铃响了，我说：“感谢同学们给我创设这样一种教学情境，感谢同学们给我提供精美的‘道具’.”课堂上顿时爆发出热烈的掌声！

这掌声是学生对我这堂数学课的肯定，更是对我“美丽谎言”的认可.

这两次新课导入纯属偶然，但它给我的启迪很大.我时常想：一线教师如果都能从学生的情感需求和认知实际出发，捕捉机遇，大胆试验，不断改进，就一定能创造出一个个精彩的“微型设计”.如果教师再都能把这些“意料之外而又情理之中”的真实“故事”奉献出来，相互启发，共同提高，我们的教研活动就会有更多的话题，数学课堂就会更情意融融、充满阳光！

（原文载于《安徽教育科研》2001年第4期）

2 实施由传统的听课到教学比较的研究

现今各校对教师的听课都提出了具体要求，甚至职称评审文件中也做了明确的规定，这从侧面说明听课在教师成长中的作用越来越重要.但现实情况是，不少老师是被动听课者，他们把听课作为一项任务，为听课而听课，只图数量，少管实效.其实，认真听好一堂课，远胜于随随便便听几堂课.听课不是为了“克隆”，也不是为了把优秀教师的课作为“摹本”原封不动地“移植”到自己的课堂，其实也移植不了.

避免上述现象发生的有效途径，就是实施比较研究.如我校施行的“同课异构”活动，“一课大家上，一课多堂听，一课大家评”，为青年教师进行比较研究搭建了一个很好的平台.对于同一堂课，自己先设计好教学方案，再去听其他老师的课，然后进行比较，权衡自己的设计与其他任课教师，以及任课教师之间的教学差异，找出问题的症结所在，扬长避短.有条件的话，再将自己的教学设计与名家、名师的课做比较，找出问题，努力提升.

听课前，也要尽可能先了解教学内容，在脑海中形成大致的教学思路；听课时，要认真做好记录，课后及时同任课教师交换意见，尤其注意倾听其他听课教师的点评；听课后，要及时整理听课笔记，写好听课心得，尤其是对听课中探讨热烈、生成精彩的片段，以及课堂氛围沉闷、难以推动的部分，进行诊断推敲，寻找解决策略，提升实践智慧.

例如，《教材可否这样教？——“基本不等式：$\sqrt{ab} \leqslant \frac{a+b}{2}$”听课断想》是我作为安徽省第三届“教坛新星”评委，听了七位选手执教“基本不等式：$\sqrt{ab} \leqslant \frac{a+b}{2}$”（人教版高中数学必修5）后，结合自己的教学实际，就教师该如何“善待”教材，“用教材教”的听课随感.

教材可否这样教？

——“基本不等式：$\sqrt{ab} \leqslant \frac{a+b}{2}$”听课断想

在安徽省第三届“教坛新星”评选活动中，作为评委我听取了其中七位选手执教的“基本不等式：$\sqrt{ab} \leqslant \frac{a+b}{2}$”（人教版高中数学必修5）一课，颇有感慨，这引发了我对这部分教材及其教学的一些新思考. 现就本课内容，从如下三个方面谈谈教师该如何“善待”教材，“用教材教”.

1 关于新课的引入

本课借助2002年在北京召开的第24届国际数学家大会的会标引入话题.

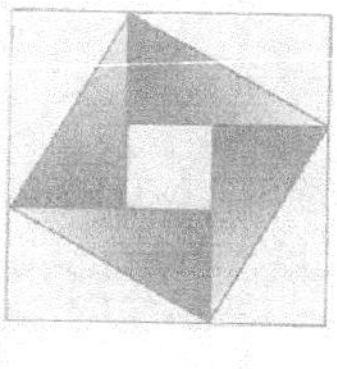

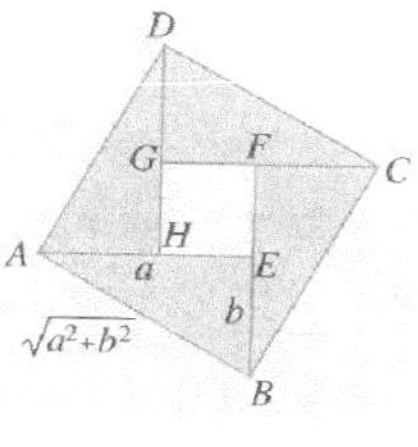

该会标是根据我国古代数学家赵爽的弦图设计的. 教材先让学生找出

图中相等或不等关系，然后给出 $S_{大正方形} \geqslant 4S_{直角三角形}$，从而有 $a^2+b^2 \geqslant 2ab$. 进而将上式推广到任何实数，再作替换，得到 $a+b \geqslant 2\sqrt{ab}$.

以其来引入是无可厚非的，但其叙述值得商榷. 我们姑且不说教材中所述“颜色的明暗使它看上去像一个风车，代表中国人民热情好客”是否武断（因为“一千个读者，就有一千个哈姆雷特”，更何况对于思维活跃、想象力丰富的中学生而言，答案应是开放的、丰富多彩的），但“你能在这个图中找出一些相等关系或不等关系吗？”教材接着就给出 $S_{大正方形} \geqslant 4S_{直角三角形}$（*）确实突然. 因为学生看到的相等或不等关系，按照习惯思维，首先是线段之间的关系. 纵然是面积，一般也是两者之间的. 如 $S_{正方形ABCD} \geqslant S_{正方形EFGH}$，$S_{\triangle ABE} \geqslant S_{\triangle BCF}$ 等，而非一眼看出（*）式.

再者，用如此大的篇幅得到 $a^2+b^2 \geqslant 2ab$，而 $a+b \geqslant 2\sqrt{ab}$ 只是上式的一个推论，是否有冲淡本课主题之嫌？

如此，我们可否考虑给出一个既能展示实验探究，又能直奔主题的办法呢？如下的做法，我认为不失为一种很好的尝试. 其教学流程是：

实验：用臂长不等的天平如何称出物体的质量呢？

有人给出这样一种称法：左右交换，各称一次，第一次左盘放物体，右盘放 a g砝码，天平平衡；第二次左盘放 b g砝码，右盘放物体，天平平衡.

你知道这个物体的实际质量是多少吗？

先让学生猜想，部分学生会认为是 $\frac{a+b}{2}$；然后师生进一步分析，发现应利用初中所学的杠杆原理来处理.

设天平左边臂长为 x cm，右边臂长为 y cm，物体的质量为 m g，则 $\begin{cases} m\cdot x = a\cdot y, \\ m\cdot y = b\cdot x. \end{cases}$ 两式相乘，消去 x，y 得 $m^2 = a\cdot b$，所以 $m=\sqrt{ab}$.

思考：$\frac{a+b}{2}$ 与 $\sqrt{ab}$ 大小关系如何？

取值：

a	b	$\sqrt{ab}$	$\frac{a+b}{2}$	$\sqrt{ab}$ 与 $\frac{a+b}{2}$ 的大小关系
$\frac{1}{2}$	$\frac{1}{8}$	$\frac{1}{4}$	$\frac{5}{16}$	$\frac{1}{4} < \frac{5}{16}$

续 表

a	b	$\sqrt{ab}$	$\frac{a+b}{2}$	$\sqrt{ab}$与$\frac{a+b}{2}$的大小关系
$\frac{1}{4}$	1	$\frac{1}{2}$	$\frac{5}{8}$	$\frac{1}{2}<\frac{5}{8}$
4	16	8	10	8<10
2	2	2	2	2=2
…	…	…	…	…

猜想：如果$a>0$，$b>0$，那么$\sqrt{ab}\leqslant\frac{a+b}{2}$.

2 关于$\sqrt{ab}\leqslant\frac{a+b}{2}$的推导

对于这部分内容，教材通过分析、填空的方式（实则是分析法）推导上式，意在让学生“知其然，更知其所以然”. 问题是这里不是教学难点，执教者用综合法表述，还将其称为分析法（教材对于分析法还未提及），似乎不恰当.

既然不必人为设置障碍，为何不用学生最熟悉的求差比较法来处理呢？教师可引导学生分析：欲比较$a+b$和$2\sqrt{ab}$的大小，只需比较两者之差即$(a+b)-2\sqrt{ab}$与0的大小即可. 从教学实际来看，还有学生会说只需比较两者平方之差与0的大小. 因为，此法自然流畅，简洁明了，学生早已知晓（在判断函数单调性时已反复使用过）.

$\because$ $a>0$，$b>0$，$(a+b)-2\sqrt{ab}=(\sqrt{a})^2+(\sqrt{b})^2-2\sqrt{a}\sqrt{b}=(\sqrt{a}-\sqrt{b})^2\geqslant 0$,

$\therefore$ $a+b\geqslant 2\sqrt{ab}$.

此外，这部分内容中的如下文字，也让人有“从帽子里面蹦出只兔子来”（波利亚语）之感.

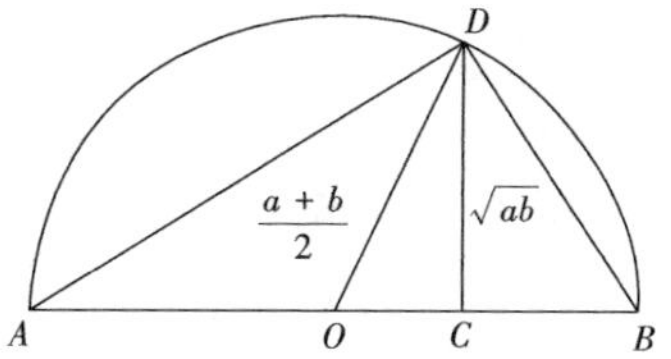

“$a+b\geqslant 2\sqrt{ab}$. 通常我们把上式写成$\sqrt{ab}\leqslant\frac{a+b}{2}(a>0,\ b>0)$.”

这怎么会是“通常”呢？教学中只有化繁为简，岂能化简为繁？

因为就上述两式来说，$a+b\geqslant 2\sqrt{ab}$ 较 $\sqrt{ab}\leqslant\frac{a+b}{2}$ 简单（系数为整数总比分数形式简单）. 只有在讲述了其几何意义（如图），学生明了“半弦不大于半径”这一“形”的特征后，自然才会将 $a+b\geqslant 2\sqrt{ab}$ 变形为 $\frac{a+b}{2}\geqslant\sqrt{ab}$.

这样“算术平均数”“几何平均数”，以及“任何两个正数的算术平均数不小于它的几何平均数”的引入也就水到渠成了.

3 关于例题的处理

为巩固新知，教材设置了如下的应用题.

例 1 （1）用篱笆围成一个面积为 100 m^2 的矩形菜园，问这个矩形的长、宽各为多少时，所用篱笆最短. 最短的篱笆是多少？

（2）一段长为 36 m 的篱笆围成一个矩形菜园，问这个矩形的长、宽各为多少时，菜园的面积最大. 最大面积是多少？

为简便，仅摘抄题（2）的解答如下：

设矩形菜园的长为 x m，宽为 y m，则 $2(x+y)=36$，即 $x+y=18$，矩形菜园的面积为 xy m^2.

由 $\sqrt{xy}\leqslant\frac{x+y}{2}=\frac{18}{2}=9$，可得 $xy\leqslant 81$，当且仅当 $x=y$，即 $x=y=9$ 时，等号成立.

因此，这个矩形的长、宽都为 9 m 时，菜园的面积最大，最大面积是 81 m^2.

其实，如不受教材解答的牵制，让学生自行探究，他们大都也会这样处理. 类似的问题，笔者每一届的学生多是这样思考的：

设矩形菜园长为 x m，则宽为 $(18-x)$ m.

所以，面积 $S=x(18-x)=-(x-9)^2+81$，

当 $x=9$ 时，$S_{\max}=81$.

对此，我们要给学生以肯定：其一，设一个未知数，较两个简便；其二，用自己熟知的二次函数可快速解决问题. 我们还可以鼓励学生拓宽解题思路，用其他方法再行探究.

由$x+(18-x)=18$为定值，学生很自然会想到还能利用本节所述的基本不等式来解决问题.

$S=x(18-x)\leqslant\left[\dfrac{x+(18-x)}{2}\right]^2=81$，当且仅当$x=18-x$，即$x=9$时等号成立.

再让学生处理问题（1），他们会类比问题（2）的解法得到：

设长为x m，宽为$\dfrac{100}{x}$ m，则篱笆长$l=2(x+\dfrac{100}{x})$.

此时，学生会发现，上式不便用以前方法处理，仿上面方法可得$x\cdot\dfrac{100}{x}=100$为定值.

下面的解答，则“呼之即来”.

$l=2(x+\dfrac{100}{x})\geqslant 2\cdot 2\sqrt{x\cdot\dfrac{100}{x}}=40$，当且仅当$x=\dfrac{100}{x}$，即$x=10$时取等号.

其实，从教学实际考虑，可以在本例前设置一个较简单的例子作为铺垫.如“已知x，$y\in\mathbf{R}^+$，试证明：$\dfrac{y}{x}+\dfrac{x}{y}\geqslant 2$.”或展示教材第100页练习1“$x>0$，当$x$取什么值，$x+\dfrac{1}{x}$的值最小？最小值是多少？”这类阅读量小、指向性明确的问题，更符合学生的认知规律.

另外，教材第100页练习4也值得商讨.如“做一个体积为32 m^3，高为2 m的长方体纸盒，底面的长与宽取什么值时用纸最少？”这里的纸盒有无盖子需要界定.

以上所述，仅是我的一孔之见.意在说明，在新课程理念下，教师不是“教教材”，而应“用教材教”.我想，一线教师若能长此以往地多思考，“固定”的教材便会灵动起来，“干瘪”的教材也会丰满起来，“统一”的教材更会有别样风采.如此，“冰冷的美丽”数学中必将显现更多“火热的思考”.

（原文载于《中学数学教学》2008年第5期）

当然，有机会外出观摩固然是好，但更多的是要立足本校. 百步之内，必有芳草. 观摩本校的课，与自己的教学实际更吻合，与任课教师的交流更便捷、更能深入，更易吸纳经验，更好地将其“内化”为自己的教育思维、教学智慧和教学方案，以便在课堂上施行，在实践中体悟.

3 实施由传统的讲课到教学交流的研究

讲好课，站稳课堂，是每位教师的安身立命之本. 传统意义上的讲课，往往是教师讲、学生听，教师充当的是知识单向的传授者、灌输者. 以教为中心，学围绕教转；以教为基础，先教而后学. 而新课改的今天，教学是教与学的交往与互动，师生要相互交流、相互沟通、相互启发、相互补充. 在这个过程中，教师与学生分享彼此的思考、经验和知识，交流彼此的情感、体验与理念，丰富教学内容，求得新的发现，从而达成共识、共享、共进，实现教学相长和共同发展.

教学交流使得教师角色由教学中的主角转变为“平等中的首席”，由传统的知识传授者转变为学生发展的促进者. 正因为要交流，教师才会努力探究如何利用巧妙的点拨和渐入佳境的引导更好地创设有利于与学生进行民主、平等交往的情境. 在灵活地掌控教学过程的同时，教师要毫不吝啬地把“发现”的机会慷慨大方地让给学生，让学生从中得到意料之外而又情理之中的惊喜. 当然，在与学生的交流中，教师也要不断地充实自己的“行囊”.

课堂教学是一个复杂而又动态的过程，教学的智慧体现在精彩的预设中，更体现在动态的生成里. 例如，《将“研究”进行到底》真实记录了笔者在课堂里呈现的“研究性学习”的场景.

将“研究”进行到底

高三上学期的一次习题课中，我准备讲解“求函数 $y=\dfrac{x^2+7}{\sqrt{x^2+4}}$ 的最小值”这道题，并“颇费心机”地进行了一番设计.

然而，我的“精心”设计并未取得预期效果，原定的教学计划无法实施，学生的议论甚至打乱了往日教室里应有的秩序．但他们的想法是合理的，我决定按照学生建议的思路，与他们一起“研究”下去．

当时的情境是，我首先讲解了对本题教学设计的三个环节．

第一环节：$y=\sqrt{x^2+4}+\dfrac{3}{\sqrt{x^2+4}}\geqslant 2\sqrt{\sqrt{x^2+4}\cdot\dfrac{3}{\sqrt{x^2+4}}}=2\sqrt{3}$.

断言：其最小值为$2\sqrt{3}$.

学生诊断：有误．因为当且仅当$\sqrt{x^2+4}=\dfrac{3}{\sqrt{x^2+4}}$时等式才成立，则$x^2=-1$，矛盾！怎么办？

第二环节：先探讨$y=x+\dfrac{p}{x}(p>0,\ x>0)$的性质，再据其求解．

由函数单调性定义，易得函数$y=x+\dfrac{p}{x}(p>0,\ x>0)$在区间$(0,\ \sqrt{p}\,]$上递减，在区间$[\sqrt{p},\ +\infty)$递增．

若令$\sqrt{x^2+4}=t\quad(t\geqslant 2)$，则函数$y=\dfrac{x^2+7}{\sqrt{x^2+4}}$可变形为$f(t)=t+\dfrac{3}{t}\quad(t\geqslant 2)$，由上知，$f(t)$在区间$[2,\ +\infty)$递增，所以$y_{\min}=f(2)=\dfrac{7}{2}$.

学生对这一解法兴趣不大．理由是：结论难记，且解答题还须有推证的过程，并不轻松．

这一情境正是我期盼出现的，我顺势进入了“新颖方法”展示的环节．

第三环节：由$y=x+\dfrac{p}{x}$，引发我们形似联想三角公式$\tan\alpha+\dfrac{1}{\tan\alpha}=\dfrac{2}{\sin 2\alpha}$，便会考虑实施三角代换$x=\sqrt{p}\tan\alpha$，使其转化成三角函数问题．

所以$y=\sqrt{x^2+4}+\dfrac{3}{\sqrt{x^2+4}}$，又$\sqrt{x^2+4}\geqslant 2$，可得$\sqrt{x^2+4}=\sqrt{3}\tan\alpha$ $\left(\arctan\dfrac{2\sqrt{3}}{3}\leqslant\alpha<\dfrac{\pi}{2}\right)$.

所以$y=\sqrt{3}\tan\alpha+\dfrac{\sqrt{3}}{\tan\alpha}=\dfrac{2\sqrt{3}}{\sin 2\alpha}$，又因为$\dfrac{\pi}{2}<2\arctan\dfrac{2\sqrt{3}}{2}\leqslant 2\alpha<\pi$，

所以$0<\sin 2\alpha \leqslant \sin(2\arctan\frac{2\sqrt{3}}{3})$，

即$0<\sin 2\alpha \leqslant \dfrac{2\times\frac{2\sqrt{3}}{3}}{1+(\frac{2\sqrt{3}}{3})^2}=\frac{4}{7}\sqrt{3}$，

故函数$y=\dfrac{x^2+7}{\sqrt{x^2+4}}$的最小值是$\frac{7}{2}$.

未承想，学生对此解法并不满意，议论纷纷.

生1：简单的思路，复杂的过程.

生2：形似联想最易想起的应是重要不等式才对.

我未想到学生们对此解法会这样评价，但他们的建议是有道理的，我决定与学生一起“研究”下去.

师：重要不等式的使用前提是“一正、二定、三相等”，但$\sqrt{x^2+4}\geqslant 2$，$\dfrac{3}{\sqrt{x^2+4}}\leqslant\frac{3}{2}$，不可能相等，怎么办？

教室一下子安静下来.不一会儿，有同学站起来提出了“修正”的办法.

生3：$y=\sqrt{x^2+4}+\dfrac{3}{\sqrt{x^2+4}}=\sqrt{x^2+4}+\dfrac{4}{\sqrt{x^2+4}}-\dfrac{1}{\sqrt{x^2+4}}$

$$\geqslant 2\sqrt{\sqrt{x^2+4}\cdot\frac{4}{\sqrt{x^2+4}}}-\frac{1}{\sqrt{x^2+4}}$$

$$=4-\frac{4}{\sqrt{x^2+4}}\geqslant 4-\frac{1}{2}=\frac{7}{2}.$$

当且仅当$x=0$时，两等式同时成立.故其函数的最小值为$\frac{7}{2}$.

同学们对这一解法报以热烈的掌声，我也对其赞叹不已.这时，又有同学给出了如下类似的方法.

生4：$y=\frac{3}{4}\sqrt{x^2+4}+\dfrac{3}{\sqrt{x^2+4}}+\frac{1}{4}\sqrt{x^2+4}=\cdots$

我坦诚地告诉学生，我和他们一样，也特别喜欢上述方法.这时，又有同学举起了手.

生5：老师，你的三角法思路清晰，但运算繁杂，我不喜欢.不过，你的形似联想倒启发了我联想到斜率公式，利用数形结合思想来处理$y=\frac{x^2+p}{x}$.

又是一个好主意！我鼓励学生继续研究下去.

一会儿，一位同学似乎找到了解决办法，边说边走到黑板前“讲”了起来.

生6：记$t=\sqrt{x^2+4}\quad(t\geqslant 2)$，则$y=\frac{x^2+3}{t}=\frac{x^2-(-3)}{t-0}$上式可看成点$M(t, t^2)$与点$A$（0，-3）连线的斜率，其斜率最小值即为所求，其中动点$M(t, t^2)$在抛物线$y=t^2(t\geqslant 2)$上移动.当M点的坐标为$M'(2, 4)$时，AM连线的斜率为最小，则有$k_{\min}=\frac{4-(-3)}{2-0}=\frac{7}{2}$.

至此，我准备再实施我原先的教学计划，但学生们仍余兴未消，一位同学又要发言.看来，今天只有让他们将“研究”进行到底，才能顺应“民意”.

生7：这种方法同样适用$y=x-\frac{p}{x}(p>0, x>0)$型的最值问题.

一石激起千层浪，同学们又相继展开研究.

生8：借助三角代换$x=\sqrt{p}\tan\alpha$，依$\tan\alpha-\frac{1}{\tan\alpha}=-\frac{2}{\sin 2\alpha}$，也可以求解.

生9：其实，利用单调函数的性质更方便.因为$y_1=x$，$y_2=-\frac{p}{x}(p>0, x>0)$均为增函数，所以$y=y_1+y_2=x-\frac{p}{x}(p>0, x>0)$也是增函数，依单调性可得.

学生的讨论增强了我与他们一同研究下去的欲望.

师：如果是函数$y=x^2+\frac{p}{x}(p>0, x>0)$，其单调性又将如何呢？多数学生类比第二环节中的方法很快得到：函数$y=x^2+\frac{p}{x}(p>0, x>0)$在

$(0, \sqrt[3]{\frac{p}{2}}]$上递减，在$[\sqrt[3]{\frac{p}{2}}, +\infty)$上递增能否再作推广呢？函数$y=\sqrt{x^2+a}+\frac{\sqrt{b}}{\sqrt{x^2+a}}(a, b\in \mathbf{R}^+)$的最小值又将如何?

我把“彩球”又抛给了学生.

第二天下午，几位同学兴冲冲地把他们的研究成果交与我.

命题1 $f(x)=x^n+\frac{p}{x}(x\in \mathbf{N}_+, p>0, x>0)$在$(0, \sqrt[n+1]{\frac{p}{n}}]$上递减，在$[\sqrt[n+1]{\frac{p}{n}}, +\infty)$上递增.

命题2 $f(x)=x+\frac{p}{x^n}(x\in \mathbf{N}_+, p>0, x>0)$在$(0, \sqrt[n+1]{np}]$上递减，在$[\sqrt[n+1]{np}, +\infty)$上递增.

命题3 对于函数$y=\sqrt{x^2+a}+\frac{\sqrt{b}}{\sqrt{x^2+a}}(a, b\in \mathbf{R}^+)$，当$a\leqslant b$时，$y_{\min}=2\sqrt{b}$；当$a>b$时，$y_{\min}=\frac{a+b}{a}\sqrt{a}$.

显然，本节课原定的教学计划没有完成，这一问题原先的设计并不“精彩”，课中出现“研究性学习”的场景更让我始料未及，但又是在其情境下应运而生的.应该说，这堂课给我留下的印象是深刻的.

现今，我们的教学主要还是班级授课制的形式，学生主要的学习时间还是在课堂里度过的.因此，研究性学习除了以课题形式开展外，我认为更应关注课堂这一教学主阵地，润物无声.在日常教学中，结合学科内容，捕捉机遇，引导学生参与研究，并让学生在研究过程中不断提出问题，师生互动，将研究引向深入，也不失为一种好方法.因为这种“微型”的研究易于入手，学生乐于参加，且与正常的教学内容不冲突，便于操作，值得我们在日常教学中关注与推介.

（原文载于《中学数学杂志》2003年第4期）

又如，有这样一个颇具代表性的案例：著名语文特级教师于漪老师在执教《一千万万颗行星》的公开课时，忽然一个学生下意识地说出“万万是什么意思？”惹得全班同学哄堂大笑.在笑声中，那位同学猛然醒悟，红着脸，丧气地低下了头.于老师见状，便问：“大家都知道万万是亿的意思，那么，为何这里不用亿而要用万万呢？”全班同学一下子被问住了，最后讨论得出“这里的用词是汉语言的叠词叠韵之美.”对于这一意外的课堂收获，于老师又不失时机地启发大家应该感谢谁？于是，同学们对开始发现问题的同学报以热烈的掌声.

于老师这里运用教育机智，顺着学生的问题思路进行推理，从中发现新的问题——语言知识，同时将尴尬化解为引导学生积极思考问题并获取知识的过程.当然，这些都离不开教师的机智反应和独到的体悟，只有这样才能给学生以技高一筹的见解，从而少让学生在原有的认知层面上徘徊.归根结底，高效的课堂离不开教师自身的文化底蕴、才情和学养.

我想：这种对教育、教学的研究，俨已成为我们的一种内在需求.它就像一座加油站，不断地为我们补充给养，推动我们不断地将实践经验转化为理性思考，让我们在专业成长的道路上驰骋向前.

教学即研究，研究为教学，为的是更有效地提高学生的学习，也为更好地自我发展、自我完善.这就是我们中学教师需要的实实在在的行动研究！

凸显特长：盘点自我展风采

有人说，教师的成长是一场艰难的穿越．的确如此，不经历这场穿越，就无法去除浮华，认识自我，实现自我，超越自我．而当我们做好了准备，把艰辛的教育之旅当成生命中必经的涅槃之路，在翻山越岭之后，便会遇见美好，遇见更好的自己．

坦率地说：选择教师这个职业，就是选择了平凡，选择了奉献．如何在平凡之中见精彩，实现自身应具有的人生价值呢？我想：每一位教师尤其是青年教师都应该很好地“盘点”一下自我，认真地研究自身所具备的应有特质和潜能，在站好讲台的同时，找准突破口，以便更好更快地凸显自我．

在优秀的教师群体中，有以个人的精力、体力和身心的超负荷透支为基本特质的牺牲类的；也有以擅长于学生思想品德教育、优秀的班主任管理艺术及学困生的转化为主要成就的情感类的；还有以自身的专业擅长和优异成效，并通过对教育教学行为的不断诠释和反思以形成较大影响的专业类的．

应该说，绝大多数优秀教师的教育行为是全面而综合的，同时又往往具有鲜明的个性特色．我想，作为数学教师，尤其是青年教师，首先应“三管齐下”，既要有奉献精神，又要有情感投入，还应具备专业功底．其次，根据所在学校、班级、学生的实际情况，以及自身的固有优势，先向某一方面发展，再不断完善.就数学教育专业类而言，大致可有如下几种基本类型的教师.

做展示型教师

这类教师多具有较强的表现力、亲和力、感染力和应变能力，能说会道，善于推介自己，善于吸纳和整合各种资源，多媒体技术娴熟.在教学中，善于渲染气氛、调动学生，常让人有“养眼”“悦耳”之感.因此，在赛课活动中多先声夺人、引人注目，易受到评委、专家青睐.不少年轻选手，常常因此一炮打响而走红.应该说，赛课是青年教师发展的一个很好的平台，一个很便捷、快速成长的绿色通道.

当然，选手展示的通常是一节新授课，而中学教学的课型是多样的，参评课与常规教学还是有区别的.加之，作为升学预备型学校，“功夫在课外”又是一个不争的事实.因此，这类教师在日常教学中所教班级的教学成绩并不一定出彩.就课堂教学行为而言，这类教师为了使课堂显得活跃，多注重概念内涵的探究，少有概念指导上的题型训练；多注重定理的发生、发展过程和证题思路的分析，少有定理指导下的题型归类巩固练习；多注重公式发现过程的探索，少有公式的正用、反用，变形使用的演练.久而久之，很多知识点没有得到应有的巩固训练和落实，致使所教班级的教学成绩不尽如人意.因此，这类教师尽管在课改活动中比较活跃，甚至小有名气，但在校内常不能令人信服.这是展示型教师在享有美誉后必须正视的现实.

但凡经历过赛课比赛的教师都明白，比赛虽然有很多的偶然性，成绩固然不能与选手的日常教学水平全然对应，但是它确实是一条促进教师专业成长的路径.在这条路上，亲历者都能真切体验到高强度、高密度、高效率地深钻教材，学会教书，学会育人；感受到亲友的关爱、同仁的关心、师长的关切，学会做人，学会感恩；感知到痛苦与幸福、失败与成功、艰辛与快乐等瞬间转换的快意，学会舍得，学会珍惜.如此，赛课何尝不是一种历练，一种攀升，一种深度学习！

多年以前，我作为参赛选手参加了安徽省首届“教坛新星”评选活动. 在总决赛中，兴许是参赛教师对时兴的说课最本原的东西尚未很好把握，也兴许是大家在总决赛中求稳的意念支配，包括我在内的选手在说课中普遍出现一些问题：程式化的东西太多，时髦术语频繁出现，模仿痕迹过于明显，个性化的独到体悟很少，等等. 何去何从，大家也都心存疑虑.

对此，原省教科所老所长、数学特级教师吴之季老先生谆谆教诲我们：有效的课堂教学，不是教师个人学识、才华与能力的展示和炫耀，而应是教师心怀学生去传授知识，以提高学生的学识与能力. 课堂教学中，一定要有自己的思考和创新，机械拼接的教学并不适合学生实际. 当学生被牵着鼻子走时，课堂已流于形式. 课堂上只有别人的影子，照搬别人的设计思路，而缺少自己独立的声音，这样的课堂不是执教者自己的课堂，而是简单机械地复制模仿，“赝品”终成不了“精品”！

老先生就首届评选活动中的几个课题，说出了各个课题选择的缘由和期待，以及选手们对各个课题应有的理解、思考和做法，点评专业权威，入理入心，让我们心悦诚服，如沐春风. 他还嘱托我们：一堂好课，一定是吃透教材，基于学情设计教学内容和教学活动. 学生的注目与沉浸，源于教师举重若轻、左右逢源的内功. 一个好的教师，一定拥有站起来比学生高，蹲下去和学生一样低的境界、功力和行动.

老先生振聋发聩的话语让我省悟，让我警醒：一个教师若不能走进教材，吃透教材，课堂上注定是师生一同在教材外晃荡，教学自然会走向程式化的过场；教师尤其是骨干教师，若还停留在借鉴和模仿上，教学难能提升，课堂鲜有生机. 唯有对教材、对教学心存敬畏，“沉下去，钻进去”，板凳再坐十年冷，才可能“凡是你所教的东西，要教得透彻！”（罗素语）

做学者型教师

这类教师的特点是：乐于研究，勇于探索，善于思考和发现，在初等数学研究或数学教育等方面有自己独到的见地，在数学教育教学专业杂志上时有文字出现.如果展示型教师是用自己的言谈举止来研究课堂教学艺术，那么学者型教师则是用自己的笔墨来揭示数学教育的真谛.

学者型教师在学校的教研活动、引领学生进行研究性学习以及指导论文撰写方面占有独特位置，其教学也多是以研究性学习的形态呈现的.引领学生思考，倡导学生在探索过程中自主地发现问题，解决问题，获取能力，这对落实课改理念、培养学生创新意识和探索能力应该说是十分有益的.

例如，我当年参加数学特级教师考评课教学时，进行了“比较大胆”的教学设计，可能还是源自我平时对不等式和探究教学的学习和研究.正是这份“喜好”，才让我在考评课教学中，“情不自禁”地进行了尝试和探索.

一节难以释怀的考评课

本课注定在我的教学生涯中占有特殊位置，因为这节课真实地记录了我当年申报数学特级教师时现场抽取课题、集中限时备课、借班进行教学的场景.每当与青年教师论及所谓“探究教学”“问题教学”“变式教学”时，该课的有关情景总在我脑海中萦绕.

现今“后课标时期”（郑毓信语）越发倡导要变“教教材”为“用教材教”，如何善待教材？我想，兴许这张“老照片”所呈现的形如朱熹所述“大抵观书，先须熟读，使其言皆若出于吾之口；继以精思，使其义皆若出于吾之心，然后可以有得尔”的场景，对青年教师如何走进教材，深入教材，进而领悟教材、用好教材会有一定的启示作用.

1 教材剪贴

例 6 解不等式：$2^{x^2-2x-3}<(\frac{1}{2})^{3(x-1)}$.

解：原不等式可化为$2^{x^2-2x-3}<2^{-3(x-1)}$. ①

因为①式中以 2 为底的指数函数是增函数，所以①式成立当且仅当$x^2-2x-3<-3(x-1)$②成立.将②式整理后，得$x^2+x-6<0$.

解这个不等式，得$\{x|-3<x<2\}$.

所以原不等式的解集是$\{x|-3<x<2\}$.

例7 解不等式：$\log_{\frac{1}{3}}(x^2-3x-4)>\log_{\frac{1}{3}}(2x+10)$.

解：原不等式等价于不等式组

$$\begin{cases} x^2-3x-4<2x+10, & ① \\ x^2-3x-4>0, & ② \\ 2x+10>0. & ③ \end{cases}$$

解不等式①，得$\{x|-2<x<7\}$；

解不等式②，得$\{x|x<-1$，或$x>4\}$；

解不等式③，得$\{x|x>-5\}$.

所以原不等式的解集是

$$\{x|-2<x<7\}\cap\{x|x<-1,\text{或}x>4\}\cap\{x|x>-5\}=$$
$$\{x|-2<x<-1\},\text{或}\{x|4<x<7\}.$$

巩固练习 解下列不等式：

（1）$5^x+5^{x-1}<750$；

（2）$\left(\frac{4}{5}\right)^{(\log_2 x)^2-1}<\left(\frac{4}{5}\right)^{2(2+\log_{\sqrt{2}}x)}$.

2 教学构想

2.1 串点成线，变式教学

基于上述素材，本课的确不同于一般意义上的“新授课”，没有“概念引入，性质揭示、示例分析、巩固应用”的基本“套路”可循，极易上成荟萃各类资料上有关指数、对数不等式习题乃至高考“真题”的习题课．作为考评课，不能拘泥于此，必须跳出这一容易散乱且有“题海”之嫌的圈子，只能另辟蹊径（当时手头仅有复印好的教材相关内容），必须也只能潜心在教材里寻求办法，寻找答案，真正地“用教材教”．于是，我置身于学生的心理特点和认知实际，从上述两例入手，分解、变形，设法形成一条以问题串为抓手的环环相扣的探究教学线索．

2.2 丰富完善，彰显特色

基调定好后，如何布局、怎样丰富和完善教学内容呢？上述两例实则是具体指数、对数不等式及其解法．那么，何为指数、对数不等式，如何引入？其基本的求解策略是什么，有何异同？学生的易错点在哪，如何强化？一般题型的求解方法如何？带着这些问题，我构建了本课的教学系统.

怎样彰显本课应具有的教学特色呢？思路之一，是在问题呈现与数学本质的有机融合中突出建构性，其二是在知识发生、发展过程与学生思维碰撞中突出活动性.

3 教学设计

教学目标：使学生掌握指数与对数不等式的求解方法；注重同解变形，渗透转化思想；通过一题多变，培养学生的思维能力和探索精神.

教学重点：不等式的同解变形.

教学难点：化对数不等式为同解的代数不等式组.

教学方法：探究式.

教学过程：

3.1 指数与对数不等式的引入

由函数 $y = 2^x$ 的图象可得：

$x = 1$ 时，$y = 2$；

$x > 1$ 时，$y > 2$.

即 $x > 1$ 时，$2^x > 2$ 成立.

由不等式 $2^x > 2$，引入指数不等式的定义：

指数里含有未知数的不等式叫做指数不等式.

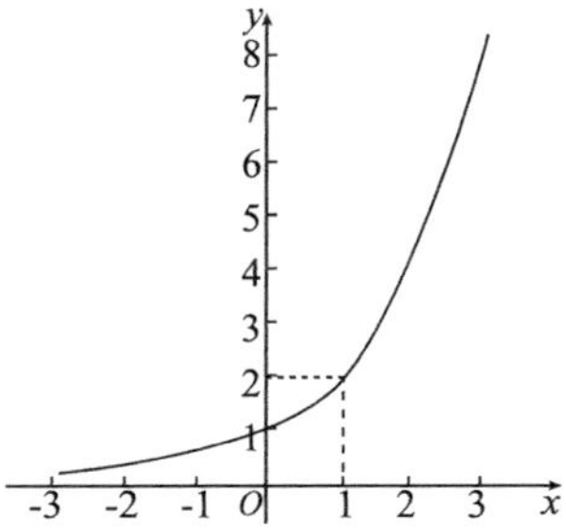

例如：$(\frac{1}{2})^x < (\frac{1}{2})^{1-x}$ 等.

类似可得对数不等式的定义：对数的底数或真数里含有未知数的不等式叫做对数不等式.

如何求解一些特殊的指数与对数不等式呢？这堂课我们就来探讨这个问题：指数与对数不等式的解法（板书课题）.

3.2 指数不等式的求解

由 $(\frac{1}{2})^x < (\frac{1}{2})^{1-x}$ 的求解过程，探寻指数不等式求解的基本思路：由 $x > 1 - x$，得 $x > \frac{1}{2}$.

小结：求解指数不等式的基本思路是先化成同底形式，再利用指数函数的单调性求解．

例1 解不等式：$2^{x^2-2x-3}<(\frac{1}{2})^{3(x-1)}$．（同前文例6）

师生分析其求解的基本思路，指定一名同学口述，教师板演．

解：$\because 2^{x^2-2x-3}<2^{-3(x-1)}$，$\therefore x^2-2x-3<-3(x-1)$，故 $-3<x<2$，即原不等式的解集为 $\{x|-3<x<2\}$．

提问：若化成以 $\frac{1}{2}$ 为底，情况如何？

巩固练习1 解不等式：

（1）$(\frac{1}{3})^{x^2-3x-4}-(\frac{1}{3})^{2x+10}$；（2）$2^{x^2-\frac{3}{2}x+2}\leqslant 2\sqrt{2}$ ；

（3）$5^x+5^{x-1}<750$．

教师引导学生分析，如何将（2）（3）化成同底形式．交与学生解答，三位同学板演．

解：（1） $\because (\frac{1}{3})^{x^2-3x-4}>(\frac{1}{3})^{2x+10}$，$\therefore x^2-3x-4<2x+10$，$\therefore -2<x<7$，即原不等式的解集为 $\{x|-2<x<7\}$．

（2）（3）解答略．

3.3 对数不等式的求解

现将巩固练习1中（1）$(\frac{1}{3})^{x^2-3x-4}>(\frac{1}{3})^{2x+10}$ 变形为以 $\frac{1}{3}$ 为底的对数不等式．

例2 解不等式：$\log_{\frac{1}{3}}(x^2-3x-4)>\log_{\frac{1}{3}}(2x+10)$．

师：上式如何求解？

生：利用对数函数的单调性来求解．

师：好，我们借用巩固练习1中（1）的求解过程，行否？$\therefore x^2-3x-4<2x+10$，解得 $-2<x<7$．$\therefore$ 不等式的解集为 $\{x|-2<x<7\}$．

有学生摇头：不行．若 $x=0$，则 $x^2-3x-4<0$，而真数须大于0．

师进一步追问：症结何在？

生：不是同解变形．

师：如何完善呢？

生：要考虑定义域.

解：原不等式同解于

$$\begin{cases} x^2 - 3x - 4 > 0, \\ 2x + 10 > 0, \\ x^2 - 3x - 4 < 2x + 10 \end{cases} \Rightarrow \begin{cases} x < -1 \text{或} x > 4, \\ x > -5, \\ -2 < x < 7. \end{cases}$$

$\Rightarrow -2 < x < -1$ 或 $4 < x < 7$.

∴原不等式的解集为 $\{x| -2 < x < -1$ 或 $4 < x < 7\}$.

小结：若是同底形式，可同解变形为代数不等式，需注意定义域.

巩固练习2

（1）解不等式：$\log_3(x^2 - 3x - 4) > \log_3(2x + 10)$（例7变形式）

（$\{x| -5 < x < -2$ 或 $x > 7\}$）

（2）当 $x = 5$ 时，不等式 $\log_a(x^2 - 3x - 4) > \log_a(2x + 10)$ 成立，求 x 的取值范围？

（$0 < a < 1$）（再引导学生发现，例2实则为该题特例）

（3）解不等式：$(\log_2 x)^2 + 1 < 2(2 + \log_2 x)$

（$\{x|\frac{1}{2} < x < 8\}$）（换元思想）

变式1　$(\log_2 x)^2 - 1 < 2(2 + \log_{\sqrt{2}} x)$

变式2　$\left(\frac{4}{5}\right)^{(\log_2 x)^2 - 1} < \left(\frac{4}{5}\right)^{2(2 + \log_{\sqrt{2}} x)}$

师：若将 $\frac{4}{5}$ 换成 $a(a > 0$，且 $a \neq 1)$，情况又将如何？

生：需分情况讨论.当 $0 < a < 1$ 时，……

3.4 归纳总结

师：能否就上述问题的处理，归纳一下求解指数与对数不等式的基本方法是什么？

生：换元方法，或先化成同底形式，再利用指数、对数函数的单调性将其转化成一般的代数不等式来处理.

师追问：那么在转化过程中需要注意什么呢？

生：注意同解变形，注意定义域.

师强调：非常好！要注意同解变形，注意定义域.

师再追问：若对于一般能化成同底形式的指数或对数不等式，如：$a^{f(x)} > a^{g(x)}$，$\log_a f(x) > \log_a g(x)$，其求解的基本思路是什么？能否再归纳一下？

待同学稍作处理后，师指出：有同学是这样归纳的，是否完善？

指数与对数不等式基本题型的解法：

当 $a > 1$ 时，$a^{f(x)} > a^{g(x)} \Leftrightarrow f(x) > g(x)$；

$$\log_a f(x) > \log_a g(x) \Leftrightarrow \begin{cases} g(x) > 0, \\ f(x) > g(x); \end{cases}$$

当 $0 < a < 1$ 时，$a^{f(x)} > a^{g(x)} \Leftrightarrow f(x) < g(x)$；

$$\log_a f(x) > \log_a g(x) \Leftrightarrow \begin{cases} f(x) > 0, \\ f(x) < g(x). \end{cases}$$

生1：当 $a > 1$ 时，应补上 $f(x) > 0$；当 $0 < a < 1$ 时，应补上 $g(x) > 0$.

生2：不需要．当 $a > 0$ 时，$f(x) > g(x)$，又 $g(x) > 0$，自然包含了 $f(x) > 0$；当 $0 < a < 1$ 时，$f(x) < g(x)$，又 $f(x) > 0$，自然包含了 $g(x) > 0$，当然可以不写了.

师请生2再复述一遍，众生认同.

3.5 布置作业

略.

4 教学思考

这堂课应该说是我“用教材教”的一次大胆且有益的尝试，尤其是在研读教材、组织教材、活化教材等方面，强调联系，注重变通，使各例题、习题之间串起一条清晰可辨的链条，变式训练，以少胜多，在摆脱“题海”的影响方面显现了自己应有的教学思考.

美国著名数学教育家波利亚说：“一个专心的认真备课的教师，能够拿出一个有意义的但又不太复杂的题目，去帮助学生挖掘问题的各个方面，使得通过这道题就像通过一道门户，把学生引入一个完整的理论领域.”认真琢磨教材中的例题、习题，通过精心改编与设计，实现一题多解、一题多变和一题多用，是教师必须操练的一项基本功！

当然，“用教材教”因人、因课、因教学对象而异，但笔者始终坚信并积极倡导：呈现教材的教育形态、挖掘教材的科学价值、揭示教材的学科内蕴是每位青年教师必须操练的“内功”. 执教者只有深入地钻研教材，才能深刻地理解和掌握其编排意图，才能确定恰当的教学策略和方法，才有可能“上出真功力，上出新风采”. 只有“胸中有书”“目中有人”，才能“用教材教”“以先为本”！

（原文载于《中学数学》2011年第2期）

值得注意的是，学者型教师有时在自我陶醉之中引申而容易忽略“度”的把握. 如：在注重思维训练时，常常忽略基础知识和基本技能的巩固和落实；课外很多时间放在自己研究的领域内，对学生基础知识的巩固训练和检测常常不能落实到位. 而现行的中学教学中，若知识点落实不到位，题型题量训练不到位，光靠学生自觉学习是很难保证班级所有学生都能有满意成绩的.

做应试型教师

这是一类让学生、家长、领导和同事普遍认同，在地方备受尊重的教师群. 他们执教的特点非常明晰：围绕应用做文章，在他们的课堂上，教学的核心不是概念的多角度审视，不是性质的全方位探寻，而是本课到底有哪些考点，各考点考到什么程度（了解、理解、掌握或灵活掌握），从而应该掌握哪些题型？应用是第一要务，把各种题型的训练作为培养学生应试能力的主要手段. 他们的课堂，知识的传授多是单刀直入，更多的则是体现在知识点的落实，在数学方法的介绍和使用上，在典型题型的反复演练上，即“精讲、多练、勤总结”. 他们的教学，可谓：堂堂有收益，届届效果好.

正因为这样，这类教师总是被“鞭打快牛”，安置在比较重要的岗位，且满负荷甚至超负荷工作着. 也正因为这样，这类教师常被作为评优秀推先进的候选人推荐上报.

但从上报的文字来看，他们的申报材料特色不明显，既无情感型教师扣人心弦的事迹，也无学者型教师能上升到理论指导下的课堂教学艺术的高度.在有关评比活动尤其是评课活动中，往往不被专家关注，这是应试型教师想要突破和提升，必须要正视和研究解决的问题.

如此，执教者要想进一步提升备考指导能力，必须有意加强研究，总结反思，凝练提升.我曾有幸参加了1999年高校招收保送生考试的阅卷工作，数学呈现的是一道应用型问题.令人难以置信的是，该题完满解答的很少，一分未得的不少.

学生的困惑在哪呢？带着这一疑问，我有意对所执教的高三年级学生进行跟踪分析研究，发现学生多在如何理解题意和怎样恰当转化上存在困惑，于是写就了《应用题临场作答的困惑与思考》一文，就近年高考真题和模拟试题中的应用型问题进行系统归纳，并举办专题讲座，有意在“即时定义转译”和“数学模型建立”上进行强化，最终达到了预期的效果.

1999年高考应用题系“轧钢”问题.若学生能抓住“轧辊减薄率”这一“即时定义”以及生活中的“压面条”模型，问题则迎刃而解.这一年，我所执教的一个平行班有六位同学考入中国科技大学，且三位同学同时进入该校数学系.应该说，与这一题的迅速完满解答关联度很大.

应用题临场作答的困惑与思考

我参加了1999年高校招收保送生考试的阅卷工作，有幸批阅了来自安徽省各地保送全国重点大学“精英”们的数学应用题的解答.该题完满解答的很少，一分未得的不少，这一结果引发了我的思考.

1 学生的困惑在哪里

1.1 困惑之一：如何理解题意

现行考卷中的应用题多为具有时代气息的阅读理解性应用问题，它通常把数学知识和生活知识、语言知识及相关学科的知识有机地结合起来，有意考查学生的综合素质，其明显特征是：文字叙述多、生活常识多、科技术语多、生活俗语多、字母变量符号多、相关制约因素多等.正因为如此，如何准确理解题意是考生的一大难题.

常见的办法是先通读全文，再逐句理解.

首先通读全文时，要注意题中的“关键词”，据此浓缩题意，突出问题的本质.为便于说明，现抄录1999年高校招收保送生数学试题如下：

现有流量均为300 m^3/s的两条河流A、B汇合于某处后，不断混合，它们汇合前的含沙量分别为2 kg/m^3和0.2 kg/m^3.假设从汇合处开始，沿岸设有若干个观测点.两股水流在流经相邻两个观测点的过程中，其混合效果相当于两股水流在1秒钟内交换100 m^3的水量，即从A股流入B股100 m^3水，经混合后，又从B股流入A股100 m^3水并混合.问：从第几个观测点开始，两股河水的含沙量之差小于0.01 kg/m^3（不考虑泥沙沉淀）.

注：设含沙量为a kg/m^3，b kg/m^3的两股水流在单位时间内流过的水量分别为p m^3，q m^3，则其混合后的含沙量为$\frac{ap+bq}{p+q}$ kg/m^3.

该题中的关键词有流量、含沙量、观测点、混合效果等，据此不难理解为本题系在观测点考查两股水流混合后的含沙量情况.

其次是逐句理解，通常是：对于题中一般性叙述的语句作基本了解；对于题中一些重点解释的专业术语则要认真领会，这往往是破题的关键.例如，上题中混合后含沙量的定义，正是我们列等式的依据.而对于题中一些尚不清楚，也未作定义的专业术语则不必考虑，通常这无妨于该数学问题的求解.

1.2 困惑之二：如何恰当转化

应用题求解的过程始终是一个不断转化的过程.但是，不少考生由于缺乏将实际问题模型化、数学化的能力，不能依据已有的知识去建立数学模型，化归为常规的、熟悉的数学问题，以致不能作答.其实，若善于分析题意，应用题的突破口是不难找到的.

例如，上例中若注意到“其混合效果相当于从A股流入B股100 m^3水，经混合后，又从B股流入A股100 m^3水”，容易联想到初中所熟知的“倒进倒出”类问题：从第一个容器倒入第二个容器100 m³溶液，经混合后，又从第二个容器倒入第一个容器100 m³溶液．如此联想可把实际问题模型化．其转化途径为：

（1）建模：现有A、B两种容器，分别倒入含有某种溶质2 mg/cm³和0.2 mg/cm³的两种溶液各300 cm³，现从A容器内取出100 m³的溶液倒入B容器内，经混合后，又从B容器内取出100 cm³的溶液倒入A容器．如此往复下去．问：从倒入第几次开始，两容器内溶液所含溶质之差小于0.01 mg/cm³．

（2）构图：

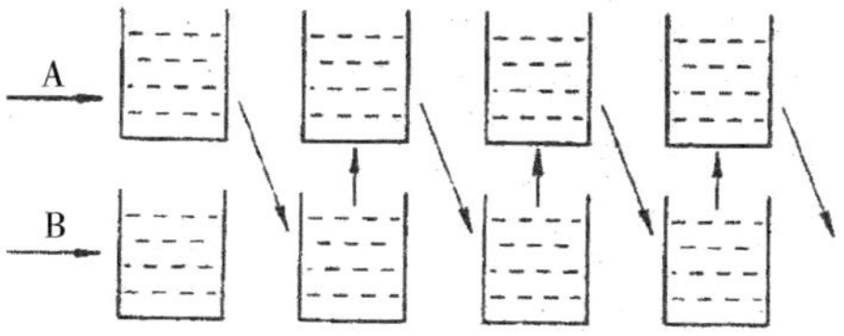

（3）列式：设倒入n次，A容器内溶质含量为a_n mg/cm³，B容器内溶质含量为b_n mg/cm³，则$a_1=2$，$b_1=0.2$.

$$b_n=\frac{1}{400}(300b_{n-1}+100a_{n-1})=\frac{1}{4}(3b_{n-1}+a_{n-1}),\quad ①$$

$$a_n=\frac{1}{300}(200a_{n-1}+100b_n)=\frac{1}{4}(3a_{n-1}+b_{n-1}).\quad ②$$

1.3 困惑之三：如何合理解答

一般来说，考场作答的应用问题所需要的数学知识是基础的，方法也是常规的．比如，对于上例，我们这里提供的几种解法都是常规的．

［方法一］ 由①②，得$a_n-b_n=\frac{1}{2}(a_{n-1}-b_{n-1})=\cdots=\frac{1}{2^{n-1}}(a_1-b_1)=\frac{1.8}{2^{n-1}}$，则$\frac{1.8}{2^{n-1}}<10^{-2}\Rightarrow 2^{n-1}>180\Rightarrow n-1\geqslant 8\Rightarrow n\geqslant 9$.

［方法二］ 由②−①，得$a_n-b_n=\frac{1}{2}(a_{n-1}-b_{n-1})$，又$a_1-b_1=1.8$，$\therefore\{a_n-b_n\}$是首项为1.8，公比为$\frac{1}{2}$的等比数列，则$a_n-b_n=\frac{1.8}{2^{n-1}}$.

以下同方法一．

［方法三］ 由题可列表

n	1	2	3	…
a_n	2	1.55	1.325	…
b_n	0.2	0.65	0.875	…
$a_n - b_n$	1.8	0.9	0.45	…

不难猜想：$a_n - b_n = \frac{1.8}{2^{n-1}}$. ③

③式用数学归纳法易证.

［方法四］ 欲求$a_n - b_n < 0.01$，又$a_n + b_n = 2 + 0.2$，只需$b_n > 1.095$.

由 $b_n = \frac{a_{n-1} + 3b_{n-1}}{4} = \frac{(2.2 - b_{n-1}) + 3b_{n-1}}{4}$， 得 $2b_n = b_{n-1} + 1.1$. 令 $2(b_n + \lambda) = b_{n-1} + \lambda$，得$2b_n = b_{n-1} - \lambda$，则$\lambda = -1.1$.

$\therefore \{b_n - 1.1\}$是首项为-0.9，公比为$\frac{1}{2}$的等比数列.

$\therefore$ $b_n - 1.1 = -0.9(\frac{1}{2})^{n-1}$，即$b_n = 1.1 - 0.9(\frac{1}{2})^{n-1}$.

由$b_n > 1.095$，仿上易得$n \geqslant 9$.

可不少考生由于对应用题存有畏惧心理，题目尚未看完就主动放弃，或根据对题目的片面理解，草率下笔，指望挣个“辛苦”分.其实数学评判关注的是解题思路和方法，绝不是见了文字就给分.合理的解答方式应为目标明确、方法恰当、思路清晰、书写规范.只有这样才能多得分，得高分.

应用题研究的是实际问题，因此必须根据客观实际进行合理的取舍，而这恰是部分考生不能完满得分之所在.

2 几点思考

2.1 关于教材的思考

我们现行的教材，尤其是高中教材，应用题不仅数量少、分量轻，而且内容陈旧，远离现实生活实际.

由实际问题引入数学概念，仅被简单地看作引入数学概念的一种方式，不外乎说明“理论来源于实践”而已.

数学概念和性质的教学内容关注的多是定义和论证，而忽略了应有的阅读理解和开发应用;数学问题恰当的生活原型更难见到.少得可怜的阅读内容辅之以“选学内容”,自然在教学中被“精简”.

这样,“紧扣教材,以本为本”怎能满足高考应用题的要求,更满足不了现实生活的需要,自然需要来自四面八方的教学资料的“补充”.

2.2 关于试题的思考

高考中应用题考查的目的是检测学生分析和解决实际问题的能力,有利于指导和改进数学教学,让学生跳出“题海”.

近年高考应用题得分率一直上不去,既暴露了学生应用能力的薄弱,也说明了试题“远离”学生的实际.

按理说,学生日常训练的应用题,应是以社会生活中的某一实际问题为原型,经“加工”而成的有利于学生考场作答和教师评判的“准实际问题”,可学生手头的资料多为从资料到资料“改装”或“组装”而成.任意抽取一套模拟卷,里面的应用题常让人有似曾相识之感.这些题与其说是活题,倒不如说是“套题”,是数学中新的“八股题”.这种八股题的传统套路怎能应对高考应用题的冲击呢?

人们倡导“作家要深入生活”,这里也应包括应用题编撰者吧!其实他们不仅要以生活背景为依托,而且还得考虑命题中应用题的背景如何才能贴合学生实际,什么样的题才能达到试题要求与考生水平相匹配,如何控制试题难度才能有效地考查和区分学生的应用意识和能力等.也许这就是数学应用题的魅力之所在吧!

2.3 关于教学的思考

在日常教学中,我们强调的是对数学概念的理解,对定理、公式的推证,而忽略了对知识发生、发展过程的探索.我们强调的是对各种常规题型一招一式的训练,而忽略了从实际出发,通过抽象概括建立数学模型,再通过对数学模型的分析研究回到实际问题中去认识问题和解决问题的训练.对于应用题的教学,目的是应对高考,时间为考前几次课,任务是资料上的几十题.“临阵磨枪,急功近利”,其效果可想而知.

因此,怎样在日常教学中有步骤、有计划、有针对性地加强训练,既要注重提炼生活,让现实问题数学化;又要不失时机地给书本上的问题以生活背景，使数学问题实际化；怎样讲授现行的教材内容，才能使学生学习之后便于掌握与应用；怎样探讨应用问题的教法；怎样才能有效地组织学生的社会实践等，都到我们该认真思考的时候了．

（原文载于《数学教学》1999年第6期）

做竞赛型教师

这类教师多富有数学天赋和秉性，他们多在学生时代就对难题的求解乐此不疲，是从事数学尖子生培养，进行数学竞赛辅导和教学工作的合适人选．由于多地对全国数学竞赛省级一等奖及以上选手有保送全国名校和高考加分的政策，加之一些对理科专长的优秀学生的家长从孩子后续思维发展的角度考虑，希望学有余力的孩子参加数学竞赛辅导．中学中的一些名校视学科竞赛为学校的“亮点”工程，多开设所谓理科实验班或科技实验班，并将实验班作为“英才的摇篮、名师的沃土、科研的基地”来运作．在此机制下，“高徒促名师”，一些培养出优秀选手的教练员在学校和地方享有极高的礼遇和荣誉．

由于竞赛型教师认识问题的视角独特，看问题透彻，很多常人看来较难的数学问题在他们手里多迎刃而解，因此，在他们的课堂里往往是思维跳度大，书写不完整，“显然”“易见”的内容到处可见．加之他们多注重思维能力的培养，少强化基础知识的训练；多喜欢特殊技巧的使用，少基本通性通法的演练；多乐于拔尖培优工作，少进行补缺补差辅导，以致他们所教授的普通班整体教学成绩常不尽如人意．这是竞赛型教师必须妥善解决的一个共性问题．

其实，一个人的能力和能量，更多的是以潜在形式蕴藏的．竞赛型教师也罢，学者型教师也罢，不是与生俱来的，即便有此秉赋，也需要平台和机遇，需要在实践中发掘、培养和锤炼，有时甚至是在不经意间发现、发展，慢慢地成长、成就的．

我是这样起步竞赛辅导和论文撰写的

记得我执教的第一届高中学生参加全国数学竞赛，成绩揭晓时老师和同学们都万分惊喜，简直不敢相信：我班数学课代表胡国山同学荣获安徽省第一名，且我校省级获奖的同学多出自我这个平行班.

后来，学校和市数学会领导让我介绍经验、谈谈指导学生获奖的体会.作为执教第一届高中数学的新手教师，我真的没有什么经验可谈，更没有什么高招可支.唯一特别的是，我把自己也当成学生，与我的学生一起学习，探讨分享，共同提升.用现在的时髦话来说：起到了平等中的“首席”作用，一直陪伴、示范、引领和激励着我的学生.

当时，芜湖市数学会创办了数学奥林匹克学校，利用节假日和周末组织教学讲座，教学任务由市里各中学骨干教师和高校数学竞赛爱好者承担，我是这一届奥数班的班主任老师.作为班主任，作为新手教师，我很珍惜这一次学习机会，把自己也当成一名学生，全程陪同，跟班听课，随堂记录，解答问题，遇到不明白的地方就和同学探讨或查询资料，甚至请教授课老师.我班听课的同学自始至终，准时到达，上课认真听讲，课后我们又一起活跃在篮球场上，一直尽兴挥汗到天黑.以致我班参加奥数班学习的同学人数一直到考前从未减少，甚至还有增加，这既有上半场数学学习的需要，更有下半场篮球活动的吸引.

第二天早晨，同学们都很自觉地及时提交练习题和思考题等作业，待我批阅反馈后商讨意见，进行订正，直至弄明白为止.可以说，我们当时组成的是名副其实的“数学探究兴趣小组”.我想，现行倡导的所谓探究性学习、合作学习、深度学习以及导师制等，都能在我们的“数学探究兴趣小组”这一“学习共同体”中找到影子.如此，自然成就了我和我的学生.

在胡国山同学冲击全国冬令营时，他因对试卷中第一题不等式理解有误，影响了后面的作答.而不等式，也是我们考前最担心的内容之一.

学生身上事，教师心上事.在哪里跌倒，就在哪里爬起来.冬令营回来，我就帮学生“恶补”不等式的缺憾，把不等式进行知识内化、解法梳理和题型归类等.

在学习、整理、研究过程中，我发现有的赛题包括中学数学杂志上刚发表的相关不等式问题的解法可以优化，方法可以推广，结论可以加强，甚至有的问题本身及其解法都值得商榷.我手写我心，以至于那几年相关不等式一事一议、引申推广、解法探究等文章相继发表，真实记录了我对不等式探寻的心路历程，进而后来竞赛数学研究、初等数学研究、课堂教学研究以及数学教育思考等方面文章相继发表.在教学过程中研究，在研究状态下工作，俨已成了我的一种生活形态.

以上粗略的分析，意在让我们有志做好数学教育工作，能比较客观、全面地根据自身的特质，做好规划，分步实施.先行跨出专业发展的第一步，再不断发展完善自我，成为既有高超的教学艺术，又能以流畅的笔墨进行理性的教育思考者；或成为既有丰硕的教学业绩，又有厚实的业务功底和解题技巧的复合型乃至专家型教师.

当然，作为一名怀揣梦想的教师，无论朝哪个方向发展，都应该时刻铭记教师的天职和责任，把对学生爱的情感，编织在职业生涯的每一个日子里；把对学生爱的关怀，融化到生活中的每一个具体行动上.鲁迅先生曾指出：“教育是植根于爱的.”教师需用师爱去感染、去润泽学生的心田，师爱要蕴含在教师的脸庞、性格和处事方式方法之中.

人民教育家于漪老师谆谆告诫我们：“教师只有丹心一片，才能与学生心心相印”，“学习不难，要老师干什么”.爱一个品学兼优的好学生并不困难，一如既往地爱每一个学困生和所谓的“问题学生”，才是真正的考验，作为追梦的老师必须做好这一答卷.

一个有师爱的老师，必定有对学生的爱，对工作的爱，对自己的爱.教师只有心里有爱，才能眼中有光、脚下有路，才会一路春暖花开.

我和龚亮同学的故事

记得我走上工作岗位的第三个年头，从外地转来一名学生，叫龚亮．家长把孩子托付给我时，一再表示：孩子淘气，给老师添麻烦了．当时我还以为是家长客气，没想到几天后就尝到了厉害．孩子是个武侠小说迷，因外公、外婆管不住，才从老家转学过来．对于武侠小说，他是上课看，下课看，据说在家里没日没夜地看．书被没收了，就再买．买不到，就到书摊上租．没办法，为了严控，我与家长约法三章．家长负责家里，我负责学校，但收效甚微．初三上学期的期中考试，六门功课，五门“挂科”，就数学勉强及格．

很无奈，作为班主任的我，还得鼓励他啊！我问他，数学是怎么考及格的，他还很神秘地对我说：“班主任的课如果不考好，在班上就‘混’不下去了．”这还叫考得好，要求也太低了吧？我觉得既好气又好笑．同时，我觉得他看问题很明确，就夸他：“你想考好，就能考好啊，真的太牛啦！真心希望你上其他老师的课，也给我面子，不看武侠小说了．否则，其他老师看见我就埋怨，我这个班主任真的很难啊！”他见我很诚恳，就说：“老师为我烦的神，我都知道的．我也想好，尽量控制自己，少给老师添麻烦．”后面虽有反复，但相对平静多了．

未承想，一件始料未及的事情发生了．龚亮“偷”学校实验室的硫酸，像一声惊雷在学校炸响．偷学校东西，而且还是硫酸，还放在裤子口袋里带到班上来．真是太危险，太可怕了！开除、劝退、处分，各种声音都有．龚亮怕极了，在我面前哭了，哭得很伤心．闯了这么大的祸，有可能被开除，他请求我帮他．他悔恨自己一时糊涂，在做实验时，感觉实验未做好，也未考虑那么多，就想带回家继续做．

我得知内情，就找到了校领导和分管初三年级的两位主任，说明了缘由，希望再给他一个机会，“以观后效”．否则，一旦给他停课，则前功尽弃．最终，校领导给了他一个机会，我把这一消息告诉龚亮，希望他真的能吸取教训，并坦诚地说：“你能不能改，我也没底，也没有经验，但我必须这样为你争取，为你担保，希望你能懂事，也能懂我．”龚亮睁大双眼，半信半疑，突然“哇”地一声大哭起来，说让我相信他，他会变好的.后来，龚亮真的变了，变得守纪了，变得好起来了.

清楚记得，我在复习“因式分解”这一专题时，我提到了对于一些高次多项式的分解，可以“居高临下”，利用“余数定理法”处理，会十分奏效.未承想，龚亮回家把他父母以前学的高等数学书拿出来，硬是把余数定理这部分内容“啃”了下来，并学以致用，把当时初中数学竞赛中的相关问题都解决了.而且在班上宣称，因式分解题他都不在话下，并像模像样地辅导起班上的同学.我得知详情后，非常高兴，宣称：因式分解的难题就委托龚亮同学“代劳”了.龚亮很是得意，学得更认真了.六月份的模拟考试，除了英语，其他学科都及格了，而且数学、物理还考得特别好.七月份的中考，他的考分竟然达到省重点中学的录取分数线，考取了我们附中的高中部，再后来他考上了浙江大学，又到国外留学了.

龚亮妈妈收到附中高中录取通知书时，激动不已，到学校当面向我致谢；还给大学党委写信，给附中领导写信，感谢附中可信的教育，感谢附中可敬的老师.精诚所至，金石为开，让“浪子回头”，成就了一个孩子，成全了一个家庭！

追求卓越：从高原跃升高地

在我们身边，有不少聪颖而又勤勉的教师在成为骨干后，尽管仍怀揣梦想并奋力进取，但却很难再见实质性进步．专业发展上的超越和突破变得异常艰难，开始跨入了所谓专业发展的“高原期”．那么，怎样架设从“高原”到“高地”的云梯，以实现再度跃升呢？

我想，如若我们的骨干教师能将自己置身于“愤悱”的境地，认真思考并扎实做好如下几题，定然能突破“瓶颈”，再臻佳境．

熟知非真知

德国哲学家黑格尔有句名言，叫做“熟知非真知”，很值得我们深思．为什么“熟知”而非“真知”呢？我想，是因为我们中小学骨干教师多年在教学一线摸爬滚打，常规教学可谓轻车熟道，大量的思维程式和行为套路储存脑海，久而久之，不自觉地习惯于认定自己看得见和留意自己相信的事物，对于“雷池”之外的东西却不愿留意，甚至熟视无睹，将熟知认定为真知．自认为学科内容早已烂熟于心，常规教学不过如此，现有的教学积累和教学理解足以应对日常教学的一招一式，易墨守成规在旧经验里聊以自慰. 这样，固然是资本的“经验”，反倒易变成束缚，变成阻碍发展的绊脚石！

例如，对于正切函数的图象和性质，我们的教师太熟悉不过了. 因为，从学生时代用的课本直至上一轮的教材，对正切函数性质的研究，都是类比正弦、余弦函数的图象和性质进行教学的. 先作出图象，通过观察获得对正切函数性质的直观认识，再从代数角度对性质作出证明. 唯有本轮教材一反常态，标题即给出“正切函数的性质与图象”（遗憾的是，教师教学用书仍写成“正切函数的图象与性质”的标题），采用了先根据已有的知识，形成正切函数的定义域、诱导公式和正切线等研究性质，再根据性质研究正切函数的图象.

这种安排，是基于学生已有研究正弦、余弦函数的图象和性质的经验，而这种经验完全可以“迁移”到对正切函数性质的研究中. 因此，教材通过“探究”提出问题，引导学生根据前面的经验来研究正切函数的性质，意在给学生提供更多的研究数学问题的视角，在性质的指导下，可以更加有效地作图、研究图象，加强理性思考的成分，并使数形结合的思想体现得更加全面.

可能是刻骨铭心的“熟知”，以致新课程实施已近十年，但在现行的教学，甚至是评比课教学中，仍有教师沿用传统的习惯和教法，这种对教材“非真知”的教学，何谈“沉下去，钻进去！”“凡是你所教的东西，要教得透彻！”（罗素语）

又如，五角星是众所皆知的一个图形，其顶角和为180°.那么，什么叫五角星形、六角星形，乃至多角星形呢？能否给出一个统一的定义？其顶角和又有何变化规律？等等. 这些看似习以为常、不是问题的问题，并不是都能很好回答的. 但作为数学教师的我们，需要做很好很深入的探寻，既要知其然，还要知其所以然.

浅探两类多角星形及其顶角和

五角星是众所皆知的一个图形，且知它的顶点做如下移动，其顶角和仍为180°（如下图）. 那么，五角星形乃至多角星形能否给出一个统一的定义？其顶角和又有何变化规律？其顶点做怎样的移动时，顶角和又将保持不变呢？本文试图对其进行探讨.

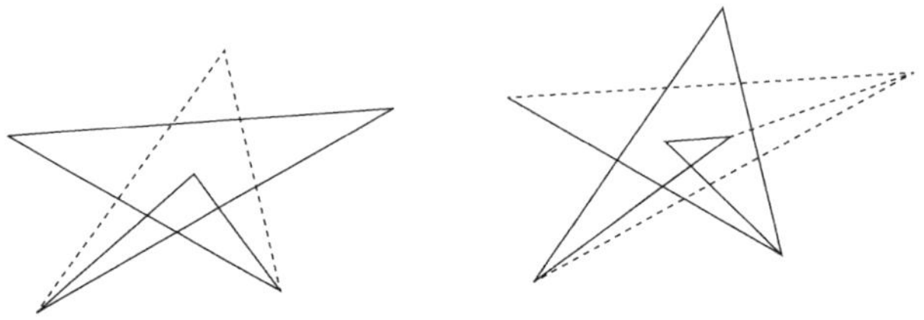

正五角星可视为由正五边形的对角线构成的图形，任意五角星即是由凸五边形的对角线构成的图形. 可否类似地用凸多边形的对角线来定义多角星呢？回答是肯定的.

定义1 由凸$n(n \geqslant 5)$边形间隔$\left[\frac{n-3}{2}\right]$个顶点的$n$条连线所构成的图形叫做Ⅰ型$n$角星. 这$n$条连线叫做该多角星的边，过同一顶点的两条连线所组成的角叫做该多角星的顶角，由正$n(n \geqslant 5)$边形间隔$\left[\frac{n-3}{2}\right]$个顶点的连线所构成的图形叫做Ⅰ型正$n$角星.

据此定义，我们将获得如下的有趣结果.

定理1 已知Ⅰ型n角星.

（1）当n为奇数时，其顶角和等于180°；

（2）当n为偶数时，其顶角和等于360°.

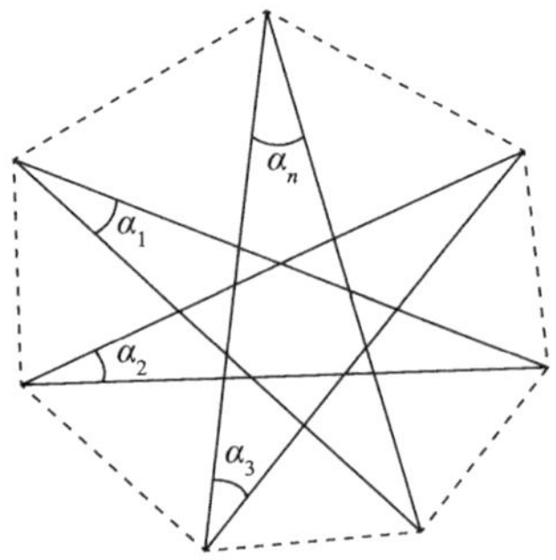

证明：凸 n 边形间隔 $\left[\frac{n-3}{2}\right]$ 个顶点的连线和这 $\left[\frac{n-3}{2}\right]$ 个顶点的 $\left(\left[\frac{n-3}{2}\right]+1\right)$ 条边围成一个 $\left(\left[\frac{n-3}{2}\right]+2\right)$ 边形，其内角和为 $\left[\frac{n-3}{2}\right]\cdot$ 180°. 这样的 $\left(\left[\frac{n-3}{2}\right]+2\right)$ 边形有 n 个，则其 n 个 $\left(\left[\frac{n-3}{2}\right]+2\right)$ 边形内角的和与 n 角星顶角的和 $\sum_{i=1}^{n}\alpha_i$ 之和等于此 n 边形内角和的 $\left(\left[\frac{n-3}{2}\right]+1\right)$ 倍.

则 $n\cdot\left[\frac{n-3}{2}\right]\cdot 180^\circ+\sum_{i=1}^{n}\alpha_i=\left(\left[\frac{n-3}{2}\right]+1\right)\cdot(n-2)\cdot 180^\circ$,

$\therefore\ \sum_{i=1}^{n}\alpha_i=\left\{(n-2)-2\left[\frac{n-3}{2}\right]\right\}\cdot 180^\circ$.

当 n 为奇数时，$\sum_{i=1}^{n}\alpha_i=\left[(n-2)-2\cdot\frac{n-3}{2}\right]\cdot 180^\circ=180^\circ$;

当 n 为偶数时，$\sum_{i=1}^{n}\alpha_i=\left[(n-2)-2\cdot\left(\frac{n-3}{2}-\frac{1}{2}\right)\right]\cdot 180^\circ=360^\circ$.

若视五角星是由凸五边形间隔一个顶点的对角线构成，又可得另一类型的多角星.

定义2　由凸 $n(n\geqslant 5)$ 边形间隔一个顶点的对角线所构成的图形叫做Ⅱ型 n 角星. 这 n 条对角线叫做该多角星的边，过同一顶点的两条对角线所组成的角叫做该多角星的顶角，由正 $n(n\geqslant 5)$ 边形间隔一个顶点的对角线所构成的图形叫做Ⅱ型 n 角星.

由上述两类型多角星的定义知，对于同一个凸 $n(n\geqslant 5)$ 边形，当 $n=5$ 或6时，所得的两类多角星均是一致的；当 $n>6$ 时，Ⅱ型多角星较Ⅰ型多角星过同一顶点的顶角要大. 那么，Ⅱ型 n 角星的顶角和有何规律呢？经探究有定理2.

定理2　Ⅱ型 n 角星的顶角和等于 $(n-4)\cdot 180^\circ$.

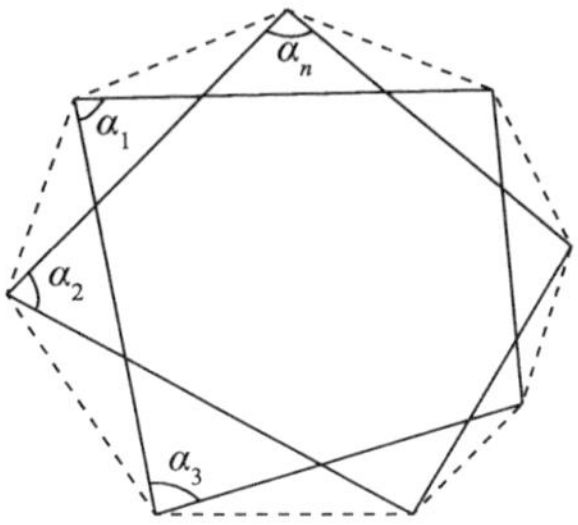

证明：凸n边形的每条间隔一个顶点的对角线和这个顶点的两边构成一个三角形，这样的三角形共有n个．这n个三角形的顶角和与n角星的顶角和$\sum_{i=1}^{n}\alpha_i$之和等于n边形内角和的2倍．

故$n\cdot180^\circ+\sum_{i=1}^{n}\alpha_i=2\cdot(n-2)\cdot180^\circ$，

$\therefore\ \sum_{i=1}^{n}\alpha_i=(n-4)\cdot180^\circ$.

我们感兴趣的又一问题是上述多角星的顶点在怎样的范围内移动时，其顶角和仍保持不变呢？为此，先给出如下定义：

在Ⅰ型（或Ⅱ型）n角星中，若A_1A_2，A_2A_3和A_3A_4，A_4A_5分别是过顶点A_2和A_4的两条边，若顶点A_3和A_3'在A_1A_2和A_4A_5所决定的二直线构成的同一个角域内，则称A_3'是A_3的星形顶点移动．Ⅰ型（或Ⅱ型）n角星经过若干次星形顶点移动后的图形叫做广义Ⅰ型（或广义Ⅱ型）n角星．

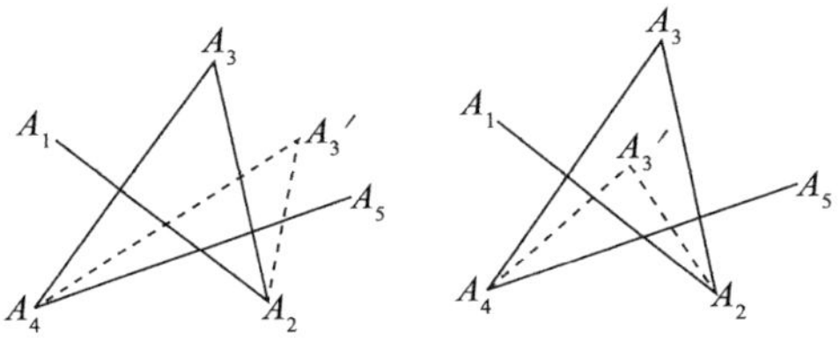

注：若欲使广义Ⅱ型n角星每一顶角α均在$0^\circ<\alpha<180^\circ$内，只需再规定A_3，A_3'均在直线A_2A_4的同侧即可．

由三角形三内角和定理或其推论易得：

$\angle A_1A_2A_3'+\angle A_2A_3'A_4+\angle A_3'A_4A_5=\angle A_1A_2A_3+\angle A_2A_3A_4+\angle A_3A_4A_5$.

定理1　对于广义Ⅰ型n角星，

(1) 当n为奇数时，其顶角和等于180°；

(2) 当 n 为偶数时，其顶角和等于 $360°$.

定理2 广义Ⅱ型 n 角星的顶角和等于 $(n-4)\cdot 180°$.

上述结果对于求解某些图形的顶角和问题往往十分有效，现略举几例.

例1 求下列各图中 $\angle A+\angle B+\angle C+\angle D+\angle E+\angle F+\angle G$ 的度数.

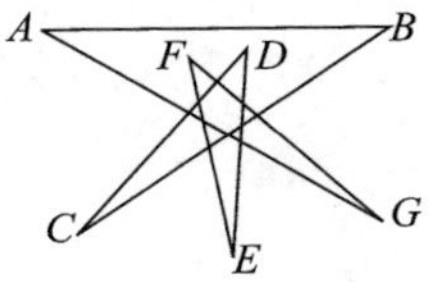

(A)

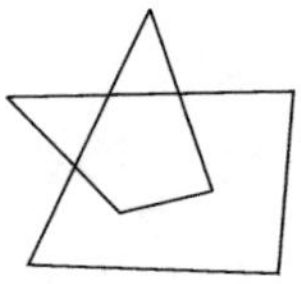
(B)

解：图（A）是一个广义Ⅰ型七角星，则其顶角和等于 $180°$；

图（B）是一个广义Ⅱ型七角星，则其顶角和等于（$7-4$）$\cdot 180° = 540°$.

例2 如图，求 $\angle 1+\angle 2+\angle 3+\angle 4+\angle 5+\angle 6+\angle 7+\angle 8$ 的度数.

解：$ABCDEFGH$ 为Ⅰ型八角星，则其顶角和等于 $360°$. 再由对顶角相等知所求八个角之和等于 $360°$.

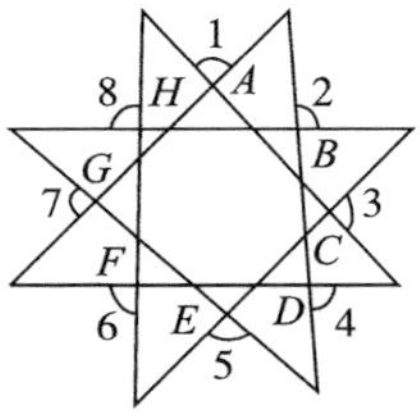

例3 求图中 $\angle A+\angle B+\angle C+\angle D+\angle E+\angle F$ 的度数.

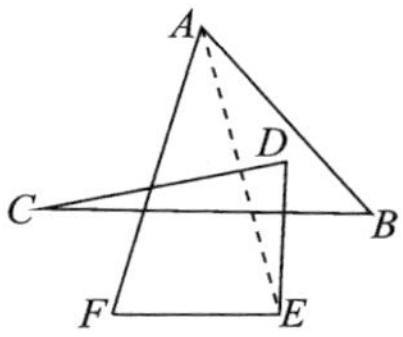

解：连接 AE，则 $ABCDE$ 为广义Ⅰ型五角星，其顶角和为 $180°$；又 $\triangle AEF$ 的内角和为 $180°$，故所求六个角之和等于 $360°$.

例4 求图中 $\angle A+\angle B+\angle C+\angle D+\angle E+\angle F+\angle G+\angle H+\angle I$ 的度数.

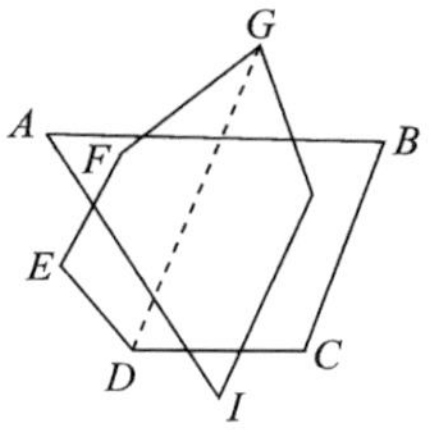

解：连接 DG，则所求度数即为凸四边形 $DEFG$ 内角和加上广义Ⅱ型七角星顶角和，故 $360°+(7-4)\cdot 180°=900°$.

例 5 求图 $\angle A+\angle B+\angle C+\angle D+\angle E+\angle F+\angle G+\angle H+\angle I+\angle J+\angle K$ 的度数.

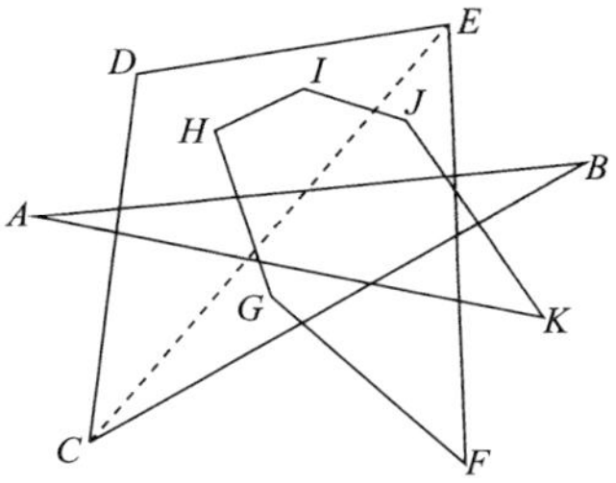

解：连接 CE，FJ，则得 $\triangle ECD$ 及凸五边形 $FGHIJ$ 和广义Ⅰ型六角星，故所求的度数等于 $180°+(5-2)\cdot 180°+360°=1080°$.

（原文载于《中学数学教学》1994年第3期，第二作者何建春）

莫让浮云遮望眼，除尽繁华识真颜.只有不断地进行教育经验的攀缘，深思熟虑，才能突破“经验”的囹圄！

曲径通幽处

唐朝诗人常建在《题破山寺后禅院》中有一名句，叫“曲径通幽处”.其寓意深远，揭示经历几番风雨、几多曲折后，方能领悟妙道的胜境，颇有淘尽沙砾始得金的意蕴.

中小学教师在成长为骨干的过程中，总是处在追、赶的位置，总是多有“贵人”相助，在学习和模仿中不断“被规范”.而在成为骨干教师后，则成为“标杆”，成为别人的仿效对象，要对别人进行手把手的指导和耳提面命的教诲. 如若还是“重复昨天的故事”，就很难有新的见地，难以有过人之处，难以起到领军人物应有的示范、引领和指导作用.

唯有改变思维习惯，用“曲径通幽处”的方式“逼迫”自己提高内涵，方能拓宽视野. 凡事要下苦功，敢较真，求甚解，摸准情况，找准问题，反复推敲，并能全方位、多角度去审视辨析，不断发现新知，寻求新路，探究新法. 只有这样，才能做到老问题有全新的思考，新情况有别样的举措.

例如，在教育部首届中学数学骨干教师国家级培训班有关案例教学研讨会上，有学员提出：教材中反三角函数中公式 $\arccos(-x)=\pi-\arccos x$，$x\in[-1,1]$来得突然，证明抽象，如何教学，值得探究！为此，我在学员们探讨的基础上，就如何揭示这一公式的发生、发展过程进行探究，虽几经曲折，但颇有收益.

“$\arccos(-x)=\pi-\arccos x$”教学尝试

1 实验

师：我们知道反正弦函数有性质 $\arcsin(-x)=-\arcsin x$，$x\in[-1,1]$，那么，反余弦函数是否有类似结果呢？即是否也有 $\arccos(-x)=-\arccos x$. (*)

生：没有，因为反余弦函数图象不关于原点对称.

师：那么 $\arccos(-x)$ 与 $\arccos x$ 到底有怎样的数量关系呢？让我们取一些值看看.

x	$\arccos(-x)$	$\arccos x$
0	$\frac{\pi}{2}$	$\frac{\pi}{2}$
$\frac{1}{2}$	$\frac{2\pi}{3}$	$\frac{\pi}{3}$
$\frac{\sqrt{2}}{2}$	$\frac{3\pi}{4}$	$\frac{\pi}{4}$
$\frac{\sqrt{3}}{2}$	$\frac{5\pi}{6}$	$\frac{\pi}{6}$

生：好像有 $\arccos(-x)+\arccos x=\pi$.

师：我们再来取几个值（比如$x=\frac{1}{2}$，1）看看，上式是否仍成立.

生：成立，似乎应该有$\arccos(-x)+\arccos x=\pi$，$x\in[-1,\ 1]$.

师：要确定上式成立，还须给出严格证明.

2 证明

师：(*) 式不成立，是因为$y=\arccos x$的图象不关于（0，0）点对称，但它关于$(0,\ \frac{\pi}{2})$点对称.

生（笑说）：要是关于原点对称就好了.

师（接着问）：怎样就能做到了？

生：只须将图象向下平移$\frac{\pi}{2}$个单位.

至此，下面的证法水到渠成.

[方法一]（从函数角度考虑）

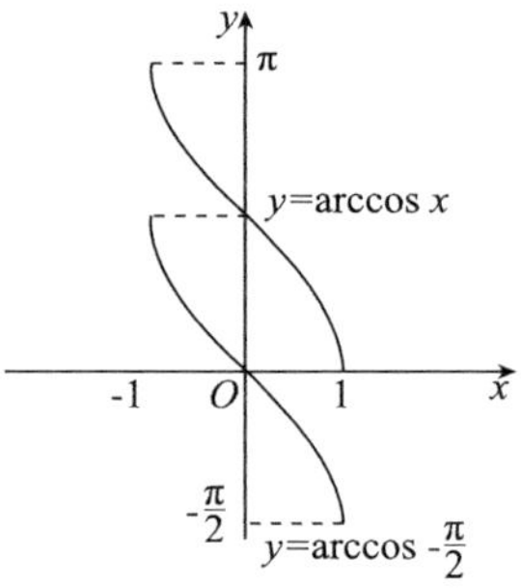

$\because$函数$f(x)=\arccos x-\frac{\pi}{2}$ $(|x|\leqslant 1)$的图象关于原点对称（如图），故该函数是奇函数，则$f(-x)=-f(x)$，

即$\arccos(-x)-\frac{\pi}{2}=-(\arccos x-\frac{\pi}{2})$，

$\therefore$ $\arccos(-x)=\pi-\arccos x$ $\quad(|x|\leqslant 1)$.

再引导学生从几何的角度思考，又得到了如下两种证法：

[方法二]（从解析几何角度考虑）（注：所在学校该部分内容是安排在解析几何第一章后上的）

$\because$反余弦函数图象关于点$M(0,\ \frac{\pi}{2})$对称，设$P(x,\ y)$是该图象上任一

点，其关于M的对称点$P'(x', y')$也在该图象上，由中点坐标公式，得

$$\because \begin{cases} \dfrac{x+x'}{2}=0, \\ \dfrac{y'+y}{2}=\dfrac{\pi}{2}, \end{cases} \quad 则 \begin{cases} x'=-x, & ① \\ y+y'=\pi. & ② \end{cases}$$

由②得 $\arccos x+\arccos x'=\pi$，代入①，得 $\arccos x+\arccos(-x)=\pi$，

即 $\arccos(-x)=\pi-\arccos x \quad (|x|\leqslant 1)$.

［方法三］（从平面几何角度考虑）

反余弦函数图象如图所示，在该曲线上任取一点$P(x, y)$，其关于对称中心$M(0, \dfrac{\pi}{2})$的对称点为$P'(x', y')$.

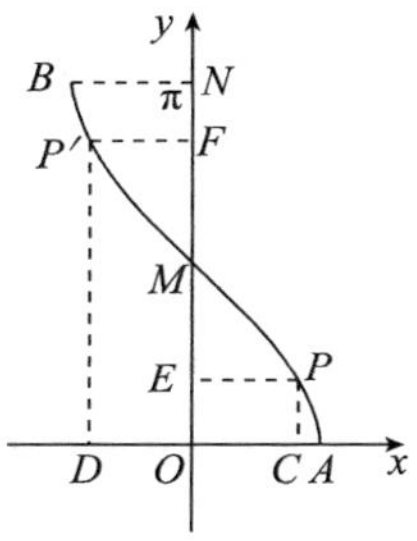

设点P，P'在x轴上的射影分别为点C，D，在y轴上的射影分别为点E，F，则

$|MP|=|MP'|$，$|ME|=|MF|$，$|OC|=|OD|$，$x'=-x$，

又$|MO|=|MN|$，$|OE|=|FN|$，

故$|OE|+|OF|=|FN|+|OF|=|ON|=\pi$，即

$y+y'=\arccos x+\arccos x'=\arccos x+\arccos(-x)=\pi$，

即 $\arccos(-x)=\pi-\arccos x \quad (|x|\leqslant 1)$.

最后，抓住教参中所述三个要点，讲解教材的证法.

3 启示

教材是教学的材料，而教学是教学生的.教师要教给学生的，不是死记现成的材料，而是发现数学的真理（斯托利亚尔语）.因此，教师不能成为教材的奴隶，而应用心感悟教材，挖掘这一课堂教学的基本素材，努力把教材中的知识形态转化成教育形态，教会学生学，教学生会学.我想，

我们一线教师恐怕只有这样，教研才能落在实处，课堂才能充满活力！

（原文载于《数学教学》2001年第3期）

会当凌绝顶

“会当凌绝顶”出自杜甫的名篇《望岳》，表达了诗人不畏艰险、勇攀顶峰、卓然独立、傲视群雄的气概.

如果成为骨干教师后，还是局限于传统的教学范式和就事论事地阐释教材进行教学的话，就很难透析现象，抓住数学教育的关键和本质，更难以抵达更高的格局和意境.

例如，对于“正态分布”这一既非传统内容又非所谓高考热点的教学，我们一线教师曾是畏惧但又不愿多投入精力的.但随着近年多省、市乃至全国优质课评比选用了这一课题，网络上、杂志上现多有相关课例的教学材料.正因为有这些“模板”，教师们对其教学内容逐步“熟悉”了.随之而来的是，对其内容的教学格式化、肤浅化了.

对于该课的引入，教师多借助计算机模拟演示，讲解高尔顿板实验，学生在旁观察并让其“发现”该实验结果是“中间高，两头低，且左右对称”的“钟形曲线”.实验中小球从高尔顿板下落的过程，小球经过每一层都要和其中的障碍物发生碰撞，碰撞结果有两种可能，从左或从右落下，最后落入底部的球槽，至于小球落入哪个球槽则是随机的.而且随着实验次数的增加，掉入各个球槽中小球的个数就会越来越多.正因为实验中小球具有“众多的，互不相干的，不分主次的偶然因素的作用”的特征，才有结果是越来越多的小球最后堆积的形状为“钟形曲线”.然而，现实教学中，对上述实验现象的个中缘由却少有详尽阐释.

至于其正态分布是前几节所说的二项分布的极限情形，更是未见本质揭示.这样，又导致学生的认知很难由离散型随机变量过渡到连续型随机变量.如此这般，怎能让人信服“数学是自然的，数学是清楚的”呢？

只有“入乎其内”，才能挖掘出其中的精髓，才能对教材做到有的放矢，灵活多样地深加工和再创造，才能站到一个更高的平台上回眸深思，在注重“干什么”的同时，更要思辨“为什么”，努力让自己“知其然，也知其所以然”，使教材的重组和创新成为自觉行为和日常事务，以不断挖掘并发挥教材应有的文化内涵和育人功效，从而让自己也让学生，在教材中领略到更多的教育风景和背后精彩.

对教材进行深加工的思考

最近，有关评比、示范课听了不少.在一片赞许声中，笔者隐约有一丝缺憾，总感到现今的课缺少一种耐人寻味的东西：听来听去多是那种“讨论加发言”的固有模式，很少听到教师对教材有独到体悟、技高一筹的评述.一句话，缺少厚重感！因此，在新课改不断向纵深推进的今天，着力对教材在如下几方面进行深加工，是每位教师尤其是青年教师必须操练的“内功”.

1 呈现教材的教育形态

教材是教学的材料，是教学的基本依据.教师要教给学生的，不是死记现成的材料，而是发现数学的真理（斯托利亚尔语）.因此，对于数学教学，好的教师，就不只是讲推理，更要讲道理，要把印在书上的数学知识转化为学生容易接受的教育形态.

记得在中学数学骨干教师国家级培训班有关案例教学研讨会上，有学员提出：教材中反三角函数中公式 $\arccos(-x)+\arccos x=\pi$，$x\in[-1,1]$来得突然，证明抽象.如何教学，值得探究！数学教育家张奠宙先生对其欣然指出：这正是你们中学教师要进行的实实在在的研究，并鼓励我们就这一问题的发生、发展过程进行教学设计.此后，我在学员们探讨的基础上进行了教学尝试，收到了预期的教学效果.

又如，“任意角的三角函数”一节课的教学，教师若直接给出定义，学生虽不难接受，但初中已有定义，为何高中又要“另起炉灶”？学生是免不了要产生疑问的. 为此，我们进行了如下的教学设计：

(1) 师生共同回忆初中学过的“锐角三角函数”的概念（把$\angle A$置于Rt$\triangle ABC$中）.

(2) 角的概念现已推广到任意角，那么三角函数的概念也能拓展到更一般的情形吗?

(3) 上述定义锐角三角函数的方法，已不能适用于$\angle A$为钝角等的情形了. 而前述任意角常放入直角坐标系内进行研究，那么任意角的三角函数能否也借助坐标来处理呢?

(4) 让我们把α（锐角）放进坐标系里，用“坐标的方法”来研究α的三角函数值，如何?

①面对α，我们如何选择适当的坐标系?

②在这个坐标系中，如何表示α的四种三角函数值（在终边上选择一点P，构造Rt$\triangle OPM$，化归为初中求三角函数值问题）?

③改换定义的说法（用“坐标的语言”写出α的各三角函数值）.

(5) 比较知：在锐角情形，上述两种表达α的三角函数值的意义是一样的（只是把Rt$\triangle ABC$置于直角坐标系中，改换了看法或记法罢了）.

但“坐标的方法”摆脱了“锐角的束缚”，使α有了更广阔的活动空间. 至此，我们就顺乎自然而又合乎情理地把角的三角函数概念推广到了任意角的情形.

可见，教师的教学绝不只是考虑“怎样去讲”，更应换位思考学生会“怎样去想”. 若能长此以往，它给学生的发展带来的好处是毋庸置疑的，只是对教师领悟教材、驾驭课堂的能力提出了更高的要求.

2 挖掘教材的科学价值

教师对教材中的每一定义、定理、公式乃至每一例习题都要作一番精心剖析，然后才好决定在教学中做怎样的取舍（哪些需要重点讲，哪些需要备而不讲）. 深入才能浅出，教师只有课前深钻教材，课堂上方能左右逢源，游刃有余，以至出神入化.

然而，现实的情况并不乐观. 例如，在一次评比课中，同几位选手课后交换意见时，我就他们执教的“反函数”这节课，问及“为什么能把

$y=f(x)$的反函数表示成$y=f^{-1}(x)$的形式？为什么要把$y=f(x)$的反函数表示成$y=f^{-1}(x)$的形式呢？”从他们茫然的神情中，我担心如此这般地只知其然而不知其所以然地“照葫芦画瓢”，教师岂不只是教材和教参的“传声筒”？

曾有一位长者提出过，备课要“熟课生备，生课熟备”. 这句话初听平平淡淡，细思却意味隽永，极富哲理. 如若我们能长期地用这种态度“善待”教材，就会不断地“发现”于“灯火阑珊处”.

例如，全日制普通高中教科书（试验修订本·必修）第二册有这样一道普通习题：

已知$a>b>c$，求证：$\dfrac{1}{a-b}+\dfrac{1}{b-c}+\dfrac{1}{c-a}>0.$

我们曾对其设计了如下的教学方案：

(1) 收集同学的解法，重点推介如下这一“浅显”证明（“大”加“大”，大于“小”加“小”）.

$\because\ a-c>a-b>0,\ a-c>b-c>0,$

$\therefore\ \dfrac{1}{a-b}>\dfrac{1}{a-c}>0,\ \dfrac{1}{b-c}>\dfrac{1}{a-c}>0.$

$\therefore\ \dfrac{1}{a-b}+\dfrac{1}{b-c}>\dfrac{2}{a-c}.$

发现：若$a>b>c$，则$\dfrac{1}{a-b}+\dfrac{1}{b-c}+\dfrac{2}{c-a}>0.$

(2) 引发猜想，$\dfrac{1}{c-a}$的系数还能扩展为其3倍、4倍……

至此，如下这道竞赛题呼之即来：

设$a>b>c$，且$\dfrac{1}{a-b}+\dfrac{1}{b-c}\geqslant\dfrac{m}{a-c}$恒成立，则$m$的最大值是_____.

(第11届“希望杯”全国数学邀请赛高二试题)

(3) 注意到$a-c=(a-b)+(b-c)$，则上式可变形为（实则分离系数法）：

$m\leqslant[(a-b)+(b-c)]\left(\dfrac{1}{a-b}+\dfrac{1}{b-c}\right).$

又$[(a-b)+(b-c)](\frac{1}{a-b}+\frac{1}{b-c})=2+\frac{b-c}{a-b}+\frac{a-b}{b-c}\geqslant 4$，

当且仅当$2b=a+c$时取等号，

故m的最大值为4.

这样，我们不仅找到了这道竞赛题的课本原型，同时也获取了研究这类问题的一种方法.

（4）据其方法，下面的推广应运而生：

推广1 若$a>b>c>d$，则$\frac{1}{a-b}+\frac{1}{b-c}+\frac{1}{c-d}\geqslant\frac{9}{a-d}$，当且仅当$a$，$b$，$c$，$d$成$A\cdot P$时取等号.

推广2 若$a_1>a_2>\cdots>a_n$，则$\frac{1}{a_1-a_2}+\frac{1}{a_2-a_3}+\cdots+\frac{1}{a_{n-1}-a_n}\geqslant\frac{(n-1)^2}{a_1-a_n}$，当且仅当$a_1$，$a_2$，…，$a_n$成$A\cdot P$时取等号.

3 体悟教材的数学美感

数学家克莱因说："数学是人类最高超的智力成就，也是人类心灵最独特的创作."正因为这样，数学教材就有其独特的韵味，教师只有潜心钻研教材，才会对数学美有更深刻的体悟和内心感受，进而艺术地表现出来感染学生，激励学生.

比如，在推导椭圆的标准方程中，由定义得所求方程

$\sqrt{(x-c)^2+y^2}+\sqrt{(x+c)^2+y^2}=2a$， ①

但不够简洁，怎么办？

［思路一］做下去，走简化上式之路：

移项，平方得 $a-\frac{c}{a}x=\sqrt{(x-c)^2+y^2}$， ②

再化简，得$\frac{x^2}{a^2}+\frac{y^2}{a^2-c^2}=1$. ③

［思路二］另辟蹊径：

由$|PF_1|+|PF_2|=2a$，知$|PF_1|$，a，$|PF_2|$成等差数列，

可设$|PF_1|=a-d$，$|PF_2|=a+d$，则

$(x-c)^2+y^2=(a-d)^2$，$(x+c)^2+y^2=(a+d)^2$.

两式相减，得$d=\dfrac{c}{a}x$，代入上式之一，得③式.

至此，似乎可以告一段落，但不和谐！于是，令$b^2=a^2-c^2$，有$\dfrac{x^2}{a}+\dfrac{y^2}{b^2}=1$.

这是相当完美的形式.常数$2a$与b的选择本是为了简洁而引进的，后来发现它们竟妙不可言地有着异常鲜明的几何意义！

如果说上面是教师在引领学生对教材的不断品味中欣赏美，那么下面的工作将是通过对教材内容的“整合”而创造美.

③式的“简洁美”与“和谐美”掩饰不了它无法揭示椭圆定义这一本质属性，是哪一步丢失了这一优点呢？是②式.

②式的右边有几何意义，而左边却不易看出，需整理$\dfrac{c}{a}(\dfrac{a^2}{c}-x)=\sqrt{(x-c)^2+y^2}>0$，

故$\dfrac{\sqrt{(x-c)^2+y^2}}{\left|\dfrac{a^2}{c}-x\right|}=\dfrac{c}{a}$.

其有明显几何意义：动点$M(x,\ y)$到焦点$F_2(c,\ 0)$和定直线l：$x=\dfrac{a^2}{c}$的距离之比等于常数$\dfrac{c}{a}$且$\dfrac{c}{a}<1$.至此，椭圆第二定义的引入水到渠成！再引导学生赏析教材中第100页的例题，则别有一番情趣.

若再乘胜追击：将③式变形为$\dfrac{y}{x+a}\cdot\dfrac{y}{x-a}=(\dfrac{c}{a})^2-1$，又得一个几何意义：动点$M(x,\ y)$到两定点$A_1(a,\ 0)$，$A_2(-a,\ 0)$的斜率之积等于常数$m(-1<m<0)$.这样，椭圆第三定义的产生顺理成章.此时教材中第96页第4题，就成了学生体验成功的一个载体.

我想，这样钻研教材，处理教材，既弥补了教材的不足，又顾及了例习题的功效，还使学生经历了发现过程，体验了成功！但我们平时往往忽略了对教材中数学美的不断发现.其实，它就在不断地“再坚持一下的努力之中”.

记得听一位青年教师讲授“任意角的三角函数”这节课，当他说“我们给比值$\frac{y}{r}$起一个很美的‘名字’，叫做α的正弦”，引起了我的极大兴趣，我饶有兴致地等待他讲述这“名字”之后的“美丽的故事”，但终未有下文.

这“名字”的美从何而谈呢？该定义是先祖们人为规定还是另有内涵，其合理性如何？教材尚未提及，教参也未说明.

其实，书读百遍，其义自见.细读教材，如下这一“名副其实”的几何解释还是不难发现的.

在如图所示的单位圆中，角α的顶点在原点，始边与x轴内非负半轴重合，终边为OP，则有向线段MP，OM，AT，BS，OT，OS分别称为角α的正弦线、余弦线、正切线、余切线、正割线和余割线.

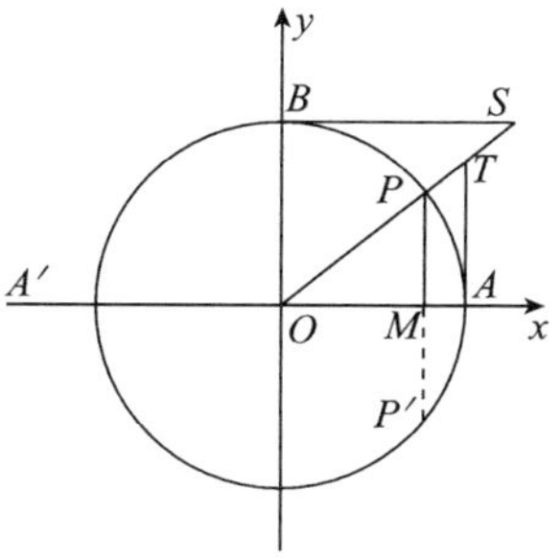

图中的正弦线MP，余弦线OM均为⊙O上的弦的一段.如MP是⊙O的弦上PP'的一段，OM是⊙O的弦AA'上的一段.

图中正切线AT，余切线BS均为⊙O上的切线段.

图中正割线OT，余割线OS均为⊙O上的割线段.

这样，六个三角函数名称中的“弦”“切”“割”，与单位圆中的弦、切线、割线之间的关系不言自明.

我们自然可以据此给出三角函数名称一种几何解释；同时，也从一个角度领略数学的严谨和数学的美！

读通读好教材，“沉下去，钻进去”，“凡是你所教的东西，要教得透彻！”（罗素语）这是教师的职业要求，更是新课改向纵深推进的必然选择！

（原文载于《数学通讯》2005年第5期，《再造教师学习文化》全文转载）

见贤而思齐

“见贤思齐”源自《论语·里仁》，意思是遇见优秀、智慧、杰出的贤达之士，要向他们学习，要向他们看齐.

凡见贤思齐者，必善于见人之长，誉人之贤；真心感佩别人的才能，赞叹别人的成就；乐于博采众长，厚实根基，拓宽视野，丰富智慧，提升境界.

见贤思齐，既表达了向贤达学习的看齐意识与无畏精神，也明确了每天进步的尺度与方法.从大处着眼见贤，从小处入手看齐，以加快成长步伐，少走挫折弯路，提高成功概率.这样，见贤才能找到真贤，思齐才能学着看齐.

记得2000年的春天，我有幸参加了教育部中学数学骨干教师国家级首期培训，那些教坛盛赞的新秀、新星变成了同窗挚友，那些仰慕已久的专家、大家来到了课堂讲坛.

在这里，有全新的理念，前沿的讯息，独到的体悟，鲜活的案例，有效的举措.他们帮助我们在看似成堆的问题中，抓住问题本源，“拨开云雾见太阳”；帮助我们在习以为常甚至熟视无睹的问题中，发现竟然还会有如此的感叹；帮助我们明晰一线教师所需要的研究、所从事的研究，应是针对自身教育教学中的问题和困惑，进行反思性的实践研究.这种经历更加坚定了向名师学习，向名师看齐的信心和决心，也更加明确了向名师学习，向名师看齐的路径和方法.

又当一回“大学生”

曾经，我们风华正茂，走出大学校门；而今，我们人到中年，又进大学校园.来自江苏、湖南、湖北、广东、安徽五省的40位学员，带着师生的重托、妻儿的挂念来到了华东师范大学数学系，再当一次“大学生”——参加中学数学骨干教师国家级首期培训.

“你叫马林，来自安徽师范大学附中吧?”班主任老师接待我的第一句话，让我感悟到什么叫“爱岗、敬业”. 开学第一天，上午8：00~8：25开幕式，8：30即开始现代教学理论讲座；下午1：00上课，12：50班主任和科任老师已在教室门口等候. 一天的培训下来，让我领略到什么叫“高效、守时”.

对于出人才、出思想的华东师范大学数学系来说，对我们的培训安排可谓周密有加. 修改了数十稿的培训计划、开放的培训模式，让我们如沐春风：师德教育与现代教学理论、现代数学大观、数学建模与问题解决、数学教育理论与实践、案例分析与微格教学、现代教育技术、实践与考察、课题研究与开题报告以及学员交流与研讨等，真是匠心独运、精彩纷呈.

“我们要求增负!”一位学员的发言道出了我们共同的心声. 是的，四十岁上下的我们深知这脱产的机会来之不易，只有我们今天增负高效，才能保证学生明天减负增效.

我们如饥似渴，充分利用优质教育资源，导师们工作日晚上和周末还与我们在机房和专用的教室相聚，以至于很多学员没有光顾上海的美景.

正如一位学员所说：“置身于浓郁的学术氛围，沐浴着传统与现代教育的春风雨露，体验着学有所得的无穷乐趣，我们经历的是一次脱胎换骨的改造. 我们的观念在逐步更新，我们的心智已被开启，我们已不再是原来的我们.”

是的，比如对于新教材，我原本认为自己是有一定思考的，可是深入上海的育才、进才、建平等中学课堂后，我心不得安，连夜给编辑部去信要求修改我发去的稿件：“大学的微积分不是中学的微积分，大学所学的概率统计理论也未必能联系当今的现实生活，尤其是中学生的实际. 只有教学者自己转变观念，学会学习，方能委以重任.”

在培训中，我们有幸接触了谷超豪、张奠宙、顾泠沅等一批仰慕已久的长者，他们渊博的知识、平易近人的工作作风让我们难以忘怀. 学员之间更是“相见恨晚”，夏炎、李再湘等这些在杂志上早已眼熟的名字竟在我们的学员名单中.

向老师学习、向同学学习、向实践学习、向书本学习.这里所说的书本除了培训班所发的以及从图书馆借阅的外，还有我们学员自购的少则几百元、多则上千元的书籍.整个集训期间，就是一个学习、探索、交流和思考的螺旋上升的过程.

带着集训的收获，带着师长的期望，带着学友的祝愿，我们回到各自的岗位，完成正常的教学工作，进行教育教学研究，承担地方继续教育的培训工作，乐在其中.其间，我为承担第二期国家级培训任务的安徽师大部分教师作了“中学骨干教师国家级培训之我见”，为安徽师大数学系的毕业生作了“例谈中学数学教学研究”，为安徽省继续教育培训班的老师作了“中学数学案例分析研究”等学术报告.

在完成课题过程中，我越发感到自己底气不足.可每当遇到困难之时，教师和学友们就会及时给我鼓励和指导，使我增强了战胜困难的勇气和能力.

培训虽已结束，但继续教育、终身学习之路还在延伸……

（原文载于《教育文汇》2002年第6期）

工夫在诗外

“汝果欲学诗，工夫在诗外.”这是陆游在《示子遹》中的两句诗.意即作诗，不只是在辞藻、技巧和形式上下功夫，更多的应是注重意境，取决于诗外天地的功力.

“工夫在诗外”，是各行各业的专业发展必须修为的至理名言.这是因为，专业发展到一定层级，比拼的不仅仅是专业知识，更是阅历、学识、修养和操守.

“工夫在诗外”，对于骨干教师的再跃升来说，尤为重要.因为“纸上得来终觉浅，绝知此事要躬行”.教师在成为骨干后，若还是沿袭固有的就事论事的研究和原有的教育教学的阐释，就很难抓住问题的关键和根本，就很难进行问题更深层次的思考和探寻，更谈不上进阶升格.

唯有注重修身养性，育心正己，熟读精思，勤学苦练，广泛积累，广博汲取，透彻领悟，融会贯通，求实创新，才能不断提高自身的学养、教艺、识悟、智慧和境界，才能自然显现出那份博大宽广和深邃高远，方可给力自己专业的更好发展，抵达更高的格局和意境.

教学研究之路是教育人生之路的一个缩影.大学者王国维先生在《人间词话》中，用他睿智而敏锐的笔墨为我们描绘了“古今之成大事业、大学问者，必须经过三种之境界”.愿我们的骨干教师，都能在“独上高楼”中孜孜以求，在“衣带渐宽”中矢志不移，在“蓦然回首”中蓄势再发，也定然能从“高原”跃上“高地”，再攀“高峰”!

潜心著述：教育写作促发展

教师专业能力的提升，离不开自我反思与总结积淀.教育写作，是对教育行为、教育现象、教育成果进行审视、反思与总结，是不断丰富教学实践智慧、提升理论素养、促进专业发展的有效举措.

然而，中学数学教师长年累月奋战在教育教学第一线，时间紧、任务重、压力大是不争的事实，如何才能有效地在岗进行教育教学研究，撰写教研论文呢？其实，我们只要能“在研究状态下工作，在教学过程中研究”，对教学实践中遇到的一些问题，以一线教师身临其境这一得天独厚的条件进行实证、探索，并在实践基础上理性地思考，自然会“处处留心皆论题”.

论文素材哪里获取

1 从教材教法中来

罗素曾指出，“凡是你所教的东西，要教得透彻.”为求透彻，教师就得“沉下去，钻进去”，努力把握、挖掘教材中的相关素材.因为教材是纲领性的，它从内容层面对“教什么”作出了明确的规定，而“用教材教”则是弹性的，它把技术层面中的“怎么教”，如何进行个性化的解读和施行，给我们一线教师进行“二次开发”，留下了广阔的空间．

如此，如何将教材变成教学设计，并通过实践和反思，使之成为一个个鲜活的教学案例，应该说，我们是有事可做，有文章可写的．

那么，如何“呈现教材的教育形态，挖掘教材的科学价值，揭示教材的学科内蕴”？答案很明确：只要带着行囊上路，则一路思考，一路收获．

例如：《比较研究，相互独立事件教学的有效举措》（《数学通报》2008年第4期），《一节难以释怀的考评课》（《中学数学》2011年第2期），《“方程的根与函数的零点”教学实践与思考》（《中学数学教学》2012年第4期）等，就是我在教学实践中亲力亲为的真实记录．

“方程的根与函数的零点”教学实践与思考

作为安徽省特级教师讲师团成员，再次应邀赴皖北参加讲学活动．本次活动让特级教师转换角色，处于“被研究”位置：上一节“考评课”，并在互动式研讨会上“先说课”（说做法，说困惑，说思考），再接受与会教师们的“点评”．

本次活动中，指定我执教的是近年在各级各类评比、示范课中频繁出现的课题——“方程的根与函数的零点”．现就本课的教学过程和课后研讨的几个问题坦陈如下，愿与同行再研讨．

1 教学简录

1.1 创设情境，导入新知

师：（投影）观察（左图），你看到了什么？

生：花瓶，人的侧面像.

师调侃道（意在调节气氛）：还是一男一女呐！

师：显示（中图），你又看到了什么？

生：人的头像.

师追问：还能看到什么？

众生（摇头）：没有了.

师：我们换个角度来看呢？（点击中图，旋转180度，得到右图）

生（惊讶地齐声说）：马头.

师（赞叹道）：这真是"横看成岭侧成峰".

众生齐答：远近高低各不同！

师：它给我们以怎样的启示呢？

生：要善于从不同的角度去观察、分析和研究问题.从不同的视角观察，会得到不同的结果.

师：很好！

师：我们再来看这样一个问题：（投影）$y=2x-6$.

师：上面的式子表示的是什么？

生：是一次函数，它的图象是一条直线.

师：还可以看成什么？假如让初一的同学来看，他会回答是什么？

生：等式.含有未知数的等式，应该是二元一次方程.

师：非常好.

师：对于$y=2x-6$，令$y=0$，得$2x-6=0$，则$x=3$.

这里的3与上式有何关系？

从数的角度刻画：3是方程$2x-6=0$的根；

从形的角度理解：3是函数$y=2x-6$的图象与x轴交点的横坐标.

师：（重申）3是函数$y=2x-6$的图象与x轴相交，此时函数值为零，相应的图象与x轴交点的横坐标，我们把它简称为函数的零点.这堂课，我们就来探讨这个问题.

板书课题：方程的根与函数的零点

1.2 构建概念，梳理内化

师：什么叫函数$y=f(x)$的零点？

由3是函数$y=2x-6$的图象与x轴交点的横坐标，我们称之为该函数的零点.

类比可得：

定义：对于函数$y=f(x)$，使$f(x)=0$的实数x的值叫做函数$y=f(x)$的零点.

小结：函数$y=f(x)$的零点就是函数$y=f(x)$的图象与x轴交点的横坐标，在数值上等于方程$f(x)=0$的根.

故（投影）函数$y=f(x)$有零点$\Leftrightarrow$函数$y=f(x)$图象与x轴有交点$\Leftrightarrow$方程$f(x)=0$有实根.

［练习一］观察下图，说明这个函数的零点是下述两个答案中的哪一个？

（1）0，1，2；

（2）（0，0），（1，0），（2，0）.

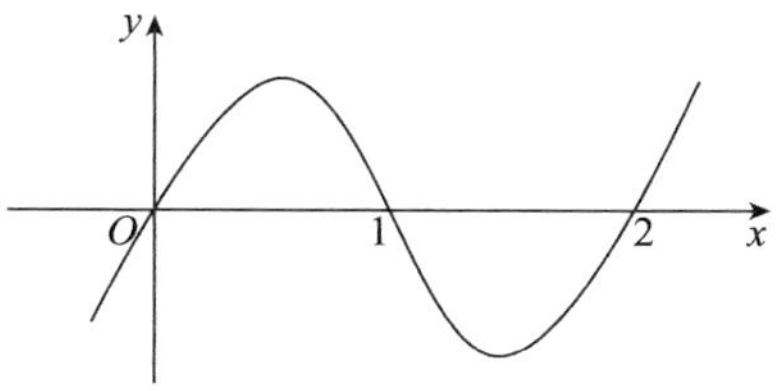

生：选（1）.

师（追问）：为什么？

生：由定义，函数的零点是它的图象与x轴交点的横坐标，是数，而不是点.故（2）不对.

师：很好！零点非点而是数.

师接着笑问：老师现出一个脑筋急转弯题目考你们“什么‘点’不是点？”

生（齐声笑答）：零点！

［练习二］求下列函数的零点：

（1）$f(x)=3x+2$；

（2）$f(x)=x^2+2x-3$.

小结：求函数的零点即求出对应方程的实数根即可；揭示零点与方程的关系.

师：若把上述（2）中$f(x)=x^2+2x-3$的3换成6，即得：函数$f(x)=x^2+2x-6$是否有零点？

提问：可用何解题思路来处理？

生：方法一，利用$\Delta>0$来判定；方法二，把方程$x^2+2x-6=0$的两根x_1，x_2求出；方法三，配成顶点式$f(x)=(x+1)^2-7$，再作图；方法四，描点作图.

提问：若把上式$f(x)=x^2+2x-6$中的x_2换成x^2，则得：函数$f(x)=2^x+2x-6$是否有零点？

师生共探：方程$2^x+2x-6=0$的解用常规方法不便求出，怎么办？

师引导：设法从函数本身去寻找突破口：考虑用作函数图象最基本的方法——描点法来探寻.

学生动手试验：取几个值，如x=1，4，7.

描出相应的点看看，有何发现？

师：其函数是否有零点？如果有，在哪个区间内？

1.3 揭示规律，深化提高

在部分学生得到初步结果后，教师借助多媒体演示.

x	…	−1	0	1	2	3	4	…
y	…	−7.5	−5	−2	2	8	18	…

作图可知：零点有一个，在区间（1，2）内，与刚才同学们探讨的结果是一致的.

特征：函数值由负到正，图象不间断，即$\begin{cases} f(1)<0, \\ f(2)>0, \end{cases}$ $f(x)$连续.

反之，若函数$f(x)$在区间［1，2］连续，且$\begin{cases} f(1)<0, \\ f(2)>0, \end{cases}$ 那么$f(x)$在

区间（1，2）内有零点吗？

若将上述区间推广到区间$[a,\ b]$，能否成立呢？

（1）若函数$f(x)$在区间$[a,\ b]$连续，且$\begin{cases} f(a)<0, \\ f(b)<0, \end{cases}$那么$f(x)$在区间$(a,\ b)$内有零点吗？

类似可得：

（2）若函数$f(x)$在区间$[a,\ b]$连续，且$\begin{cases} f(a)<0, \\ f(b)>0, \end{cases}$那么$f(x)$在区间$(a,\ b)$内有零点吗？

综上：函数$f(x)$在区间$[a,\ b]$连续，且两端点函数值异号（$\begin{cases} f(a)>0, \\ f(b)<0, \end{cases}$或$\begin{cases} f(a)<0, \\ f(b)>0 \end{cases}$），则$f(x)$在区间$(a,\ b)$内有零点.

即得零点存在性定理：如果函数$y=f(x)$在区间$[a,\ b]$上的图象连续，且$f(a)\cdot f(b)<0$，则函数$y=f(x)$在区间$(a,\ b)$内有零点.

师：我们想进一步扩大战果，如果将上述定理中，两端点函数值“异号”改成“同号”，情况又将如何？

如果函数$y=f(x)$在区间$[a,\ b]$上的图象连续，且$f(a)\cdot f(b)>0$，则函数$y=f(x)$在区间$(a,\ b)$内仍有零点吗？

生：不一定，因为图象未必与x轴有交点.

师赞许道：很好.其实我们可以借助“小马过河”的故事来直观理解.

如果将x轴看作一条长长的河流，点$(a,\ f(a))$和点$(b,\ f(b))$分别看作是小马的起始位置与终点位置，如下两幅图中，哪幅图中的小马一定得渡过河才到达终点位置？

众生：图（Ⅰ）一定要过河，图（Ⅱ）则不确定.

［练习三］已知函数$f(x)$的图象是连续不断的，且有如下对应关系：

x	1	2	3	4	5	6
$f(x)$	36.1	15.6	−3.9	10.8	−12.5	−23.0

函数$f(x)$在哪几个区间内有零点？

答：(2，3)，(3，4)，(4，5)．

提问：下列函数在相应区间内是否存在零点？

(1) $f(x)=3^x-x^2$，$x\in[-1,0]$；

(2) $f(x)=-x^3-3x+5$，$x\in[1,2]$.

提问：判断下列结论是否正确，若不正确，请借助函数图象举出反例．

(1) 已知函数$y=f(x)$在区间$[a,b]$满足$f(a)\cdot f(b)<0$，则$f(x)$在区间(a,b)内存在零点．(×)

(2) 已知函数$y=f(x)$在区间$[a,b]$上连续，且$f(a)\cdot f(b)>0$，则$f(x)$在区间(a,b)内没有零点．(×)

(3) 已知函数$y=f(x)$在区间$[a,b]$上连续，且$f(a)\cdot f(b)<0$，则$f(x)$在区间(a,b)内有且仅有一个零点．(×)

分别请三位同学板演图形：

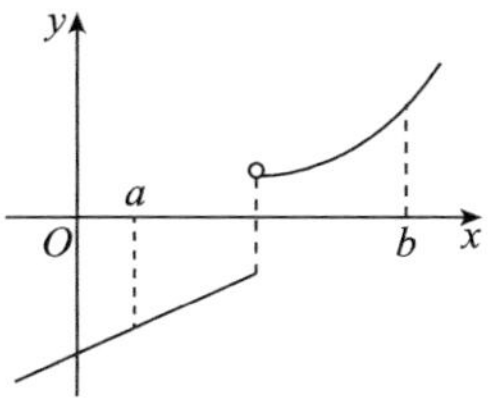

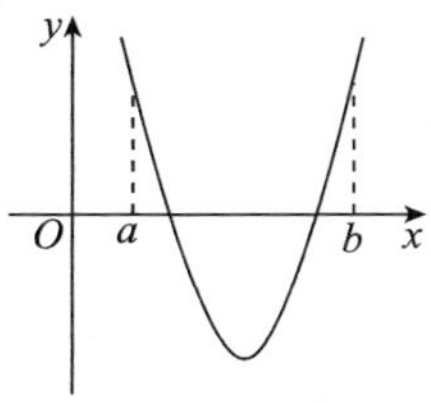

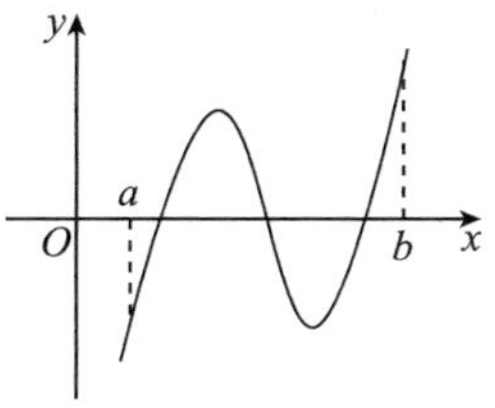

1.4 总结引申，巩固拓展

由上述讨论，我们知道：

(1) 求函数$y=f(x)$的零点，求出对应方程$f(x)=0$的实数根即可．当方程$f(x)=0$的实数根不便求出，或用代数方法不好判定时，可考虑用零点存在性定理来判定．

(2) 利用零点存在性定理，须同时满足两个条件：①函数图象连续；②区间两端点函数值异号．

强调："连续""异号"，缺一不可！

(3) 满足零点存在性定理条件，可断言有零点．到底有多少个零点？

则是另外一个问题.

例如：上述（3）题中所述零点可能有多少个呢？何时仅有一个零点？

学生借助前述函数$f(x)=2^x+2x-6$及其图象，发现：单调函数如果有零点，则唯一.

（4）对于函数$f(x)=2^x+2x-6$，它的零点个数我们还可以怎么确定？

生：在同一坐标系内作函数$y=2^x$与$y=6-2x$的图象来确定.

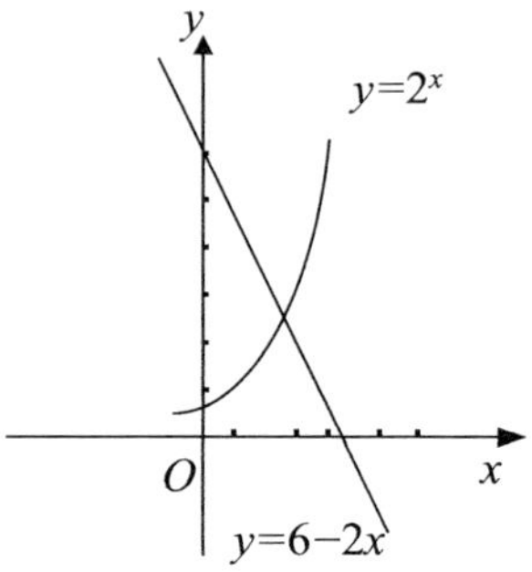

由上述图象知，函数$f(x)=2^x+2x-6$有一个零点.

师：如何解释呢？

生：因为两函数$y=2^x$与$y=6-2x$图象交点的横坐标，为方程$2^x=6-2x$，即$2^x+2x-6=0$的解，故为函数$f(x)=2^x+2x-6$的零点.

（5）这个零点所在的区间是什么？

生：区间（0，3），还可以进一步缩小为（0，2），（1，2）等.

师追问：如何进一步缩小这个区间的长度，如何求出这个零点的近似值呢？

待学生稍作思考后，师提高音调：这些，我们都将在下次课中探讨（为下节课学习“用二分法求方程的近似解”埋下伏笔）.

课外作业：

（1）课本P92习题3.1第2题.

（2）（课本例题改编）方程$\ln x+2x=6$的解一定位于区间（　　）

A.（1，2）　　B.（2，3）　　C.（3，4）　　D.（4，5）

（3）若函数$f(x)=x^2+ax+b$的零点是2和-4，求a，b的值.

（4）作出函数$f(x)=-x^3-3x+5$的图象，并确定零点所在的区间

$(n, n+1)(n \in \mathbf{Z})$.

2 几点思考

2.1 怎样设计新课引入

新课的引入，是我们教师尤其是参加有关示范课、评比课教学的教师越发关注的.因为，良好的开端是成功的一半.的确，一堂课巧妙地引入会给学生以耳目一新之感，会激发兴趣，引人入胜.

但现实情况是，有些教师对课堂引入形式的关注超出了对课堂引入内涵的关注，也超出了学生在课堂上是否能完成自我建构的关注.因此，教学中要力戒牵强附会、花哨复杂，应呼唤顺应自然、水到渠成，从最利于学生理解的形式入手，用最简约而又最能吸引学生的思考方式引入，以反映数学的本质规律，体现应有的思考价值.

例如，本课教学中，创设“人头、马面”的问题情境，不仅是为了渲染气氛，激发兴趣，更是为了启迪学生“要善于从不同的角度观察、分析和研究问题”，进而为本课从“数”“形”两个不同视角研究“方程的根和函数的零点”做好铺垫.而选用一次函数作为切入口，则是因为既考虑了所执教对象系教育资源相对薄弱地区普通中学学生的教学实际，也根据以往教学经验，二次函数的讨论耗时过多，有冲淡主题之嫌等（当然，二次函数在练习一中做了应有的讨论）.因为，适宜的才是最好的！

2.2 怎样渗透和体现数学思想方法

数学思想方法是对数学知识发生、发展过程的提炼、抽象、概括和升华，是对数学规律的理性认识，是解决数学问题的灵魂.因此，数学课程标准已明确将其纳入基础知识范畴，是数学教学中不可忽略的一部分.如此，广大一线教师应积极响应.但在现实教学中，随之而来的“矫枉过正”的异化现象时有发生.

就本课而言，在有关评比公开课教学中，免不了要在总结中用多媒体显现“特殊到一般思想”“数形结合思想”“函数和方程思想”“转化与化归思想”等.的确，这些思想方法是贯穿本课教学始终的.但如此这般，反倒使得原本浅显易懂的东西，立马上升到高高在上的理论层面，“抽象”使得学生云来雾去，大有高不可攀之感！

其实，数学思想方法隐含在数学知识体系里，是无“形”的，有时也是很好“意会”的.在教学中应注意有机结合，自然渗透，要有意识地、潜移默化地启发学生领悟蕴含于数学知识之中的种种数学思想.同时，在不同时段内也应依据具体情境突出渗透和明确某一种数学思想，切不可生搬硬套，强加于学生.

2.3 怎样发挥多媒体应有功效

当下各类评比、示范课的教学中，多媒体课件几乎是课堂必备.似乎没有课件就没有体现课改理念，没有更多更高级别的技术就不能提高课堂效能.

在其意念支配下，一些数学课与其说是数学课，倒不如说是“多媒体操作课”.行云流水式的放映取代了教师的板书，天马行空的浏览替换了实实在在的学生训练，学生按照预先设定的模式、思路、线索进行人机交互时，只能顺应设计者的思维方式作一些简单的应答，根本不能让学生有必要的时间和空间来进行思考、想象、理解和内化.

学生应是教学过程中认知的主体，他们在认知活动中能通过自身的实践来感知.流水式的呈现信息让学生根本无暇感知得到.例如，对于“零点存在性定理”，教材不要求给予其证明，这就需要教师提供一定量的具体实例来让学生操作感知，同时鼓励学生举例加以验证，以至能自主地获得并确认该定理的结论.对于定理的条件和结论，则需教师借助具体的问题，通过板演、讲解和师生交流辨析等，引导学生从正面、反面、侧面等不同的角度重新进行审视，以加深理解.这些都是多媒体无法完全替代的.

当然，这并不排斥多媒体技术其固有的“微观问题宏观化，静态问题动态化”长处，可以整合各种资源，便于突出重点，易于突破难点，优化教学结构，提高课堂效能等.例如：本课教学中，“人头、马面”的动画使用，“小马过河”的直观显现，函数$f(x)=2^x+2x-6$的“描点作图”等，无不显现多媒体技术的应有魅力.

因此，多媒体设备使用要真正助力、给力于师生互动、生生互动的课堂教学，从而为教学所用，为教学恰当使用.一句话：多媒体辅助教学要“到位”，但不能“越位”!

2.4 怎样进行课堂总结

有总结才有提高．一节课结束前，全面总结本课重点内容，回顾学习探究历程，归纳重要思想方法，引发学生进行思考，这对于巩固扩大教学成果，深化完善认知结构，无疑都是十分有益的．

然而，在现今的课堂上，不少教师仅仅将其视为教学中不可或缺的一个环节（当然也是对的），且多以一种范式呈现：多媒体显现相关文字和图表，教师"旁白"以告示，学生被动接受这"教学的浓缩"．总结几乎成了即将下课的代名词，学生（甚至听课教师）大多做好下课准备，很少再有积极、主动、深入思考，掀起教学高潮的场景．

因此，努力追寻课堂总结这一环节的教学效益，最大限度地发挥其应有功效，是我们必须正视、且须付诸行动的一个课题．为此，我在本课教学中做了有益的探索．在总结引申环节中并没有刻意做专门的总结，而是就函数$f(x)=2^x+2x-6$的零点再行探寻，引发学生"如何进一步缩小这个区间的长度，以至求出它的近似值？这些，我们都将在下次课中探讨"．此举意在设悬念，在学生"欲知后事如何"时戛然而止，留有一个有待探索的空间，激发学生探索的欲望，使"且听下回分解"成为学习的期待．

因为"结尾是文章完了的地方，但结尾最忌的却是真的完了"（叶圣陶语）．作文如此，教学亦如此！

(原文载于《中学数学教学》2012年第4期)

当然，对于初学论文撰写的作者，还是建议先从微观入手，从"个案"做起．就教材和课堂教学中的某一具体问题，做深入、细致的调查、分析和研究，则更易出成果．如《一道值得商榷的课本习题》(《中学数学月刊》2010年第5期)、《一个并非"干扰""主干"知识传授的引申》(《数学通报》2004年第7期）等教学中的"一得之见"，只要留心是不难获取的．

难怪顾泠沅先生感言：接触课堂越多，就越感到课堂是人世间最为复杂的实验室之一．问题多多，则论题多多！

2 从考题考卷中来

分省命制高考试卷，从不同的视角诠释了新课改、新高考的基本走势和特点，展示了各自独特的命题思考和风格．一线教师要想提高自己的教学效果，就必须深入研究新高考，科学应对新高考．

如若我们用研究的视角来审视考题和考卷，就会发现可研究的问题很多．就发表的论文来看，大致研究的有这样三大类问题：

一是“一个问题”，即就一道考题，给出它的别解、新证、溯源、引申、推广和应用等．如《一个研究性中考题的引申与推广》（《中学数学教学》2003年第4期）、《一道高考压轴题的溯源、新证及推广》（《上海中学数学》2009年第4期）．

说起《一个研究性中考题的引申与推广》一文，还有一段趣事．2003年春，有一个命题工作培训会在上海举行，省教科院领导希望我能参加，并带上两道自行编制的新颖的原创试题与会探讨．因我当时一直在高中教学，对中考试题尤其是初中新课程试题尚不熟悉，更谈不上系统研究，故“临阵磨枪”，对近年的中考试题进行分析研究．在梳理中发现，安徽省2002年的中考压轴题是以研究性学习的形态呈现在考生面前，颇有创意，引发笔者兴趣，而写就此文．

一个研究性中考题的引申与推广

安徽省2002年中考压轴题为：

某学习小组在探索“各内角都相等的圆内接多边形是否为正多边形”时，进行如下讨论：

甲同学：这种多边形不一定是正多边形，如圆内接矩形；

乙同学：我发现边数是6时，它也不一定是正多边形．如图（1），$\triangle ABC$是正三角形，$AD=BE=CF$，可以证明六边形$ADBECF$的各内角相等，但未必是正六边形；

丙同学：我能证明，边数是5时，它是正多边形．我想，边数是7时，它可能也是正多边形……

（1）请你说明乙同学构造的六边形各内角相等；

（2）请你证明，各内角都相等的圆内接七边形$ABCDEFG$（如图（2））是正七边形；

（3）根据以上探索过程，提出你的猜想（不必证明）．

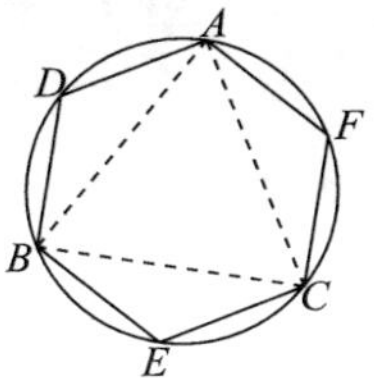

（1）

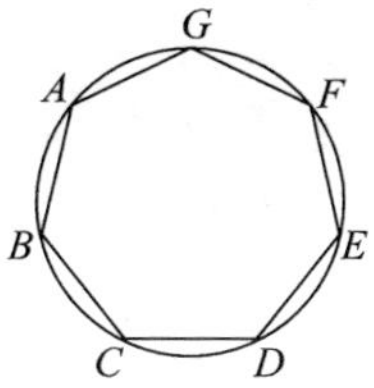

（2）

解：（1）由图（1）知$\angle AFC$对$\overset{\frown}{ABC}$.

因为$\overset{\frown}{AD}=\overset{\frown}{CF}$，而$\angle DAF$对的$\overset{\frown}{DEF}=\overset{\frown}{DBC}+\overset{\frown}{CF}=\overset{\frown}{AD}+\overset{\frown}{DBC}=\overset{\frown}{ABC}$，所以$\angle AFC=\angle DAF$.

同理可证各内角都相等．

（2）如图（2），因为$\angle A$对$\overset{\frown}{BEG}$，$\angle B$对$\overset{\frown}{CEA}$，又因为$\angle A=\angle B$，所以$\overset{\frown}{BEG}=\overset{\frown}{CEA}$，所以$\overset{\frown}{BC}=\overset{\frown}{AG}$.

同理，$\overset{\frown}{AB}=\overset{\frown}{CD}=\overset{\frown}{EF}=\overset{\frown}{AG}=\overset{\frown}{BC}=\overset{\frown}{DE}=\overset{\frown}{FG}$，所以七边形$ABCDEFG$是正七边形．

（3）猜想：当边数是奇数时，各内角相等的圆内接多边形是正多边形．

该题以研究性学习的形态呈现于考生面前．通过数学兴趣小组几位同学的讨论，创设了恰当的数学情境，灵活地考查了圆周角、正多边形等有关知识，以及学生的实验、归纳和猜想能力．应该说，本题不失为一道颇具创新意识的好题．

就考生来说，临场如此作答是可行的．但作为一个“研究性”的问题，它的“研究”空间绝非如此．

对于参考答案中给出的猜想，自然会引发我们思考：当边数为偶数时，情况如何？经探究，有如下几个性质．

性质1 各内角都相等的圆内接n边形中，若n为奇数，则此多边形为正多边形；若n为偶数，则此多边形相间的边相等.

证明：如图(3)，多边形$A_1A_2\cdots A_n$是圆内接n边形，$\angle A_2$对弧$\overparen{A_3A_4\cdots A_nA_1}$，$\angle A_3$对弧$\overparen{A_4A_5\cdots A_nA_1A_2}$.

又$\angle A_2=\angle A_3$，$\therefore \overparen{A_3A_4\cdots A_nA_1}=\overparen{A_4A_5\cdots A_nA_1A_2}$，即$\overparen{A_3A_4}+\overparen{A_4A_5}+\cdots+\overparen{A_nA_1}=\overparen{A_4A_5}+\overparen{A_5A_6}+\cdots+\overparen{A_nA_1}+\overparen{A_1A_2}$，

$\therefore \overparen{A_1A_2}=\overparen{A_3A_4}$，$\cdots$，

$\therefore A_1A_2=A_3A_4=A_5A_6=\cdots$.

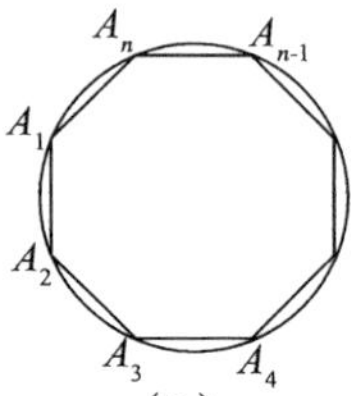

(3)

当$n=2k(k\geqslant 2,\ k\in \mathbf{N})$时，有

$A_1A_2=A_3A_4=\cdots=A_{2k-1}A_{2k}$；

$A_2A_3=A_4A_5=\cdots=A_{2k-2}A_{2k-1}=A_{2k}A_1$.

当$n=2k-1(k\geqslant 2,\ k\in \mathbf{N})$时，有

$A_1A_2=A_3A_4=\cdots=A_{2k-1}A_1=A_2A_3=\cdots=A_{2k-2}A_{2k-1}$，

即$A_1A_2=A_2A_3=\cdots=A_{2k-2}A_{2k-1}=A_{2k-1}A_1$，

故命题获证.

反之，若一个多边形各边相等，则各边所对的劣弧相等，可得各角所对的弧相等，故各个角相等.即得如下性质：

性质2 各边相等的圆内接多边形为正多边形.

类比上述性质，可得：

性质3 各边都相等的圆外切n边形中，若n为奇数，则此多边形为正多边形；若n为偶数，则此多边形相间的角相等.

证明：如图(4)，多边形$A_1A_2\cdots A_n$是$\odot O$的外切n边形，点T_1，T_2，$\cdots$，T_n依次是边A_1A_2，A_2A_3，$\cdots$，A_nA_1与$\odot O$的切点.

由切线长定理可得：

$A_1T_1=A_1T_n$，$A_iT_i=A_iT_{i-1}(2\leqslant i\leqslant n)$.

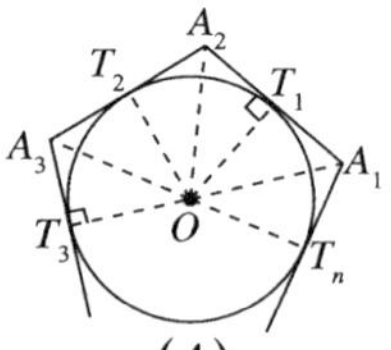

(4)

记各边长为1，$A_1T_1=x$，

则$A_2T_2=A_2T_1=1-x$，

$\therefore A_3T_3=A_3T_2=1-(1-x)=x$，$\therefore A_1T_1=A_3T_3=x$，

$\therefore \mathrm{Rt}\triangle OA_1T_1 \cong \mathrm{Rt}\triangle OA_3T_3$,

$\therefore \angle OA_1T_1 = \angle OA_3T_3$,

$\therefore \angle A_1 = \angle A_3$,

同理可得

$\therefore \angle A_1 = \angle A_3 = \angle A_5 = \cdots$.

当 $n = 2k(k \geqslant 2, k \in \mathbf{N})$ 时，有

$\angle A_1 = \angle A_3 = \cdots = \angle A_{2k-1}$,

$\angle A_2 = \angle A_4 = \cdots = \angle A_{2k}$.

当 $n = 2k-1(k \geqslant 2, k \in \mathbf{N})$ 时，有

$\angle A_1 = \angle A_3 = \cdots = \angle A_{2k-1} = \angle A_2 = \angle A_4 = \cdots = \angle A_{2k-2}$.

即 $\angle A_1 = \angle A_2 = \angle A_3 = \cdots = \angle A_{2k-1}$.

故命题获证.

性质4 各内角相等的圆外切多边形为正多边形.

这只需连接各顶点与圆心，各切点与圆心，则由角角边定理，立得这 $2n$ 个直角三角形全等，则得多边形的各边都相等，故此多边形为正多边形.

至此，研究还可以继续进行. 比如，利用斜边、直角边定理即可证得“与两个同心圆分别内切和外切的多边形是正多边形”. 请有兴趣的老师再行探讨，以开发该研究性问题应有的研究价值.

（原文载于《中学数学教学》2003年第4期）

二是“一类问题”，即对高考题中的某个热点问题，常考常新的某个考点，可就近年尤其是当年各地高考试题进行剖析归因. 如《拷问高考压轴题的教学——以安徽近三年试题为例》（《数学教学》2010年第6期）、《分段函数——高考数学新视点》（《数学通讯》2003年第10期）等.

三是“一套试卷”，即对一套试卷的特点、亮点进行评述，对命题规律和走势进行探寻. 如《山的沉稳　水的灵动——2010年安徽高考数学试题之我见》（《中学数学教学》2010年第4期）、《命制高考数学模拟试卷应关注的几个问题》（《中学数学教学参考（上旬）》2013年第1–2期）等.

总之，以考题考卷为题材的论文有相当的研究和发表空间，多家杂志均开辟专栏或留有相当的版面，但需注意时效性.

当然，要撰写好这类题材的文章，功夫在文外.应着力提高解题能力，夯实初等数学研究功底，以及有意对中、高考试题等有关素材的收集、梳理和探究.

3 从论文论著中来

他山之石，可以攻玉.要撰写教研论文，就必须学习相关的论文和论著.我首先推介的是，中学数学期刊中的论文.因为这些论文是我们所需，为我们所写，多数作者就是我们一线教师，他们讲述的是“咱老百姓自己的故事”.

在学习别人的过程中，就会自我警醒：我们在抱怨时间紧、任务重的同时，别人为何有所作为；别人都写出来了，你总该有时间去研读、借鉴和仿效吧！

在学习思考的过程中，自然就会发现，论题就在眼前：这个结论成立吗？论证是否有误，论理是否充分，条件可否弱化，结论可否引申和拓展，结论有何应用，这种方法可否适用其他问题？等等.

在我发表的论文中，有相当一部分就是读刊随感.如《抽象函数具体化是最基本的求解策略——兼论一道错解题》(《中学数学杂志》(高中)2002年第3期)、《再谈一类与自然数有关命题的证明》(《数学教学研究》2002年第3期)，以及《一个猜想的类比问题》(《数学通报》2005年第2期)，等等.

我清楚地记得，2002年4月给安徽师大数学系数学教育专业的大四学生开设教育教学讲座，其中有一讲内容是“如何撰写数学教研论文”.我用现身说法，用案例说话，当时的场景可谓：述者滔滔不绝，听者津津乐道.现今已在全国颇有影响的数学论文的高产作者淮南三中的代银和亳州一中的史嘉等，均为当时的现场听众.

开完讲座回来的晚上，我仍余兴未消，一边习惯性地坐在办公桌前翻阅着近期的《中学数学杂志》，一边自嘲：你在台上大谈论文如何撰写，最近可是封笔未动（因为当时执教高三数学，每届高三下学期，对论文撰写，我原则上不多动笔），何谈新作不断呢？看着，想着，我发现《中学数学杂志》2002年第2期《判断抽象函数单调性的几种策略》一文中例8的解答有误．这类问题既是高考的热点，也是易错点，有必要予以澄清，故写就下文，即在《中学数学杂志》（高中）2002年第3期上发表．

抽象函数具体化是最基本的求解策略——兼论一道错解题

《中学数学杂志》2002年第2期《判断抽象函数单调性的几种策略》中的例8的解答有误，为了便于说明，现摘抄原文于下：

例8 已知函数$f(x)$对于任何正实数x，y都有$f(xy)=f(x)\cdot f(y)$，且当$x>1$时，$f(x)<1$，试判断$f(x)$在区间$(0,+\infty)$上的单调性并说明理由．

解：任设$0<x_1<x_2$，则$\frac{x_2}{x_1}>1$.

因为$x>1$时，$f(x)<1$，所以$f(\frac{x_2}{x_1})<1$，

所以$f(x_2)=f(\frac{x_2}{x_1}\cdot x_1)=f(\frac{x_2}{x_1})\cdot f(x_1)<f(x_1)$，

即$f(x)$在区间$(0,+\infty)$上为单调减函数．

殊不知，这是一道错解题．例如$f(x)=0(x>0)$就满足题设条件，但它却不是减函数．

问题在于原文作者由$f(\frac{x_2}{x_1})<1$，断言$f(\frac{x_2}{x_1})\cdot f(x_1)<f(x_1)$，误认为$f\left(x_1\right)>0$，其实不然．

因为由题设可得$f(x)=f(\sqrt{x}\cdot\sqrt{x})=f^2(\sqrt{x})\geqslant 0$，显然，不排除$f(x)=0$的可能性．因此，只要再限定$f(x)\neq 0$或$f(x)>0$，就无可非议了．

再者，透视全文还能明显感到：文中给出的判断抽象函数单调性的几种策略，确实可给我们的“论证”带来方便，但却不是如何“判断”的根

本，因为抽象函数之所以困扰学生是因为太“抽象”．因此，求解的最基本策略应是化抽象为具体，从“源头”入手，设法找出此类函数的原型函数，据其原型函数的单调性先作出判断，再类比其论证方法即可轻松获解．现以原文所述各例予以说明：

例1 已知函数$f(x)$对任意实数x，y均有$f(x+y)=f(x)+f(y)$，且当$x>0$时，$f(x)>0$，试判断$f(x)$的单调性并说明理由．

分析：根据题目所给条件，原型函数为$y=kx(k>0)$，此为增函数，类比其证明方法可得：

设x_1，$x_2\in\mathbf{R}$，且$x_1<x_2$，则$x_2-x_1>0$，所以$f(x_2-x_1)>0$. 所以

$f(x_2)-f(x_1)=f\left[(x_2-x_1)+x_1\right]-f(x_1)=f(x_2-x_1)+f(x_1)-f(x_1)=f(x_2-x_1)>0$，

即$f(x_1)<f(x_2)$，故$f(x)$在区间$(-\infty,+\infty)$上为增函数．

例2 设函数$f(x)$的定义域为$(0,+\infty)$，对任意正实数x，y均有$f(xy)=f(x)+f(y)$，且当$x>1$时，$f(x)>0$，试判断$f(x)$的单调性并说明理由．

分析：此函数的原型函数为$y=\log_a x(a>1)$，此为增函数，现用求差比较法证之：

设x_1，$x_2\in(0,+\infty)$，且$x_1<x_2$，则

$$f(x_2)-f(x_1)=f(\frac{x_2}{x_1}\cdot x_1)-f(x_1)=f(\frac{x_2}{x_1})+f(x_1)-f(x_1)=f(\frac{x_2}{x_1})>0$$

（因为$x_2>x_1>0$，所以$\frac{x_2}{x_1}>1$），

所以$f(x_1)<f(x_2)$，故$f(x)$在区间$(0,+\infty)$上为增函数．

例3 设函数$f(x)$定义在实数集$\mathbf{R}$上，当$x>0$时，$f(x)>1$，且对任意x，$y\in\mathbf{R}$，均有$f(x+y)=f(x)\cdot f(y)$，判断$f(x)$的单调性并说明理由．

分析：由题意，得$f(x)$的原型函数为$y=a^x(a>1)$，故可判定$f(x)$为增函数，类比联想，可考虑先指出$f(x)>0$，再用求商比较法证明：

对任意$x\in\mathbf{R}$，$f(x)=f\left(\frac{x}{2}+\frac{x}{2}\right)=f^2\left(\frac{x}{2}\right)\geqslant 0$.

下面指出$f(x)\neq 0$：

若存在 $x_0 \in \mathbf{R}$，使 $f\left(x_0\right)=0$，则 $f(x)=f\left[\left(x-x_0\right)+x_0\right]=f\left(x-x_0\right)\cdot f\left(x_0\right)=0$. 这与题设 $x>0$ 时，$f(x)>1$ 矛盾！所以 $f(x) \neq 0$，故 $f(x)>0$.

设 x_1，$x_2 \in \mathbf{R}$，且 $x_1<x_2$，则

$$\frac{f\left(x_2\right)}{f\left(x_1\right)}=\frac{f\left[\left(x_2-x_1\right)+x_1\right]}{f\left(x_1\right)}=\frac{f\left(x_2-x_1\right) f\left(x_1\right)}{f\left(x_1\right)}=f\left(x_2-x_1\right)>1$$ （因为 $x_2-x_1>0$），

所以 $f\left(x_1\right)<f\left(x_2\right)$，故 $f(x)$ 在区间 $(-\infty,+\infty)$ 上为增函数.

例 4 已知函数 $f(x)$ 对于任意正实数 x，y 都有 $f(xy)=f(x)\cdot f(y)$，且 $f(x) \neq 0$，当 $x>1$ 时，$f(x)<1$，试判断 $f(x)$ 在区间 $(0,+\infty)$ 上的单调性并说明理由.

分析：此即文首所述问题的修正，函数 $y=\dfrac{1}{\sqrt{x}}$ 满足题设. 为此，考虑利用求商比较法证明 $f(x)$ 为减函数，但需先指出 $f(x)>0$.

对 $x \in \mathbf{R}^{+}$，有 $f(x)=f(\sqrt{x} \cdot \sqrt{x})=f^2(\sqrt{x}) \geqslant 0$，又 $f(x) \neq 0$，所以 $f(x)>0$.

设 x_1，$x_2 \in \mathbf{R}^{+}$，且 $x_1<x_2$，则

$$\frac{f\left(x_2\right)}{f\left(x_1\right)}=\frac{f\left(\frac{x_2}{x_1} \cdot x_1\right)}{f\left(x_1\right)}=\frac{f\left(\frac{x_2}{x_1}\right) f\left(x_1\right)}{f\left(x_1\right)}=f\left(\frac{x_2}{x_1}\right)<1$$ （因为 $\frac{x_2}{x_1}>1$），

所以 $f\left(x_1\right)>f\left(x_2\right)$，故 $f(x)$ 在 $\mathbf{R}^{+}$ 上为减函数.

（原文载于《中学数学杂志》（高中）2002 年第 3 期）

当然，要想持续、系统地发表论文，还必须系统地学习相关的教育教学理论和初等数学研究专著等，以作支撑和滋养.

论题选择注意什么

1 宁小勿大

微中见著．教研论文尤其是想在《中学数学杂志》上发表的教研论文，最忌“大而全”，其实也全不了．要想把问题谈得深入，最有效的办法就是“聚焦”某一具体问题．

记得撰写论文初期，导师胡炳生教授曾多次告诫我，多写“一事一议”“一篇一论”的文稿．因为对于初学论文撰写的作者来说，“小而新，小而实”的选题容易驾驭，容易深入，写出的论文自然容易发表．

如撰写论文初期发表的《一道课本习题的讨论及引申》（《中学数学教学》1992年第5期）、《一个不等式的再探》（《中学数学》1992年第8期）、《一道值得商榷的竞赛题》（《中学数学教学参考》1994年第7期）等，就是例证．

要知道，大文章的价值未必大，而小文章的价值未必就小．“短小”才能“精悍”，浓缩的是精华！

一道课本习题的讨论及引申

1992年初中《几何》课本第二册第69页复习参考题六第26题“作一个等边三角形，使它的三个顶点分别在$\triangle ABC$的三边上，并且有一边和BC平行．”教参给出了如下解答：

（1）在$\triangle ABC$的边AC上任取一点D'，作$D'E'//BC$交AB于F'；

（2）以$D'E'$为一边作等边$\triangle D'E'F'$；

（3）连接AE'，且延长AE'交BC于点E；

（4）作$EF//E'F'$交AB于点F；

（5）作$ED//E'D'$交AC于点D；

（6）连接FD.

则$\triangle DEF$就是所求作的三角形.

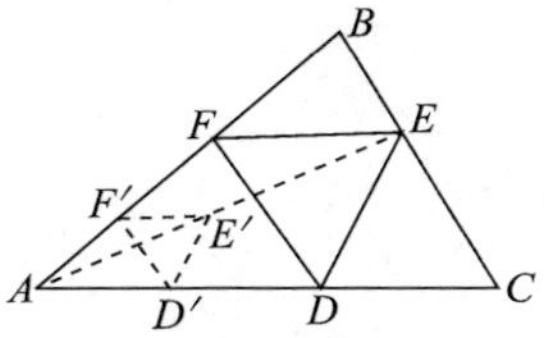

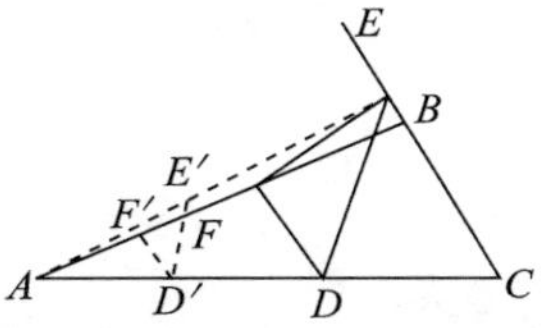

在上左图中，依上述作图步骤所完成的作图过程是无可非议的.但原题中并未附图，也未对$\angle B$，$\angle C$限制任何条件，这样$\angle B>120^\circ$也符合原题意.而当$\angle B>120^\circ$时，按上述作法，作出的正$\triangle D'E'F'$的顶点E'却落在$\triangle ABC$的外部，则AE'或其延长线只能交在BC的延长线上（如上右图），这样满足题意的正三角形就不复存在了.因此，我认为原题应加上"$\angle B$，$\angle C$均不大于120°"的条件为妥.

但据上述作法，若原题中$\angle A$为最大角，则原题一定有解.因此，我们可得如下性质：

命题1 任意三角形总存在三个顶点分别在三边且与一边平行的内接正三角形，且当最大角大于120°或等于60°时，此三角形唯一；当最大角不大于120°且不等于60°时，此三角形有三个.

若上述正三角形有三个，那么它们的大小关系又将如何呢？下面的命题回答了这一问题.

命题2 在$\triangle ABC$上，若$\angle C<\angle B<\angle A<120^\circ$，$a'$，$b'$，$c'$表示三个顶点分别在三边且依次平行于$BC$，$AC$，$AB$的三个内接正三角形的边长，则有：

（1）当$\angle B>60^\circ$时，$b'>a'>c'$；

（2）当$\angle B=60^\circ$时，$b'>a'=c'$；

（3）当$\angle B<60^\circ$时，$b'>c'>a'$.

证明：如图，正$\triangle A_1B_1C_1$的三个顶点分别在$\triangle ABC$的三边上，且$B_1C_1/\!/BC$.记BC边的长为a，BC边上的高为h_a.

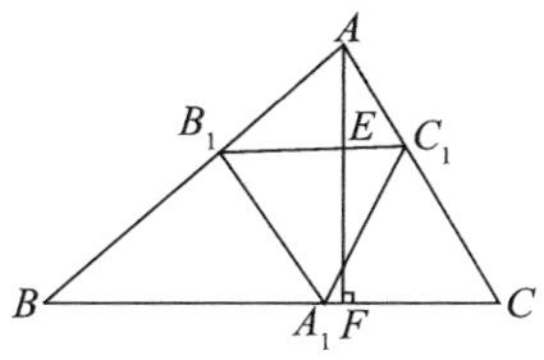

由$B_1C_1/\!/BC$知$\triangle A_1B_1C_1\sim\triangle ABC$.

$\therefore\ \dfrac{B_1C_1}{BC}=\dfrac{AE}{AF}$，则$\dfrac{a'}{a}=\dfrac{h_a-\frac{1}{2}\sqrt{3}\,a'}{h_a}$，

$\therefore\ a' = \dfrac{ah_a}{h_a + \dfrac{1}{2}\sqrt{3}\,a}$.

同理：$b' = \dfrac{bh_b}{h_b + \dfrac{1}{2}\sqrt{3}\,b}$，$c' = \dfrac{ch_c}{h_c + \dfrac{1}{2}\sqrt{3}\,c}$.

又 $ah_a = bh_b$，

$\therefore\ a' - b'$

$$= \frac{ah_a}{h_a + \frac{1}{2}\sqrt{3}\,a} - \frac{ah_a}{h_b + \frac{1}{2}\sqrt{3}\,b}$$

$$= \frac{ah_a}{(h_a + \frac{1}{2}\sqrt{3}\,a)(h_b + \frac{1}{2}\sqrt{3}\,b)} \cdot (h_b + \frac{1}{2}\sqrt{3}\,b - h_a - \frac{1}{2}\sqrt{3}\,a)$$

$$= \frac{ah_a}{(h_a + \frac{1}{2}\sqrt{3}\,a)(h_b + \frac{1}{2}\sqrt{3}\,b)} \cdot (a\sin C + \frac{1}{2}\sqrt{3}\,b - b\sin C - \frac{1}{2}\sqrt{3}\,a)$$

$$= \frac{ah_a}{(h_a + \frac{1}{2}\sqrt{3}\,a)(h_b + \frac{1}{2}\sqrt{3}\,b)} \cdot (a - b)(\sin C - \frac{1}{2}\sqrt{3}).$$

同理：$a' - c' = \dfrac{ah_a}{(h_a + \frac{1}{2}\sqrt{3}\,a)(h_c + \frac{1}{2}\sqrt{3}\,c)} \cdot (a - b)(\sin B - \dfrac{1}{2}\sqrt{3})$；

$b' - c' = \dfrac{ah_a}{(h_b + \frac{1}{2}\sqrt{3}\,b)(h_c + \frac{1}{2}\sqrt{3}\,c)} \cdot (b - c)(\sin A - \dfrac{1}{2}\sqrt{3})$.

$\therefore$ 由 $\angle C < 60^\circ$，$60^\circ < \angle A < 120^\circ$ 和 $a > b > c$ 知 $a' < b'$，$c' < b'$，

又 $\because$ 当 $\angle B > 60^\circ$，$a' > c'$；当 $\angle B = 60^\circ$ 时，$a' = c'$；当 $\angle B < 60^\circ$ 时，$a' < c'$.

故命题2得证.

（原文载于《中学数学教学》1992年第5期）

2 宁新勿旧

文贵在新.所谓新，或是新的素材，如前所述新的考题，近期杂志中研讨的新的问题，或是富有新意的论述.总之，就是写人之未写，讲人之未讲.

至于新意，在一篇中学数学文章中并不希冀有多大的发现，但至少应该在某个地方与别人有所不同. 如果你所阐述的问题确是一个新结论、新发现或新方法，那当然新意盎然. 如果你谈的是别人文章中的问题，那就要选择一个新的角度，或就某一方面补充自己新的见解，甚至提出不同的观点意见. 总之，要在新理念、新视角、新感受、新举措等某一方面有所体现，才能得到编辑的认可、读者的青睐.

每一轮新教材对高中一线教师来说，既是机遇，更是挑战. 我们该以怎样的姿态直面这一客观现实呢？为此，我写就的《新世纪 新教材 新姿态》一文，在寄出20天后即被《中学数学杂志》作为新世纪奉献给读者的礼物，在2000年第1期的首篇刊发.

新世纪 新教材 新姿态

高中数学新教材已在部分省、市试验，即将全国施行，这是实施素质教育的又一重大举措. 新世纪、新教材，对我们这些高中数学教师来说，既是机遇，更是挑战. 我们该以怎样的姿态直面这一客观现实呢？

1 转变观念

1.1 面向全体学生

二十一世纪的中国，需要各种类型、各种层次、各种素质的人才. 我们教育工作者肩负的不仅是培养高科技人才，更重要的是提高国民素质. 因此，我们必须转变观念：要由“应试教育”转向“面向全体学生，全面提高学生的素质”.

有人担心：新教材在总课时减少的情况下更新和增加了教学内容，若面向全体学生，会不会降低教学要求呢？这种担心其实没有必要.

首先，我们现行的教材，包括作者在内的很多同行，都是三年课程两年上完，第三年则抛开课本，寻找资料. 这已从一个侧面说明现行教材需要改革.

其次，增加的内容也有互补作用. 例如，求函数的极值是中学数学的重要内容，但在未引入微积分的情况下，尽管花费了不少的时间，但求解的范围也仅仅限于二次函数和正、余弦函数，就连简单的一元三次函数的极值问题都无能为力．而如果学习了导数，问题便迎刃而解．

又如，用现行知识证明等式 $C_n^1+2C_n^2+3C_n^3+\cdots+nC_n^n=n\cdot 2^{n-1}$ 需要一定的技巧，但如果用微积分方法，只需要在等式 $(1+x)^n=1+C_n^1x+C_n^2x^2+\cdots+C_n^nx^n$ 的两边对 x 求导，并令 $x=1$，立得证明．

再如，向量进入中学课本，由于它具有数形的“双重身份”，从而既成为高中数学的交汇点，又成为求解问题的新工具．

1.2 全面提高学生素质

全面提高学生素质，是形势发展的又一要求．当今科学技术发展的大趋势，是在更大规模上的综合．未来需要的是开拓型、创造型的具有饱满创造力的复合型人才．其实，我们很多毕业生进入高校后，着眼未来，自加压力，纷纷跨学科学习，选读双学位，参加多种职前培训等．可我们的中学却是在学生刚进高中或进校不久就强行分科，将学生本该学习的课程“减免”了．尽管有会考制度的约束，但其效果不尽如人意，一些保送全国名牌大学的“精英”们在保送生综合试卷面前往往一筹莫展．学生的困惑不得不引起我们的思考．

其实，文理互相渗透，多学科交叉，已成为时代的必然．可我们仍有老师，却年复一年地拿着老讲稿上课，在本专业的圈内以高考内容再画圈，唯高考内容才教；各学科之间相互抢时间、拼时间，你给一组题目，我发一套卷子，题目越做越多，问题越做越多，一天上到九节课，双休日变成补课日，课内把知识的发生、发展及探索过程一概“省略”或“精减”，数学教学变为“公式、例题加练习”的单一模式，全面发展从何而谈？

因此，在使用新教材时，只有按照新教学大纲的要求进行，控制教学要求，控制教学难度，控制教学时间，确实从应试教育的轨道转变为贯彻面向全体学生、全面发展的“两全”上来．

2 提高能力

2.1 提高掌握新教材的能力

新教材让我们感受最深的是具有强烈的现代数学气息，它一改现行教材中的传统提法和部分数学语言，比较集中地使用集合语言、逻辑联结词、国家标准计量符号等，有的内容若不认真学习是不好掌握的.

例如：把数0作为自然数，第一个自然数是0而不是1.只有认真学习胡炳生等著的《现代数学观点下的中学数学》和《关于扩充自然数集的几个理论问题》等，方能逐步领会“这不仅仅是一个数学符号的改变，而是对自然数及相关理论要进行一次重新认识”.只有这样，才能逐步克服自然数传统观念造成的消极定势.

新教材增添平面向量、概率统计及微积分基础等内容，着实让我们这些“老”大学生们高兴一番，毕竟所学知识终于见诸中学教材.可是，包括自己在内，长年在教学第一线的，又有几位还在系统学习这些内容？更何况还要据其去解决其他问题呢？不要说吃老本，恐怕连老本都没有了，只有再当一次“大”学生，方能委以重任.

也许有人抱怨：负担太重，没有时间.是的，中学数学教师的日程密密麻麻地排满了教学任务，平均每天有3节课，有不下几十份的作业，大都还有班主任管理任务等，有的甚至还有补习班的教学工作，进修的机会确实很少，但自学的时间还是有的.每天再忙，总能挤出一小时的时间学习，双休日总能抽出半天时间，假期总能有个系统的学习时间吧！

也许有人会问：资料从何而来？确实，由学校提供有关新教材的学习材料是很有限的.但是，订阅《中学数学杂志》获得所需材料并不困难.全国有几十份数学专业杂志（有关新教材的文章不少），学校总会订一部分的，剩下的本组几位同事分别订几份交流学习，何愁没有书看，恐怕是看不过来.如果你所需要研究新教材的某一问题各家杂志都没有相关内容的话，兴许你已发现了一个好的教研课题呢？

2.2 提高传授新材料的能力

新教材无论是概念的引入、阅读材料的选取，还是例习题的配备等，无不显现了把数学知识同生活知识、语言知识及相关学科的知识有机地结合起来，意在培养学生的综合素养.

例如在概念的引入中，数列联系经济生活中的储蓄，函数联系增长率的变化，直线和圆的方程联系线性规划初步知识，圆锥曲线联系卫星运行轨道等.

因此，我认为中学数学教师除具有坚实的数学基础知识外，还必须努力掌握如下几方面的知识，以提高传授新教材的能力.

(1) 掌握当代重要的工具性学科，如语文、英语、计算机等知识.中学数学教师若缺乏人文和科学素养等，眼睛仅盯在数学这一学科上，是很难教好数学的，更难培养出高水准的学生.

(2) 应掌握理科各专业的知识，这对于增强学科间的联系，开展学科活动都是十分必要的.

(3) 应掌握哲学、教育学、心理学知识，以利于认识教育对象，开展素质教育活动和研究工作.

有人说，“小学教师是天才，中学教师是全才”，也从一个侧面反映出人们需要的是文理兼容、知识渊博、能力高强的教师吧！

3 更新教法

3.1 新教材教学体系要求我们改进教法

新材料在内容的呈现上，一改以往编写的数学教材对学生的学习规律研究不够的欠缺，在内容的安排上做了有益的调整.例如，将数列内容由高二调至高一，放在函数与三角函数之间，可见编者注意了数列内容较为简单，且数列可以看成一类特殊函数，以放置到应有的位置.又如现行立体几何教学较难，而平面解析几何则较易接受.因此，编者本着先易后难、先学平面后学空间的顺序安排几何内容：直线和圆的方程，圆锥曲线，直线、平面的简单几何体.同时，新教材还注重从实际出发，注重揭示知识的发生、发展过程，增强趣味性，讲究启发性，便于学生自学.

基于此，教师的任务不光是转述系统的课本知识，而且要为学生创设最适宜的自学和探讨氛围，做好“导游”和导师.

例如，“想一想”的设置，可以说是新教材的一道亮丽风景.属于高中必修内容的就有30多处，绝大多数问题学生是可以独立或协商解决的.对此，我们需认真领会这些材料的编写意图是什么？其功底又有哪些？怎样才能做到既不放任自流，又不包办代替等．只有这样，教师的教学才能教在点子上，“授”在要害处．

多数教师都有现行教材的教学经历，在新教材实施过程中，应注意新老教材对同一章节的不同安排，以揣摩编者的改写意图，注意点拨、引导学生掌握知识及其内在联系，使他们在获取知识和运用知识的同时，发展思维能力，培养创新意识．

3.2 现代教学手段促使我们优化教法

随着教育现代化的不断推进，现代电教媒体将以其独特的优势进入课堂，冲击着粉笔加黑板的教学手段在课堂教学中的统治地位．与新教材相匹配的新大纲明确指出：积极创造条件，采用现代教学手段指导教学．可见，新教材课时减少而内容增加也考虑了现代教学手段的效益．

由此可见，掌握多媒体教学技术是中学数学教师的必备技能．作为教师尤其是年轻教师，要不断提高现代教学意识，通过多种方式掌握和提高多媒体方面的有关知识和技能．力求在多媒体教学应用理论、教学方法和教学设计等方面下功夫，并能根据新教材的特点和教学需要，制作适合教学实际的教学课件，努力寻求多媒体教学与传统教学的最佳契合点，使多媒体真正成为优化教学方法的有力工具，而不是一块电子黑板，更不是为了时髦！

愿我们即将进行的新教材的教学工作，能像James J. Kaput教授在第一届东亚国际数学教育大会上所述的“新的技术和新的课程、新的教学方法结合起来，让平凡的人取得不平凡的成就”．

[原文载于《中学数学杂志》（高中）2000年第1期]

3 宁实勿虚

一篇教研论文，尤其是数学教研论文，不仅要有明确的论题和论点，更要有充分的依据，要据实说理，而这正是我们优势之所在．

因为我们一线教师每天都生活在教育研究的“实验室”里，如若我们能像刘坚教授所述的那样：尝试着蹲下身子与学生平等对话，就会发现许多平时发现不了的问题.如果我们能把这些真实的“问题”奉献出来，同时，再把自己的困惑和思考坦诚地表达出来，以让同行共同研讨，互受启发，再行实践，何乐而不为呢?

比如，《我的“排列”教学的心路历程》(《数学通讯》2011年第3期)，就是我执教“排列”这节课时，就如何处理和完善“常态教学与启示作用、尊重文本与二次开发、注重过程与课堂效能”的关系，努力在知识的发生、发展过程中，让学生的思维逐层递进，以实现“平实不平淡，平实之中见精彩”的常态化、优质化的数学课堂的真情告白.

我的“排列”教学的心路历程

1 背景揭示

“排列”(第一课时)这节课，作为最近我省优质课评比、省“教坛新星”评比的考评课课题之一，引起了一线数学教师的广泛关注.参评者见仁见智，观摩者众说纷纭.作为上述两项活动的评委，对本节课自然有更多的感慨.

这次作为省特级教师讲师团成员赴皖北讲学活动中，在确定所执教的课题时，首先想到的是“排列”这节课.其一是因为这节课有前期活动的铺垫，自然成为一个“同课异构”的课题，大家有话好说，有话要说.其二是本课实属“下里巴人”，既不需要引入更多的情境，也不需要强大的声像设备的支持，“平实”是其本色和特色.我想：这样的课，与我们日常教学的场景更为接近.听课的教师们更易吸纳，更好“类比”，更好在课后的研讨中一起“讲述咱老百姓自己的故事”.

2 教学愿景

对于这一“家常”课，如何在知识的发生、发展过程中，让学生的思维逐层递进，以实现“平实不平淡，平实之中见精彩”，也据其呼唤有关评比、观摩活动中的课能更多“淡化形式、注重实质”，恰如其分地运用科学的教学手段和方法，以揭示数学教育本质的常态化、优质化的课堂教学．为此，在认真研读、推敲本节内容的基础上，结合本次活动的特质，我希望在本课教学中能妥善处理好如下三个关系：(1) 常态教学与启示作用的关系；(2) 尊重文本与二次开发的关系；(3) 注重过程与课堂效能的关系．

3 教学简况

3.1 提出问题，抽象本质

3.1.1 说明来意，引入话题

师：很高兴，能有机会参加这次的讲师团活动，来到“老子故里”——涡阳，与在座的老师、同学进行交流．除了涡阳外，我们还要去另外两个地方．于是就有了下面的问题：

问题1（据课本问题改编） 从甲、乙、丙3名老师中选出2名参加讲学活动，一名去A地，一名去B地，问有多少种安排方案？

（学生作答，教师巡视，适时指导，并指定同学板演．）

学生板演：

（1）

共6种．

（2）甲乙，甲丙，乙甲，乙丙，丙甲，丙乙，共6种．

（3）$3\times2=6$.

师：几位同学给出了三种方法．第一、二种方法分别利用树形图、枚举法，把结果一一列出；第三种方法是$3\times2=6$，它的含义到底是什么？

生：是利用分步计数原理，先在3人中挑1人去A地，再在剩下2人中挑1人去B地，相乘即得结果．

师：好，这位同学既说出了方法，又说出了过程和依据．

教师重申各个方法的优越性，并借助“框图”直观表示求解过程：

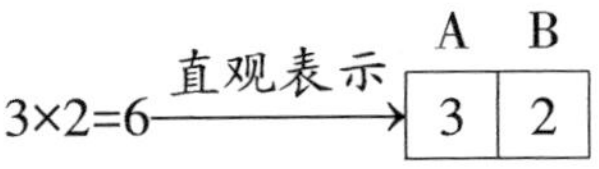

问题2（课本问题） 从1，2，3，4这4个数字中，每次取出3个排成

一个三位数，共可得到多少个不同的三位数？

（学生先做，教师巡视，了解学生解题情况．学生多数用分步计数原理求解）

学生讲，教师借助“框图”直观表示：

百	十	个
4	3	2

$4\times3\times2=24$.

师：有没有用树形图法解答的？

多数学生摇头．师发现个别学生用树形图法做了一部分，示意该生讲解一下．

生：我只画了首位为1的情况：

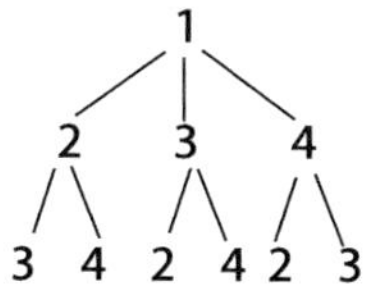

首位为2，3，4的可类似处理，即知结果为$6\times4=24$.

教师评述后，利用幻灯片显示：

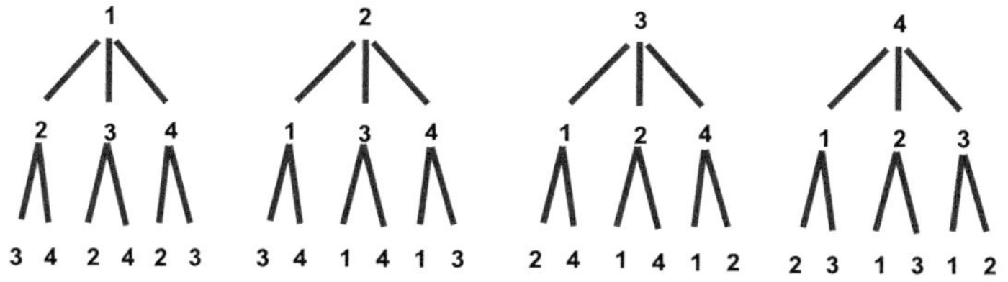

师：对于本题，为什么画树形图的人少，而画树形图的又不愿画到底呢？是因为本题关心的是三位数的个数．比较而言，借助“框图”来处理更直观、更便捷．我们继续探讨下面的问题：

问题3（新增问题） 七名同学站成一排照相，有多少种不同的排法？

学生讲，教师板演：

7	6	5	4	3	2	1

$7\times6\times5\times4\times3\times2\times1$

小结上述求解过程，强调用分步计数原理．

师问有无画树形图求解的，生均摇头，称太繁琐了．

师：画树形图，优点是具体，每种情况都一一列出，但繁琐了，而用“框图法”，则简化了运算过程．

3.1.2 特点探寻，归纳提炼

师：上述几个问题可谓“研究对象不同，具体任务不同”，它们有没有共同特点呢？

［幻灯显示］

问题1：从3人选2人　　分别去两地

问题2：从4个数选3个　　排成三位数

问题3：7名同学全选　　排队照相

师生讨论，得出其共同特点是：

解决方法相同：分步计数原理（简化运算过程）；

问题结构相同：先取对象（元素），再排顺序．

师：不同点的分析，让我们感受到数学研究对象背景的多样性、丰富性；相同点的分析，则让我们感受到在多样性背景的后面，蕴含着问题结构的统一性！

3.2 探究归纳，形成概念

这一“先取元素，再排顺序”的问题就是我们今天要探讨的课题：排列（板书课题）．

3.2.1 排列

从n个不同元素中取出m（$m \leq n$）个元素，按照一定的顺序排成一列，叫做从n个不同元素中取出m个元素的一个排列．

师：如何理解和掌握“排列”的概念呢？

（1）一个排列，就是完成一件（满足题设要求的）事．

（2）完成一个排列需分两步：先取元素，再排顺序．

每步具体要求：取元素→互异性；排顺序→有序性．

（3）什么叫两个排列相同呢？元素相同，且顺序也相同．

［练习一］判断下列问题是否是排列问题？

（1）从1，2，3这3个数字中，任选两个相乘，有多少个不同的积？

（2）从1，2，3这3个数字中，任选两个相除，有多少个不同的商？

（3）5位同学两两相互握手，共要握手多少次？

（4）5位同学两两相互写信，共要写信多少封？

师生共探，并小结判定问题是否是排列问题的方法．

师：在上述问题的探讨过程中，可以发现，很多时候我们不仅关心每一种具体排列，往往更关心某种排列的个数有多少．这样，就有必要再来探讨有关“排列个数”的概念．

3.2.2 排列数

从n个不同元素中取出m（$m \leqslant n$）个元素的所有排列的个数，叫做从n个不同元素中取出m个元素的排列数，记作A_n^m．

师：给出了排列数的概念．那么，“排列”和“排列数”有何关联呢？

生：排列是“完成一件事”，排列数是“完成一件事的方法数，是“个体”与“数量”的关系．

生：以上三个问题的结果可以表示成：A_3^2，A_4^3，A_7^7．

3.3 揭示规律，导出公式

3.3.1 公式探寻

师：由黑板上对上述三个问题的求解式子，可得：

$A_3^2=3\times2$，$A_4^3=4\times3\times2$，$A_7^7=7\times6\times5\times4\times3\times2\times1$．

回顾求解方法和步骤，探寻：$A_n^2=?$

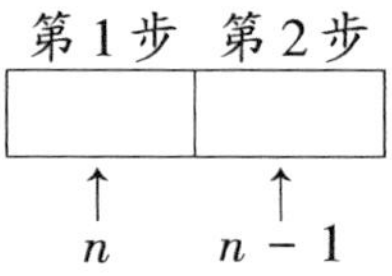

$A_n^2=n(n-1)$

追问：$A_n^3=?$

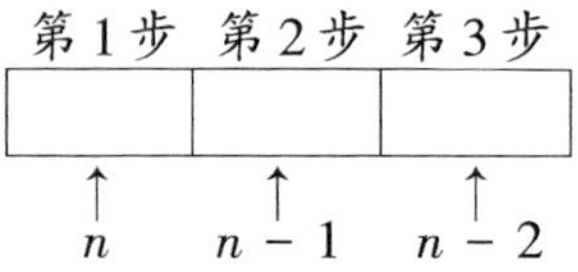

$A_n^3=n(n-1)(n-2)$

生：发现上述两式的结构特征：

$A_n^2=n(n-1)$ 从 n 开始依次减少1，共2个因式之积；

$A_n^3=n(n-1)(n-2)$ 从 n 开始依次减少1，共3个因式之积．

…

继续追问：A_n^m 到底等于什么呢？

由上述结构特征，猜想：$A_n^m=n(n-1)(n-2)\cdots[n-(m-1)]$

师：如何推导？（启发学生仿照 $A_n^2=n(n-1)$，$A_n^3=n(n-1)(n-2)$ 推导，重点讲清为什么第 m 位共有 $[n-(m-1)]$ 种填法．）

第1步	第2步	第3步		第 m 步
			…	
↑	↑	↑		↑
n	$n-1$	$n-2$		$n-(m-1)$

师生共探：

由分步计数原理，得 $A_n^m=n(n-1)(n-2)\cdots[n-(m-1)]$，

则得排列数公式为：

$A_n^m=n(n-1)(n-2)\cdots(n-m+1)$，$m$，$n\in\mathbf{N}^*$，$m\leqslant n$.

小结：（1）上式结构特征；

（2）符号 A_n^m 的含义：既表示一个“结果”，又表示一种“运算”．

这样，一个问题若是排列问题，即可用上式求出具体的排列个数（简化了运算过程）．

3.3.2 巩固练习

重现［练习一］ 判断下列问题是否是排列问题？

（1）从1，2，3这3个数字中，任选两个相乘，有多少个不同的积？

（2）从1，2，3这3个数字中，任选两个相除，有多少个不同的商？

（3）5位同学两两相互握手，共要握手多少次？

（4）5位同学两两相互写信，共要写信多少封？

让学生处理是排列问题的第（2）（4）小题，从而感知排列数公式可以简化运算过程．

［练习二］

（1）从5种蔬菜品种中选出3种，分别种植在不同土质的3块土地上，

有多少种不同的种植方法？

（2）从6名志愿者中选出4人分别从事翻译、导游、导购、保洁4项工作，选派方案共有多少种？

3.4 总结反思，升华展望

3.4.1 知识回顾

（1）排列的特征：先取元素，再排顺序；

（2）排列数公式的结构特征；

（3）“排列”和“排列数”的关联；

（4）简化的思想：数数→分步计数原理→排列数公式.

3.4.2 内容深化

$A_n^m = n(n-1)\cdots(n-m+1)$ ①

特别地，$m=n$时，有$A_n^n = n(n-1)(n-2)\cdots 2\times 1 = n!$ （阶乘定义引入）

这样，①式可用阶乘表示：

$$A_n^m = \frac{n(n-1)(n-2)\cdots(n-m+1)(n-m)(n-m-1)\cdots 2\times 1}{(n-m)(n-m-1)\cdots 2\times 1} = \frac{n!}{(n-m)!}.$$

特别地，$m=n$时，$A_n^n = \frac{n!}{0!}$，又$A_n^n = n!$ ，故规定$0! =1$（$0!$ 的引入必要又合理！）

师：有关排列的进一步研究，我们下节课将继续探讨.

3.4.3 布置作业

略.

4 教学有感

尽管在本课的教学过程中对上述三个关系的揭示进行了一些有益的尝试，但达成度如何？当不敢乐观.但我还是坚信：在公开课教学中有意研讨如下三个问题，尤其是对现今“后课标时期”（郑毓信语）的公开课教学的指向和效度定会大有裨益.

4.1 朴实、自然的公开课教学最有生命力

公开课教学的一个重要意义，在于以其为研究对象，让听课者从中能悟出一定的东西，并产生“我要这样教，我能这样教，我还可以怎样教”的冲动和行为.因此，公开课教学应更多地考虑常规的教学实际，多一些“简约实用”，少一点“花拳绣腿”；多置身于学生的情感需求和认知实际来思考问题，努力寻求适宜、便捷的教学方法，从而使“常态”的课堂“简约而不简单”，既有“温度”更有“深度”.

比如，本文所述公开课教学中，开篇即直奔主题，与学生讨论源于学生经验的三个实例.在师生逐一分析、充分感知的基础上，借助幻灯，将三个问题的关键词句放在一起，让学生发现其具有共性的结构特点——先取后排，再引导学生进行逻辑化组织，进而抽象定义出“排列”的概念.三个问题的探讨均紧扣分步计数原理、借助“框图”来直观解释，让学生逐步体会这一思想方法进而自觉使用，为后面排列数公式的推导做好铺垫.而对于“排列数公式”的推导，则是借助“框图”，利用分步计数原理在黑板上“分步”推得结论.应该说，都不失为常态教学中的可取做法.

当然，这里所述的常态决不排斥现代教育技术，只是希望以此作为辅助手段服务于教学，让师生在此平台上更好地拾级而上，揭示数学教育的本质.有道是民族的就是世界的，那么，在数学教学中，常态的就是最本真、合理、适用和有效的.

4.2 “用教材教”绝非偏离教材主旨去肆意肢解教材

新课程倡导的不是“教教材”而要“用教材教”，扬弃了传统的数学教学模式，给数学课堂注入了新的活力，也催生了许多颇具创意、让人称道的公开课教学案例.但随之应运而生的是在公开课教学中，相当部分教师没有吃透“用教材教”的真正内涵，不断上演着随意舍弃教材，“另辟蹊径”地将很多原本顺畅自然、浑然一体的教材内容搞得支离破碎、面目全非，严重违背了“立足教材并且有效地、合理地使用好教材”的宗旨.

当然，这里所说的“用教材教”，绝非照本宣科，而是要尊重教材，全面地、深入地领会教材的编写意图，找准教材的教学目标，适时、适度地挖掘利用教材资源，再结合学情、社会生活实际以及执教者对教材的个

性化解读来施行教学.

应该说，我在本课例教学中，就如何根据教学实际，有的放矢地对教材进行“再加工”做了一定的尝试.如对于0！的引入，则是由$A_n^m=\dfrac{n!}{(n-m)!}$，通过质疑，当$m=n$时，如何理解$A_n^n=\dfrac{n!}{0!}$，又$A_n^n=n!$，则规定0！=1是必要且合理的，从而让学生知其然更知其所以然.意在说明，我们对教材既要“尊重”，又要“超越”，要坚决摒弃“盲目地崇拜”.

4.3 让学生亲历“数学化”的活动过程，意在更好地揭示本质、提高效能

高中数学课程应该返璞归真，努力揭示数学概念、法则、结论的发展过程和本质.这就要求我们在教学中必须阐明问题产生的背景、抽象的过程及结果的表述，体现其内在本质.但纵观当今的数学教学课堂，不少教师曲解了新课程所倡导的应有内涵，以致出现了不少“伪过程”“泛过程”现象.每逢公开课，必借助强大声像设备来创设情境，但多为“人造景观”，且信息量大，甚至冲淡主题.其实，有时直奔主题未必不可.

比如，本课作为实践性很强的排列问题，教材本身就是以实例开篇的，用得着再另起炉灶来创设所谓教学情境吗？不少公开课教学中设置的组织探讨的问题，有的根本就没有必要，更没有讨论乃至分组讨论的必要.但凡能引申、推广的问题，我们的执教老师多乐此不疲地“深挖洞、广联想”地给予更多甚至无边际的知识、技能的提升，以示进行“探究教学”.对学生解答中所暴露的个别性的、绝非本课核心性的问题，有些老师往往不惜以浪费其他学生时间为代价组织探讨，并美其名曰“课堂生成性问题”，等等.这些做法，实则降低了课堂教学的容量，人为加剧了原本就存在的新课程教学中新增内容与课时紧张的矛盾.如此看来，妥善解决课堂教学中“扩容”和“增效”问题刻不容缓！

（原文载于《数学通讯》2011年第3期）

我想，这些一线教师都能看得见、“跳一跳摘得着”的，能真实反映自

己所思所想、所作所为的“草根”研究，不正是哲学家维特根斯坦所期盼的“我宁愿贴地而起，而不愿在云端跳舞”吗？

论述环节如何把握

1 拟好题目

题好一半文．意即拟定文章的题目，必须字斟句酌，要用恰如其分、简洁明了的词句概括和凝练全篇的内容，以达题文相称、引人入胜之目的．

的确，一个新颖别致的题目，给人以清新脱俗、耳目一新的感觉，自然会引起编辑老师更多的关注，录用的概率也会大增．

例如，《拷问高考压轴题的教学——以安徽近三年试题为例》（《数学教学》2010年第6期），源自我作为高考阅卷指导组成员在抽样检查考生压轴题解答时，发现学生的解答与他们的实际能力并不相称．为了能引起相关部门和一线教师的高度重视，初拟的论文题目为《高考压轴题非能力性错因探析》．学生的问题折射高三教学的现状，故更名为《如何走出高考压轴题教学的“怪圈”》，但仍觉表达不了我们一线教师“戴着镣铐跳舞”这一无奈应对而又想努力挣脱的纠结心境．

学生身上事，教师心上事．如何让学生摆脱现今高考压轴题解答中极为普遍的无奈现实，以让更多的优秀考生在高考压轴题面前尽显“真我”，展现更多的自信、智慧和创造力！我手写我心，故给出了现在的题目，以便能引起编者、读者以及社会更大的共鸣和关切．

拷问高考压轴题的教学

——以安徽近三年试题为例

作为高考数学阅卷指导组成员，有幸了解考生对高考压轴题的解答情况．部分考生对常规问题的解答可谓潇洒自如，让人赏识有加，可一旦应对压轴题尤其是后两问，则判若两人：或干脆到此“戛然而止”；或浮游于问题之外，认不清问题的本质，抓不住解决问题的关键，仓促应对．阅卷时，很少见到思路清晰、简洁明了、彰显考生功力和灵性的完整解答，至于新颖别致、颇具创意的方法更是凤毛麟角．

为何考生们过不了压轴题这道“坎”呢？难道仅仅归咎为压轴题肩负着“区分”考生水平的重任，既考知识更考能力，难度上去了，自然就不能有所作为吗？

在与不少阅卷教师及部分考取名校的考生交流中，我有所警醒：这实则与我们长期以来对学生就压轴题的解答进行过多“善意”的劝导和“为得分而得分”的指导颇有关联．

1 过多灌输所谓“大胆舍弃”的“效能”策略

高考是能力的打拼，智慧的较量．现今的高考题尤其是压轴题出现所谓“新面孔”“生题型”，以致考生见到题目一时不知所云，无从下手也是见怪不怪的．问题是我们的考生甚至是早早把目标锁定名校的尖子生，对高考数学压轴题尤其是最后两问似乎都有天生的恐惧，心里早已准备“放弃垂青”．究其根源与我们在日常教学中苦口婆心地反复叮咛脱不了干系：“压轴题就是有难度，做不出来、做不完整是正常的，做出来倒是不正常的”．“通读一遍没有感觉就迅速丢弃，腾出时间去攻克前面的中低档题未必不是明智之举．因为从效益最大化的角度来看，一道压轴题也就相当于两道客观题的分值．”

教师如此这般的“忠言”自然是“金科玉律”，当考生一旦遇到形如以下这道“一反常态”的压轴题时，多不能静下心来探个究竟，纷纷选择“放弃”策略．由此带来的恶果是：对于青春少年尤其出类拔萃者来说，是认知的肤浅、思考的僵化和信念的丧失！

例1（2007年安徽省高考理科数学第20题） 在医学生物学试验中，经常以果蝇作为试验对象，一个关有6只果蝇的笼子里，不慎混入了两只苍蝇（此时笼内共有8只蝇子：6只果蝇和2只苍蝇），只好把笼子打开一个小孔，让蝇子一只一只地往外飞，直到两只苍蝇都飞出，再关闭小孔．以ξ表示笼内还剩下的果蝇的只数．

（1）写出ξ的分布列（不要求写出计算过程）；

（2）求数学期望$E\xi$；

（3）求概率$P(\xi \geqslant E\xi)$.

据考生考后回忆说，当时看到这题时就感到“纳闷”：怎么与原先高考试卷和模拟卷的套路都对不上？概率统计考题历来都是在解答题第二、三大题的位置，属于中低档难度题，平时也就是一般“强度”的训练？今年怎么放到倒数第二题的位置？再一读题目，什么“医学生物学试验”“果蝇”“苍蝇”等，脑子就“嗡嗡”作响.心理防线破了，不免在此辍笔.

其实，若将本题转化成如下问题：

袋中有6个白球和2个黑球，从袋中随机地不放回地一个一个取球，直到两个黑球被取出为止.以ξ表示袋中剩下的白球个数.

（1）写出ξ的分布列（不要求写出计算过程）；

（2）求数学期望$E\xi$；

（3）求概率$P(\xi \geqslant E\xi)$.

面对这一“显山露水”的老问题，还有谁不能处理呢？可见，对待高考压轴题，教师要教给学生的不应是“放弃”，而应是主动出击，纵然是难关也应想方设法去攻克，至少也应再坚持一下.其实，在我们求解过程中感到“山穷水尽”之时，兴许马上就会“柳暗花明”.因为试题是命题专家在我们考生的“最近发展区”上命制的.例如，考生对下面这道高考题中的第（3）问少有问津，能做到底的更是屈指可数，难道真的无法驾驭吗？

例2（2008年安徽省高考文科数学第21题）设数列$\{a_n\}$满足$a_1 = a$，$a_{n+1} = ca_n + 1 - c$，$n \in \mathbf{N}^*$，其中a，c为实数，且$c \neq 0$.

（1）求数列$\{a_n\}$的通项公式；

（2）设$a = \dfrac{1}{2}$，$c = \dfrac{1}{2}$，$b_n = n(1 - a_n)$，$n \in \mathbf{N}^*$，求数列$\{b_n\}$的前n项的和S_n；

（3）若$0 < a_n < 1$对任意$n \in \mathbf{N}^*$成立，证明：$0 < c \leqslant 1$.

对于第（3）问中“$c \leqslant 1$”，在阅卷中发现有同学并没有按命题者及指导组预想的求解思路来处理，而是这样思考的：

由（1）知$a_n=(a-1)c^{n-1}+1$.

由$0<a_n<1$对任意$n\in\mathbf{N}^*$恒成立，则$0<(a-1)c^{n-1}+1<1$，

故$0<(1-a)c^{n-1}<1$.

又$\because a_1=a$，$\therefore 0<a_1=a<1$，

$\therefore$由$(1-a)c^{n-1}<1$，得$c^{n-1}<\dfrac{1}{1-a}$.

至此，犯难了：当$c^{n-1}<\dfrac{1}{1-a}$对任意$n\in\mathbf{N}^*$成立时，未必有$c^{n-1}\leqslant 1$. 如当$a=0.5$时，$c^{n-1}<\dfrac{1}{1-a}=2$，并不能断言$c\leqslant 1$.

怎么办？弃之可惜，硬撑也不是办法.

常言道：以退为进，正难则反.既然穷举解决不了问题，倒不如让我们换个角度来思考.借助反证法，则将出现“风景这边独好”的景象.

[思考一] 假设$c>1$，则函数$f(n)=c^{n-1}$递增.

于是当n趋于无穷大时，c^{n-1}也趋于无穷大.

故$c^{n-1}<\dfrac{1}{1-a}$不能对任意$n\in\mathbf{N}^*$恒成立，矛盾！故$c\leqslant 1$.

[思之二] 假设$c>1$，由$c^{n-1}<\dfrac{1}{1-a}$，得$\log_c c^{n-1}<\log_c\dfrac{1}{1-a}$，

即$n-1<\log_c\dfrac{1}{1-a}\ (n\in\mathbf{N}^*)$恒成立.

而a，c为常数，对任意$n\in\mathbf{N}^*$，$n-1<\log_c\dfrac{1}{1-a}$不能恒成立，矛盾！故$c\leqslant 1$.

上述解法应该说是基本的，也是常见的.可见，只要我们充满信念，多角度、多方向地去探索、去研究，就会闪现更多的解题灵感，收获更多的高考精彩！

2 过多演练“分步设问”的“递进”题型

不可否认，近年全国各地的数学高考压轴题中的绝大多数均采用“分步设问，分散难点，逐次递进”的方式设置，从基础性问题逐步过渡到考查思维、体现学生个体差异的能力型问题.问题中通常有两个或以上的小

问，所问的内容依次深入，难度逐次增大，前后问之间彼此衔接，并层层推进.

这是因为高考命题专家为了控制试题的难度，有意考查不同层面同学的水平，常采用通过分步骤将一个原本较难的问题，分解成几个难度较低的小问题.其考查意图非常明确，预想的学生可能的多种答题形式能清晰地反映出不同的能力层次，以体现试题应具有的甄别功能.当然，这也烙上了高考命题专家在对这一较难问题的通性通法探寻过程中的基本思路和有关求解步骤的印痕，自然按其路径行进是合理的.

但高考压轴题型绝非仅上一种，更何况现今高考命题已由过去的知识立意转向能力立意，突出“立意清新，设问巧妙”的特点，出活题、考能力已成为一种走向和必然.

问题的症结在于，我们的教师中仍有不少人在现今的复习教学过程中热衷于猜题型、押题目.一旦今年出了一个“分步设问”题，接下来则将各研发部门和各校“克隆”出的n个模拟题收集起来让学生演练，以便“熟能生巧”.这些题与其说是新题，倒不如说是套题，是新的“八股题”.如此这般地无节制地机械重复这些“八股题”，学生的思维很容易形成定势，一旦遇到按此套路无法奏效的问题，定然无所适从.

例3（2009年安徽省高考文科数学第20题）如图，$ABCD$是边长为2的正方形，直线l与平面$ABCD$平行，E和F是l上的两个不同点，且$EA=ED$，$FB=FC$，E'和F'是平面$ABCD$内的两点，EE'和FF'都与平面$ABCD$垂直.

（1）证明：直线$E'F'$垂直且平分线段AD；

（2）若$\angle EAD=\angle EAB=60^\circ$，$EF=2$，求多面体$ABCDEF$的体积.

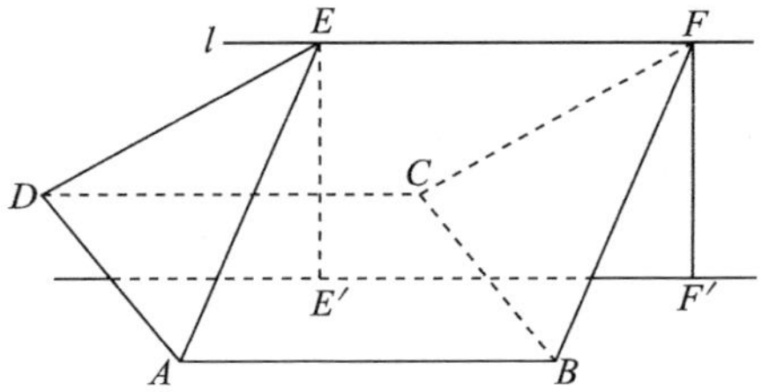

本题在所有解答题中的得分率最低，问题出在立体几何试题作为压轴

题是出乎预料的.因为在考生的“记忆库”里，储存的文科立体几何题多在解答题的第二、三题位置.第一问考查位置关系，且多为直线与平面的关系，借助立体几何基础知识，两步即可完成.面对上述这一题型和位置均不对“路子”且“平几”味极浓的第(1)问，不少考生蒙了.

其实，静下心来稍作分析，下面两种解法是不难获取的.

[方法一] 连接$E'A$，$E'D$.

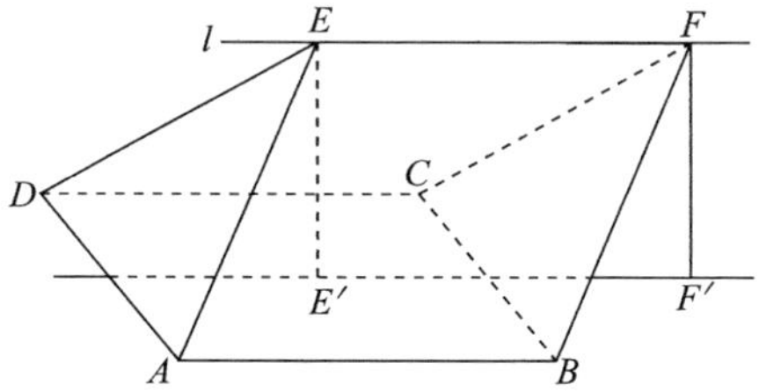

由$EA=ED$，知$\mathrm{Rt}\triangle EE'A\cong\mathrm{Rt}\triangle EE'D$，

故在平面$ABCD$中，$E'A=E'D$，

E'在线段AD的中垂线上.

同理，F'在线段BC的中垂线上，

由于四边形$ABCD$是正方形，BC的中垂线就是AD的中垂线，所以点F'也在AD的中垂线上，由于点E'，F'都在AD的中垂线上，所以$E'F'$就是AD的中垂线，因此$E'F'$垂直且平分线段AD.

如若利用“斜线等射影等”的性质或“斜边直角边”定理均可证得$E'A=E'D$.

[方法二] 取AD中点G，连接EG；取BC中点G'，连接FG'.

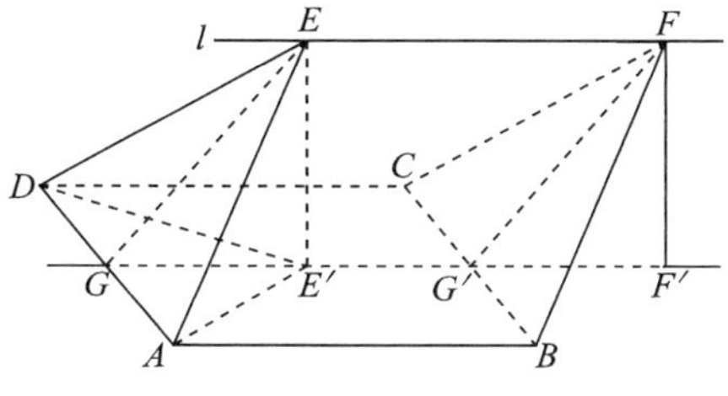

$\because ED=EA$，$\therefore EG\perp AD$，

$\because EE'\perp$平面$ABCD$，$\therefore E'G\perp AD$，$\therefore$点E'在线段AD的中垂线上.

同理，点F'在线段BC的中垂线上.

以下同上法.

如若借助“向量”这一工具来处理这一垂直问题，同样合理且便捷.

取AD中点G，连接EG；取BC中点G'，连接FG'.

$\because ED = EA$，$\therefore \overrightarrow{EG} \perp \overrightarrow{AD}$，$\therefore \overrightarrow{EG} \cdot \overrightarrow{AD} = 0$.

又$\because EE' \perp$平面$ABCD$，$\therefore \overrightarrow{EE'} \perp \overrightarrow{AD}$，

$\therefore \overrightarrow{EE'} \cdot \overrightarrow{AD} = 0$.

$\therefore \overrightarrow{E'G} \cdot \overrightarrow{AD} = (\overrightarrow{EG} - \overrightarrow{EE'}) \cdot \overrightarrow{AD} = \overrightarrow{EG} \cdot \overrightarrow{AD} - \overrightarrow{EE'} \cdot \overrightarrow{AD} = 0$.

$\therefore E'G \perp AD$且平分AD，即点E'在线段AD的中垂线上.

同理，点F'在线段BC的中垂线上.

以下同上方法一.

无独有偶，如下这道试题同样在考生和老师中引起了巨大的波澜.

例4（2009年安徽省高考理科数学第20题）点$P(x_0, y_0)$在椭圆$\dfrac{x^2}{a^2} + \dfrac{y^2}{b^2} = 1(a > b > 0)$上，$x_0 = a\cos\beta$，$y_0 = b\sin\beta$，$0 < \beta < \dfrac{\pi}{2}$. 直线$l_2$与直线$l_1$：$\dfrac{x_0}{a^2}x + \dfrac{y_0}{b^2}y = 1$垂直，$O$为坐标原点，直线$OP$的倾斜角为$\alpha$，直线$l_2$的倾斜角为$\gamma$.

（1）证明：点P是椭圆$\dfrac{x^2}{a^2} + \dfrac{y^2}{b^2} = 1$与直线$l_1$的唯一交点；

（2）证明：$\tan\alpha$，$\tan\beta$，$\tan\gamma$构成等比数列.

一见该题，考生甚至一些有着丰富备考经验的资深教师惊呼：解析几何压轴题怎能这样出？因为在他们的“信息库”里解析几何题历年都是“程序化”地“分步”设置的：先以运动性质确定轨迹方程，再据此深入地揭示圆锥曲线的有关性质和规律.

如此这般备考定位和应答策略怎能不遭受新课程、新高考背景下的新题型的唾弃呢？

3 过多强调“分步、踩点”的“得分”技巧

众所周知，高考阅卷为了便于公正评判，阅卷指导组的专家们总是千方百计地收集、整理以提供各种可能的解题方法，并将各种解法尤其是一些通性通法进行分解、细化，并根据应有步骤和关键点赋予相应分值，以

此制成供阅卷教师评判的所谓“评分细则”．阅卷教师据其对学生的答题情况根据有效步骤和有效得分点，施行“分步赋分、踩点赋分”，这本是无可厚非的．

问题在于，我们的不少教师已经习惯了“怎么考就怎么教”，自然心领神会地在“有效”两字上做文章，并乐此不疲地给学生灌输“怎么评判就怎么作答”的所谓“答题技巧”和“得分策略”．

这种“答题术”虽然提供了基本的触及问题的方法，为成绩中下等水平学生提供了能够得分的可能和空间，但更多地束缚了学生的思维，极具诱惑性．但这致使在平时的模拟考试和高考的考场上，一些原本完全可以驾驭压轴题的甚至可以“一展风采”的同学，根本不愿或在此思想支配下也无法深究，而是“对照常规的赋分模式，只想用最基本的思路、最传统的办法中规中矩地一步一步地去‘分步得分’”（似乎老师早已“温馨提示”：新颖别致解法若做不完整不易赋分，因此贸然不能展开思路．这种啼笑皆非的“经验之谈” 让人愕然）．

更有甚者存有投机心理，在题目上耍“小把戏”，支离破碎地把“题中条件抄下”或把“题中给出的式子写出”，或“设定未知数”，或把“一段文字写成数学式子”（并美其名曰“转化思想”）等所谓“踩点得分”策略，而不愿系统考虑，仔细揣摩，以进一步探寻问题的本质．

这种得分办法已成为“公开秘密”．近期在一家有关“新高考”的学生刊物上，一位考取顶级名校的考生，对数学学科作学习经验介绍时，就压轴题作答时透露“真经”：“写写条件，推点简单的结论，这样就算没做出来也有个阵势，批卷老师定会赏点分．”这难道不值得我们深思吗？

例 5（安徽省 2008 年高考理科数学第 22 题） 设椭圆 C：$\frac{x^2}{a^2}+\frac{y^2}{b^2}=1(a>b>0)$过点$M(\sqrt{2}，1)$，且左焦点为$F_1(-\sqrt{2}，0)$.

（1）求椭圆C的方程；

（2）当过点$P(4，1)$的动直线l与椭圆C相交于两不同点A，B时，在线段AB上取点Q，满足$\left|\overrightarrow{AP}\right|\cdot\left|\overrightarrow{QB}\right|=\left|\overrightarrow{AQ}\right|\cdot\left|\overrightarrow{PB}\right|$. 证明：点$Q$总在某定直线上．

命题者意在通过本题主要考查直线、椭圆的方程及几何性质、线段的定比分点公式等基础知识、基本方法和分析问题、解决问题的能力.

从阅卷情况来看，第（1）问答卷情况尚好，第（2）问普遍感到棘手.考生答题受阻主要原因在哪呢？在于不善于把条件P，A，B，Q四点共线与等式关系：$\left|\overrightarrow{AP}\right|\cdot\left|\overrightarrow{QB}\right|=\left|\overrightarrow{AQ}\right|\cdot\left|\overrightarrow{PB}\right|$进行等价转化.多数借助已惯用的“踩点”得分术，第（2）问得3分左右完成“既定的目标”，便草草收兵.

其实，从命题组借助线段定比分点公式给出的两种解法来看，应该说还是比较传统的，部分考生是完全可以从容完整解答的.这里我们再从如下几个不同视角来探寻：

［思路一］（投影思想）：记点Q，A，B的坐标分别为$(x,\ y)$，$(x_1,\ y_1)$，$(x_2,\ y_2)$.设直线l方程为$y-1=k(x-4)$，　①

代入椭圆方程$\dfrac{x^2}{4}+\dfrac{y^2}{2}=1$，并整理得

$(1+2k^2)x^2+4k(1-4k)x+2(1-4k)^2-4=0$，

则$x_1+x_2=\dfrac{4k(4k-1)}{1+2k^2}$，$x_1x_2=\dfrac{2(1-4k)^2-4}{1+2k^2}$.　②

又$\dfrac{\left|\overrightarrow{PA}\right|}{\left|\overrightarrow{PB}\right|}=\dfrac{\left|\overrightarrow{AQ}\right|}{\left|\overrightarrow{QB}\right|}$，　得$\dfrac{\left|4-x_1\right|}{\left|4-x_2\right|}=\dfrac{\left|x-x_1\right|}{\left|x_2-x\right|}$，

则$\dfrac{4-x_1}{4-x_2}=\dfrac{x_1-x}{x-x_2}$，

故$8x-(x_1+x_2)(4+x)+2x_1x_2=0$，　③

②代入③，并整理得$k(x-4)=1-2x$，　④

由①④得$2x+y-2=0$，

故点$Q(x,\ y)$总在定直线$2x+y-2=0$上.

［思路二］（参数方程思想）：设直线l方程为

$\begin{cases}x=4+t\cos\alpha,\\ y=1+t\sin\alpha\end{cases}$（其中$t$为参数，$\alpha$为倾斜角）.

代入椭圆方程$\dfrac{x^2}{4}+\dfrac{y^2}{2}=1$，得

$(1+\sin^2\alpha)t^2+4(2\cos\alpha+\sin\alpha)t+14=0.$

$\therefore\ t_1+t_2=\dfrac{-4(2\cos\alpha+\sin\alpha)}{1+\sin^2\alpha}$，$t_1t_2=\dfrac{14}{1+\sin^2\alpha}$.

由$|\overline{AP}|\cdot|\overline{QB}|=|\overline{AQ}|\cdot|\overline{PB}|$，得$t_1(t_2-t)=(t-t_1)\cdot t_2$，

$\therefore\ t=\dfrac{2t_1t_2}{t_1+t_2}=\dfrac{-7}{2\cos\alpha+\sin\alpha}$,

$$\therefore\begin{cases}x=4-\dfrac{7\cos\alpha}{2\cos\alpha+\sin\alpha},\\ y=1-\dfrac{7\sin\alpha}{2\cos\alpha+\sin\alpha},\end{cases}$$

$\therefore\ 2x+y=9-\dfrac{7(2\cos\alpha+\sin\alpha)}{2\cos\alpha+\sin\alpha}=2$，即$2x+y-2=0$，

故点$Q(x，y)$总在定直线$2x+y-2=0$上.

［思路三］（伸缩变换思想）：设$\begin{cases}x=2x',\\ y=\sqrt{2}\,y',\end{cases}$ 则在新直角坐标系$x'Oy'$下，则椭圆$\dfrac{x^2}{4}+\dfrac{y^2}{2}=1$变形为单位圆：$x'^2+y'^2=1$. ①$P$，$Q$点对应的坐标分别为$P'(2，\dfrac{\sqrt{2}}{2})$，$Q'(x'，y')$.

又以OP'为直径的圆的方程为$(x'-1)^2+(y'-\dfrac{\sqrt{2}}{4})^2=\dfrac{9}{8}$. ②

由①-②，整理得，过点P作⊙O的切线的两切点C，D的切点弦所在直线方程为：

$4x'+\sqrt{2}\,y'-2=0$. ③

下面证明线段CD上任一点Q'满足条件：

记$|PA|=a$，$|AQ|=b$，$|QB|=c$，$|CQ|=m$，$|QD|=n$，$|PC|=|PD|=l$，$\angle PQC=\theta$，则$mn=bc$.

又$t^2=m^2+(a+b)^2-2m(a+b)\cos\theta$，

$t^2=n^2+(a+b)^2+2n(a+b)\cos\theta$，

$\therefore\ \cos\theta=\dfrac{m-n}{2(a+b)}$，则$t^2=(a+b)^2+mn$.

$\therefore\ a(a+b+c)=(a+b)^2+bc$，$ac=b(a+b+c)$，即$|PA|\cdot|QB|=|AQ|\cdot|PB|$.

反之，若Q'点不在CD上，因$\left|\overrightarrow{P'A}\right|$，$\left|\overrightarrow{P'B}\right|$不变，$\left|\overrightarrow{B'Q'}\right|$，$\left|\overrightarrow{Q'A'}\right|$一个增大而另一个减小，则$\left|\overrightarrow{P'A'}\right|\cdot\left|\overrightarrow{Q'B'}\right|=\left|\overrightarrow{A'Q'}\right|\cdot\left|\overrightarrow{P'B'}\right|$不成立.

又$x=2x'$，$y=\sqrt{2}\,y'$，在原坐标系下，方程③对应的方程为线性方程：$2x+y-2=0$，故点Q在定直线$2x+y-2=0$上.

上述求解问题的方法均出自几位“准”高三学生之手，确切地说，是他们和我暑假里在一起“玩味”出来的.在“闲谈”之中，还有人提出“由$\Delta=0$，得两切点Q_1，Q_2坐标，再验证直线Q_1Q_2即为所求定直线，则更方便”的求解思路.欣赏之余，我突发奇想：十个月后的考场上，他们还能如此潇洒地“放开思绪”吗?

高考是选拔人才、发现人才的最重要的选拔形式，高考也是最能暴露学生学习上存在问题的评价平台.“学生身上事，教师心上事”.如何从学生的答卷尤其是压轴题的解答中发现我们日常教学中在对学生能力培养方面的不足与缺憾，以改变现今高考压轴题解答中极为普遍的无奈现实（黔驴技穷的困窘，束手就擒的举动，坐以待毙的行为），以让更多的优秀学生在高考压轴题面前尽显“真我”，展现更多的自信、智慧和创造力，是到我们必须很好正视，并拿出相应举措的时候了！

（原文载于《数学教学》2010年第6期）

2 布局谋篇

论文的布局谋篇一般分为构思和编写提纲两个阶段.

通过谋篇构思，进一步明确主题，突出重点，确定写作思路，安排好章节结构及段落层次，使论文雏形初显.

编写提纲则是谋篇构思的具体化.拟定提纲的同时，也大致明确了问题的起因，研究的意义、方法、结果和建议，从而能使结构的布局更加清晰.

编写提纲的方法一般有三种形式：

一是标题式，即用标题引出每一段、每一层次的主要内容.例如，如下的示例《命制高考数学模拟卷应关注的几个问题》就是按标题式给出的.

二是句子式，即以句子的形式出现，每句都是文稿中某一段落的基础.

三是段落式，即论文段落的内容提要.

命制高考数学模拟卷应关注的几个问题

如何命制高考数学模拟试卷，见仁见智，很多专家在期刊上介绍了各自的看法，读后颇有感慨，也引发了我的一些思考.一线教师为什么要自行命制高考数学模拟卷？如何命制，怎样保障？现结合自己参与和组织相关命题工作的实践，略陈浅见.

1 走出两大误区

1.1 编制高考模拟卷为的是猜中当年高考题

有人认为：编制高考数学模拟卷就是要猜中当年几道高考题.这话也不全无道理，但命中的概率实在太小.因为现行的分省命题，所有的试题都是现场编撰的.不同的人想法怎么会一模一样，且文字表述、数字乃至图表的设置怎会几乎相同呢？加之，高考命题中还有“查重”的环节.即将社会上所有可能收集到的与高考相关材料尤其是综合试卷、模拟试卷等(纸质稿和电子稿)，统统集中于命题现场，待试卷命制好后再一一“查重”.可以说，校际之间的联考试卷、市级以上的统考试卷等只要考过的，都会在“查重”的视野范围内.如有“相似度”较高的，则立即修改或更换.如此，所谓“猜中”，纯属无稽之谈.

1.2 编制的试题越新越难就越能体现命题者水平

有的老师为了能让师生对其命制的试卷刮目相看，不惜动脑筋花时间在求新求异上做文章，并美其名曰：培养创新能力的试题多.殊不知，所有全新的妙题、难题堆积而成的肯定不是一套“好卷”.因为高考试卷中百分之七十以上是基础题，是中低档难度的题.当然，每年的高考试题中也不乏新题，但它是建立在“强化基础，突出主干”“重点知识重点考、重点知识年年考”的基础上“稳中有新，稳中有变”的，但更多的是传统题，“以利于考生稳定应考情绪，正常发挥考试水平”，从而有利于高校选拔人才，更有利于中学的常规教学.

2 编制高考数学模拟卷的目的

2.1 更好地把握高考走势，揭示命题规律

顾名思义，高考数学模拟卷就是要有“模拟”和“仿真”功效.命制的试卷要有很强的针对性，命题者必须研究前几年特别是上一年本省和全国各地高考真题，以及相关专家和同行在中学数学杂志上的有关高考评析文章，以把握试题的基本走势和特点；必须研究《考试说明》并设法参加相关解读会，以透析命题者心声；必须学习教育测量学的一些基本理论，以把握命题的一些基本规范，从而达到通过命题学习如何命好题，通过命题研究如何更好地研究高考、应对高考的目的.

2.2 更为有效地指导高三复习课教学

高三复习课教学的目的就是直击高考.通过参加高考数学模拟卷的命制工作，就会更好地“入乎其内”，从而“出乎其外”，以便更清楚地把握各部分内容高考会考什么，怎么考，考到什么程度，如何呈现，还可以怎样出现等.如此，就会无论在复习资料的遴选，其他试卷中试题的取舍和重组，还是在相关高考信息的甄别等方面，都会自觉或不自觉地从命题者的角度去审视、思考问题，以避免盲目性和随意性.这样在高中数学教学，尤其是高三复习课教学中，才能更好地把握高考内容，把握高考命题要求，从而对各部分的重难点、易考点把握得更透一点，讲解得更到位一点.如各部分内容到底有哪些考点，各考点是考到了解、理解程度还是灵活掌握的程度，应该掌握哪些题型，如何变式，等等.如此自然就能做到“以一当三、化三为一”，从而让学生在学习中能既见树木，更见森林，以增加备考的针对性和实效性.

2.3 更好地营造校本教研的氛围

为了出一份好试卷，教研组同行就得坐在一起学习研究试卷，就要调动全组力量分工合作，就会投入更多的时间去琢磨推敲试题，更多地关注试卷的使用情况，从命题者的角度、执教者的角度以及学生的角度去分析评价试卷.同时，也会从预设难易程度和学生的考情去分析现状，查找原因，商讨对策.如此就会发现许多平常教学中不易察觉的形如“会而不对”

“对而不全”的问题，以便商讨如何更好地对症下药，从而领悟更多的教学规律和道理，有效地促进教师的专业发展.

3 编制高考数学模拟卷应遵循的几个基本原则

3.1 针对性原则

首先，编制的试卷要方向正确. 这就要求命题者必须把握本省近三年高考命题的基本走势和特点，熟知“考试说明”中的各项规定，尤其是当年“考试说明”的一些变化，以揣摸清楚其意图和动态.

其次，编制的试卷其题型、题量、分值比例和考查内容及其权重要与高考试卷保持一致，同时还要做到试卷科学. 这包含：一是试题本身是正确的，没有知识性和科学性错误，且表述简洁、明确、规范，图表准确合理，无歧义；二是每道试题乃至整份试卷应能完成命题的考查目标.

只有这样，命制的试题对考生的备考才有针对性和实效性.

3.2 公平性原则

高考数学模拟题倡导原创，但这对一线老师来说，谈何容易. 实事求是的做法是，绝大多数题是对现行资料和试卷上的题目进行仿编、改编和组合而成的. 当然，供小范围内使用的试卷，也不绝对排斥现成的题目. 少数题目可以直接来自一些中学数学期刊中的、早期中学数学题典中经典的问题等，但不可多来自同一家期刊、同一本题典，最好还是在文字、数字或设问方式上做点更动. 题目切不可直接来自学生正在使用的复习资料和社会上、专业网站上流行的原题，力求保证每位考生对每一题都是第一次谋面，以求公平和客观. 同时，要站在不同层次的考生的角度来思考问题，充分考虑到优秀生、中等生和成绩较差生的差异，以及思维方式不同考生的差异来设计每一题中每一小问，每类题型，以至整卷.

值得一提的是，为应对新高考中形如探究性、应用性、开放性等新题型的挑战，编制的相关问题在情境设置中，要充分考虑到城乡的差异，尤其要考虑农村学生，避免城市化倾向带来的不公.

3.3 补救性原则

模拟不代表完全仿效和一味跟风. 正因为这样，才有必要自己编制模拟试卷，特别是供本校学生使用时，注意针对本届学生、本校学生普遍存在的且是考查范围内要求掌握的一些教学中亟待解决、但常规教学中不便妥善处理的问题，从而达到以考会诊，以考助教，以考备考的目的.

比如，对于学生平常学习中普遍存在的“会而不对，对而不全”的问题，可有意编制于试题之中，以达到“考试指挥棒”应有的警示和纠偏功效.又如，对于学生在重点知识板块中可能存在的缺陷可针对性地命题，以达拾遗补阙、巩固强化的目的.在注重基础、突出主干、狠抓常规问题的同时，还要精心打造一两道既讲科学性又讲艺术性的题目.因其内在学科知识学生都已熟知，但其设问与结构设计独特，让人“眼前一亮”.如何化陌生为熟悉？这对于培养学生转化能力、应考机智以及拓宽知识视野都是非常有益的.

3.4 时段性原则

模拟考在瞄准高考的同时，也得注意不同时段学生的应考能力存在明显差异这一客观现实，试题的编制就得考虑怎样才能更好地起到应有的检测、鞭策和激励功能，怎样才能更有利于教师在后续教学中不断调整和改进复习备考策略.

通常各校三、四、五月份都会各组织一次大的模拟考试.三月份，通常是一轮复习快完成或刚完成时进行的“一模”，而一轮复习通常采用地毯式推进，意在让学生对高考知识做到“点点清”.因此，“一模”试卷应多注重学生基础知识和基本技能的考查，即力求知识点考查多一点，解题基本方法多一点，难度较高考题低一点.四月份的“二模”，则是在二轮保证学生对主干知识“块块清”的基础上命制的，故应在保证基础分的同时，注重能力提升，适度增加压轴题的难度.五月份的“三模”，是在三轮复习中确保学生“方向清”的前提下进行的，其功效自然是仿真、演练，调整准星，直击高考.

4 编制高考数学模拟卷的基本流程

4.1 设计制卷计划

该计划包括依据“考试说明”、高考真题以及相关高考信息拟定的测试的内容、题型、题量、时间和分值等，以及双向细目表.所谓“双向细目表”，是一种反映试题内容和考查要求的纵横两向的表格.其中的一项是试题考查的知识内容，另一项则是考查要求的层次.

拟定双向细目表是一线教师在命题过程中极易忽略或"省略"的，其实这是一个不可或缺的环节. 否则，极易"跟着感觉走". 因为，依据命题的双向细目表进行具体试题的取材、立意以及考查方法的设计，乃至难度的控制，操作起来可大大减少盲目性和随意性，既能保证全卷的知识覆盖面，又能充分发挥每道题的考查功能. 同时，还能突出考查重点，保证考试目标的实现，力求使考试有较为适宜的难度、信度、效度和恰当的区分度. 此外，还可以方便考后对试卷使用效果的评价，比较深入地分析教学目标的达成度和平常教学中存在的问题.

4.2 选材组编修改

根据命题原则，紧扣双向细目表，按计划严格选择材料进行编题组卷，同时要在编制试题过程中同步写出每一道题的答案，以便发现问题及时纠偏.

模拟卷中的题目通常都是仿编、改编和新编的. 一般按照先大题后小题，先压轴后一般，先新编后改编和仿编进行的. 所谓仿编，就是以某个题目为原型，仿其思路编拟出类似的题目. 改编，则是改变某个题目中的条件或结论，使知识得到拓宽、延伸，让人对原来的题目有新的理解，给人以旧题添新意之感. 新编则是依据新课程、新高考理念和考生的认知实际，结合现实生活，编拟出全新的数学题. 这类题目独具一格，新颖别致，常能使试卷大放异彩，让人称道.

例如，我们在2012年江南十校模拟卷中就做了有益的探索. 针对当下考卷中函数与导数的解答题多为一个具体函数先求导确定单调区间，再求取值范围等，构想能否跳出这一圈子，编拟了如下这道通过"新定义"问题考查学生导数、零点和绝对值不等式等相关知识，达到了有意考查学生综合素养和创新意识的预期目的.

题目：设M是由满足下列条件的函数$f(x)$构成的集合：①方程$f(x)-x=0$有实数根；②函数$f(x)$的导数$f'(x)$满足$0<f'(x)<1$.

（1）若函数$f(x)$为集合M中的任意一个元素，证明：方程$f(x)-x=0$只有一个实数根；

（2）判断函数$g(x)=\frac{x}{2}-\frac{\ln x}{2}+3(x>1)$是否是集合$M$中的元素，并说明理由；

（3）设函数$f(x)$为集合M中的任意一个元素，对于定义域中任意α，β，当$|\alpha-2012|<1$，且$|\beta-2012|<1$时，证明：$|f(\alpha)-f(\beta)|<2$.

4.3 审查修改试题

一般请外校的数学学科权威专家审查试卷.由于他们具有较高的学科素养和丰富的命题经验，因此较一般老师站得更高，看得更全面，分析更透彻，点评更到位，能提出既有宏观更有微观的，令命题者信服甚至茅塞顿开的建议.专家一般会给出如下一些建议：

试题是否存在科学性错误，是否超纲，整卷是否和谐，难易是否适中，题型分值比例是否适当，格式、体例是否规范，作答时间、空间是否适宜，文字表述是否简明易懂、有无歧义等.这些建议可以帮助命题者修改原稿，使之成为富有新意、指向明确、评价功能较为合理的模拟试卷.

例如，2012年江南十校理科数学第15题的送审稿：

如图是一副直角三角板.现将两三角板拼成直二面角，得到四面体$ABCD$，则下列叙述正确的是______.

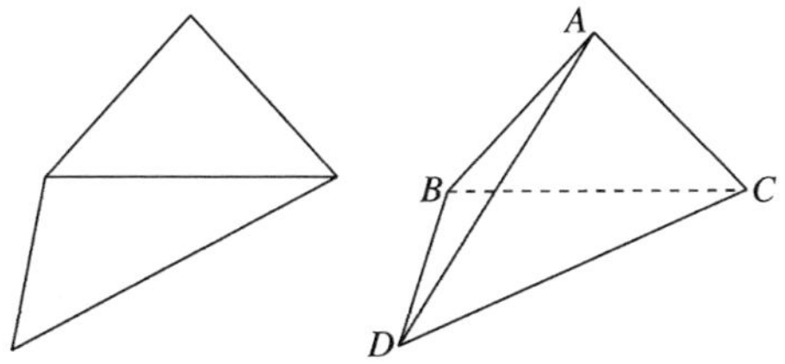

①$\overrightarrow{AD}\cdot\overrightarrow{AC}=0$；

②平面ABD的法向量与平面ABC的法向量垂直；

③直线DC与平面ABC所成的角为30°；

④二面角$C-AD-B$的平面角为锐角；

⑤异面直线BD与AC所成的角为45°.

审卷专家指出：题中①④⑤中间有一定的关联，如只要能得出$AC\perp$平面ABC，就能很快判断它们的正误，且在对它们的判断过程中，会出现相互矫正的可能，从而降低了难度，并建议：如将⑤改成：直线BC与AD所成角为60°等.受其点拨，我们将题中的结论修正为：

“①$\overrightarrow{BD}\cdot\overrightarrow{AC}=0$；②平面$BCD$的法向量与平面$ACD$的法向量垂直；③异面直线$BC$与$AD$所成的角为60°；④四面体$ABCD$有外接球；⑤直线$DC$与平面$ABC$所成的角为30°”，从而达到了预期的考查效果.

4.4 试做完善试卷

根据专家意见，对试卷修改排版后，一般要请组内其他教师进行试题解答，评判试题科学性，感受试卷难易度，估计每种题型的答卷时间.由于做题者不了解命题人员对每道题的命制初衷，以学生的身份答题，以校对者角色出现，往往会发现某些瑕疵、不和谐、表述不严密的问题，以及某些稍作改进就会更好的地方.

例如，2012年江南十校文科数学第7题原稿为：

已知关于x的方程$|x^2-6x|=a(a>0)$的解集为P，则方程所有根的和可能是（　　）

A. 3，6，9　　B. 6，9，12　　C. 9，12，15　　D. 6，12，15

做题老师提出，这题涉及重根问题，二重根是算两个根还是一个根.不同的理解会影响到答案的确定，需要完善.为此，我们考虑可以从集合角度给出，或从曲线与直线交点角度提出问题.我们将原题的题干更改为“已知关于x的方程$|x^2-6x|=a(a>0)$的解集为P，则P中所有元素的和可能是”，从而避免了歧义的产生.

对于参考答案和评分标准，最好是请参加过高考评分细则制定或高考阅卷工作的老师帮助完善.应该说，做答案是贯穿命题始终的.只不过，那时的做题主要是为了深入地了解、分析这道题目而进行的.而此时，对答案的进一步修正、完善，为的是阅卷的需要，为的是答案和评分细则更准确、合理.

对解答题的解答首先要注重通解通法，也要考虑学生的思维差异.尤其是开放性试题的解答及其评分标准的制定要多加注意，要先发散思维，尽量罗列出学生可能产生的种种想法，再进行归类分层，以求各种等价解法所赋分值的平衡和合理，力求与高考接轨.

5 保障命题质量需强化的几项措施

5.1 切实把握高考命题方向和要求

研究高考的两个着力点是“考试说明”和“高考真题”.

因为考试说明是高考命题的依据，命题者总是力图通过考试说明努力把想说的话表达出来.因此，作为模拟卷的命题老师必须认真细致研究考试说明中的每项内容.通过研究，以实现与命题者对话.比如，通过研读考试说明我们不难发现，一线教师通常关注考哪些知识点，而命题者则关注学生对相关内容是否具备考试说明中所规定的知识要求和能力要求等，以便能更准确、全面地把握命题者的思路、动态和要求.

但考试说明毕竟是抽象和原则性的，这些原则要求在当年考试中如何体现，最权威的例证就是高考真题.对于一个组织学生备考尤其是编制模拟题的教师，亲自试做高考真题，仔细揣摩其编撰特点、呈现形式、设问技巧、答题要求等，是把握高考最直接、最经济、最有效的途径.比如，我校要求教师在研究高考真题时做到：本省试题重点研究——找特点；近年试题系统研究——找趋势；各地试题整体研究——找共性；同类试题对比研究——找新意.应该说，这不失为一种很好的探索.如此，编撰的试题就不会偏离“准星”.

5.2 强化命题基本规范的学习与实践

要成为命题的行家里手，除把握高考方向外，还需掌握教育测量学的相关理论，并通过命题实践操练以掌握命题基本规律，把握选择、填空、解答三种题型的命题基本规范，以及整套试卷的基本要求.比如，对于整套试卷，通常三种题型各有一个难度波峰，且每种题型原则上由易到难，如何体现？又如，对于选择题，总体有何规定，题干编写和备选项设置又有何要求呢？再如，怎样设计解答题才能体现“入口宽，方法多，有梯度”，等等.这些都需要在平常的测试，甚至在高一、二年级的期中、期末考试卷中有意施行，在实践中不断探索和积累经验，以逐步把握命题规律.

5.3 完善试卷评价机制

科学的评价是保证这项活动能持续、健康、深入地开展下去的不可或缺的环节.可邀请相关命题专家和一线资深命题教师，既对命题工作进行具体指导，也对命制的试卷进行评价；请参加模拟考试的相关学校客观反馈考试情况，写出试卷分析评价报告；让本校高三学生以问卷和访谈形式了解使用情况；让本校高三教师结合网上阅卷系统得到的各种数据以及在阅卷、评讲中发现的问题，对试卷和各题进行定性、定量分析；还可将试卷与当年高考试题进行对比分析评价。同时，对命题教师进行必要的奖励和责任追究，以逐步实现评价的常态化、系统化和科学化.

命题并不神秘，但要命制出高水平试卷实属不易.因为命题是一项复杂的工程，更是一项遗憾的艺术，没有最好，只有更好.正因为这样才令人流连忘返，让人乐此不疲.那么，如何让我们编制的模拟试卷能做到“试题科学，试卷平稳，闪现亮点，信度可靠”，使其对当年的高考既具有高度的仿真性，又具有一定的预测性与导向性呢？这是我们一线教师需要不断探索的永恒课题！

（原文载于《中学数学教学参考》2013年第1–2期）

3 完成初稿

这是把作者的构想以及研究成果付诸成文的重要环节，也是作者进一步论证、探索和完善的过程.

在写作中，为增进论文尤其是数学论文的说服力，从论点的提出、例子的选择、论据的陈述、数据的核算、图表的绘制以及论证的结果等，都要经过缜密的思考和推理.

有时，看别人的文章常感觉不过如此，甚至有不屑一顾之感，可一旦自己来写，则就不是那么回事了.凡有过写作经历的朋友应该都清楚：想到的，未必能想好；而想好的，也未必能写好.有些看似成体系的东西，没有写出来之前，其实还只是念头，是散乱、无序、零星的碎片，梳理整合和深化这些素材的过程，才是一个重塑自己教育理解的过程，是一个“痛并快乐着”的历练过程.

值得一提的是，写作时所选用的材料，务求做到必要而充实，真实而准确，新颖而生动.如果说，收集、占有材料，倡导“以十为一”，多多为善.而遴选、使用材料，则主张“以一当十”，以少胜多.

倡导多写短文，可一气呵成；确需用较长一点文字表述的，建议各个击破，实行分段、分节来完成.因为，属于我们一线教师自由支配的写作时间是有限且零散的.

4 修改审定

文不厌改.文稿的修改和审核是论文写作不可或缺的环节，其主要包括对相关内容和呈现形式的修正.

就内容而言，一要增补实证材料，二要删除多余素材，三要以典型的新材料、新数据、新图表替换和更新相关内容.而呈现形式的修改，主要是调整和修正段落、文字以及陈述方式等.

通过锤炼观点、核实材料、验证数据、梳理结构、推敲词句，以达论点更突出，论证更严密，行文更紧凑，文字更精练.

教研论文虽不同于文学作品，但仍注重文字的准确使用与写作规范，倡导追求凝练、清新的文字.因为，“悦目”才能“赏心”，“最美的诗是数学!”(王蒙语)

修改论文尤其是自己的论文是要有勇气的.鲁迅先生曾说：“写完后至少看两遍，竭力将可有可无的字、句、段删去，毫不可惜.”伟大的文学家尚且如此，我们尤其是初写论文的作者何必还要吝啬自己的文字呢？要知道：好文章是改出来的!

论著编撰怎样阐发

当有一定论文撰写经历和能力时，若有机会在相关专家、名家引领下，适量承担相关教材教参、校本教材以及教师专业发展方面的论著编撰工作，这对进一步完善教师认知结构，把握教育教学内容，加强教材教法理解，拓宽学科专业视野以及提升专业写作能力等都是大有裨益的.对此，我深有感触，在参与编写的近四十部专著、合著中，可谓累并收获着.其中，有三本书的编撰历程，更是让我记忆犹新.

1 《学生辞海》(高中·职高卷)

受聘担任该书的编撰工作，当时我刚好执教完初高中一轮大循环的教学工作.还尚未感受到所谓的“七年之痒”，就承担了这一“勉为其难”的重任.当时的我28岁，所谓的学术成果，不外乎是发表一点小论文、小练笔，参与一些教辅用书的编写而已.而当时受聘的其他编撰人员多为名家、大家，以至于去参加编写人员会议时，多人误以为我是代导师来参会的研究生.这项工作，对当时的我来说，可谓“压力山大”!

在这“压力推动，任务驱动”下，唯有学习，加倍努力，负重前行.我系统学习了高中乃至初中的相关教材、教参和教辅资料，不断建构和完善高中数学知识体系.同时，还参阅了相关的数学手册、词典、题典以及辞书等，反复梳理、斟酌、推敲，以确定该辞海的词目，给出各自的释文，并按要求在相关释文中附有典型例题评析，归纳解题方法，以达该书成为集科学性、知识性、实用性于一体，融辞书和学习材料于一体的工具性学习用书.

可以说，该书的编写，我倾注心血、投入时间之多，查阅资料之广，记录笔记、反复修改之勤，里面的艰辛只有自己最清楚.自然收获也颇多，受到了同行人的普遍赞许，更为我后续的学习、教学和研究奠定了坚实的基础.

2 《奥林匹克竞赛集粹》(高中数学)

这是一本我一直想写的书，因为我希望自己能对竞赛数学做一梳理，更好地阐发数学思想方法，同时也希望能引导学生更有效地进行竞赛数学的学习和思考.

但要真正编撰一本试题新颖、直奔前沿、讲求实践、启迪思维、便于探究、锤炼品质的竞赛用书，谈何容易.

在胡炳生教授的指导下，我们在学中写、写中学，力求体现编撰主旨，着力在如下三点上下功夫：一是新，即书中所选题目，皆是1998年以来出现在国内外数学竞赛中的新题．二是精，是指题目精选，解法精练，选题不求全，但求富有思考性和趣味性；解法不求详，但讲求精要，注重思想方法，引发读者思考．三是活，每题开头给以出处，解题之后作出“点评”．

在点评中，或给以思路点拨，或给以新颖别解，或给以引申推广，或介绍题目历史源与流，或介绍有关逸闻趣事，凡此等等，皆以启发读者思考、引发读者兴趣为目的．对赛题较为集中的内容，还插有“赛点分析”，对有关数学知识和方法，给予补充、说明和阐释．

可以说，写作的过程也是自己对竞赛数学深度学习、深刻省思和深化理解的过程．

3 《心舟揽胜——马林数学教育文选》

本书系芜湖市教育局为进一步推动教师队伍建设、服务名师成长、展现教育成果，而组织编辑出版的“基础教育改革与教师专业发展”首辑丛书之一，是一本以我散见于数学教育期刊上的文章为线索，写自己、写过往、写成长的书，既写给自己，也写给“青椒”．

选录本书中的文章大致分为教育思考、课堂教学、考试研究、初数新探、解题方法和读刊随笔六个方面．收录的每一篇文稿都力求从文字到架构进行了重新审理、整理，既有如何在研究状态下“对教材进行深加工的思考”；也有向实践学习，向杂志学习，“又当一回‘大学生’”，努力探寻“最基本的求解策略”，以“让通法替代特技”；还有就“应用题临场作答的困惑与思考”，而“拷问高考压轴题的教学”；更有聚焦课堂，以“将研究进行到底”，努力探寻“数学到底是什么”，等等．

意在通过这种“写真”的手法，告诉一线教师尤其是青年教师，只要能怀揣梦想，“在教学过程中研究，在研究状态下教学”，对教育教学实践中遇到的问题，以一线教师“身临其境”这一“得天独厚”的条件进行实证、探索，并在实践基础上进行理性思考以形成印记，自然会一路行走，一路收获，不断地认识教育、优化工作、提升自己．

当然，怎样撰写数学教研论文、编撰数学教育论著，诚如裴光亚先生所述：这是一个经常被人问及的问题，也是一个无法回答的问题.当你为教育的乐趣而写作时，你就会发现，它本来就不是一个问题.

尽管名师的教育成长成功之路各异，但都有共同的路向，那就是“成就于写，得益于思，源自于行，筑基于读”.专业写作，是一个累积的过程，需要“多读，躬行，勤思，常写”.

写下去，就是脚印；连起来，便是人生.持续写作下来，让终身成长的理念化为行动的自觉，让坚持不懈地写作成为生命的常态.当我们倾情投入鲜活的教育教学生活中去，并养成“观察生活—积淀学识—深度思考—持续写作”的专业生活习惯，让自己丰富而又生动的教育生活自然而有意义地在笔尖流淌出来，就会在写作中不断实现思想、实践的创新与飞跃，不断走向优秀，遇见更好的自己！

守望校园：师生一起向未来

记得刚就任校长时，学校一位德高望重的长者嘱托其孙女给我送来一封长信. 在信中，老人家在向我表示祝贺的同时，勉励我为“官”一任，要不负重托，坚守初心，不断修为，铭记“德行，校长的品质规范；研习，校长的修炼自觉；进取，校长的工作样态”，努力让自己“有内涵，有智慧，有作为”，更好地“成就师生，发展学校”. 我时时警醒自己，要用行动忠实践行！

提升学校文化领导力

学校发展，一个很重要的命题就是学校文化建设. 学校文化是一所学校的精髓和灵魂，是激发学校活力的源泉，也是学校魅力和个性的体现.

教育的本质在于文化育人，文化育人的关键是学校自身文化建设和文化力的形成. 学校教育的主旨何在，根基何在，底气何在，学校丰厚的底蕴又出自何处？这一切都关乎学校文化.

优秀的学校文化可以熏陶与培养全面成长、和谐发展的一代新人，它是凝聚和激励广大师生精气神的重要力量，也是学校持续发展的强大内驱力．学校文化既是学校办学水平的综合体现，也是促进学校形成办学特色的有效载体．

学校的文化建设，需要达成如下三个维度：一是需要有严谨务实的态度和自主创新的精神，汇聚一切积极力量，建设一所人际关系和谐、校园生活多彩、师生成长幸福、办学特色鲜明、充满生命活力、内涵丰富的现代化学校；二是能努力构建具有当地文化特质和浓郁人文气息的校园环境，依托上进和谐的教师团队，培养自主、全面发展的学生；三是能努力追求“让校园充满生活的气息”“让课堂焕发生命的活力”“让学生健康、主动、快乐地成长”的发展目标，真正实现“教师幸福地教、学生快乐地学”的至高境界．

要实现上述愿景，必须坚持以人为本，凸显人文精神．人文精神作为人类社会的智慧结晶，其实质强调的是人的至高无上，以人的自由、民主、平等、幸福为目的，以开发人的无限潜能为主题．

学校管理者尤其是校长，其作为学校文化转型建设的灵魂，要有开放、包容、民主的管理思想，在制定学校制度、确定教育目标、具体实施中都要体现人文关怀，坚持以人为本．

学校教职员工作为文化建设的主力军，一定要更新自己的教育理念，在学习和教育实践中不断提高自己的整体素质，要具备人文情怀，提升自己的专业能力，要把教育工作作为一种事业，要让自己“幸福的教”和“教的幸福”．

学生是学校文化建设中最活跃的生力军，学生的全面发展是学校教育的最终目的，要用“以人为本”的主流文化来引导学生健康、快乐地成长，要让学生“快乐地学”和“学得快乐”．

学校文化建设需要一个浸润和涵养的过程，需要一个从物质、制度、精神积累和提炼的过程．教育的理想和现实、教师的观念和行为、物质与精神的追求之间总有差距，要统筹兼顾、循序渐进；学校文化建设的长远规划、中期目标、年度任务、阶段性计划的逐步实施是一个渐进的过程，文化建设的成果需要有一个从易到难，一个从“显性”到“隐性（内涵）”的建设过程.学校文化建设要沿着“以点带面”的路径，只有把文化建设的“点”做实，文化的“面”才会丰满.

学校文化建设的过程，也是校长专业化发展的过程.作为校长，要在传承历史中汲取智慧，在开拓创新中走向未来.诚如哲学家冯友兰先生所述：学校的文化建设，就是“照着讲”和“接着讲”.“照着讲”即是把历史、传统讲清楚；相比较而言，“接着讲”则显得更为重要，“接着讲”就是要发展、要深化、要创造.

特色学校建设的文化审视

1 对特色学校的理解

2016年教师节前，习近平总书记在考察北京八一中学时指出：“鼓励学校办出特色，鼓励教师教出风格.”让学校办有特色、特色发展学校，是我们不断追寻的目标.

20世纪90年代，时任国家教委副主任何东昌来我校调研，对我校的兴校举措和办学成效大加赞赏，欣然挥毫题词“贵在特色”.这既是对我校的鼓励，更是期待!

对于特色学校的理解，可谓仁者见仁、智者见智.有人认为，特色学校是指办学理念先进，思路明晰，致力于建设独特的校园文化，同时将其贯穿于学校的一切工作之中.有的人则认为，特色学校之有别于一般学校，不仅仅表现在办学风格上，更重要的是体现在育人成效上.还有的人认为，特色学校是那些有创新意识、个性特点鲜明的学校.其主要表征为：有先进的教育理念，有颇具个性风格的特质，有切实可行的操作方案并取得成效，有学校文化的引领.

2 特色学校的文化要素

所谓文化，就是以文化人，内化于心，外化于行，知行合一，促进养成.学校文化是一个学校的个性和灵魂，学校具有深厚的文化底蕴和特色才能百世流芳.一所学校，即便具有一定的学校特色，如若不能很好地进行学校文化的梳理和系统的建设，也未必能成为一所特色学校.

一所特色学校应该具有文化的属性，能让人清楚地感受到其存在的价值，它在我们身边，弥漫于每个人的举手投足间.诚如沈正元先生所述，特色学校实质上就是一种整体性的学校文化模式，是学校文化长期积淀的一种外在表现.学校文化，从其构成要素来审视，更多的应是学校的精神文化、制度文化、行为文化和课程文化.

2.1 学校价值观与学校精神文化

著名教育专家陈玉琨教授指出：要提升一所学校，首先要提升其校园精神；要提升一位教师，首先要提升其价值追求；要提升一个学生，首先要提升其人生期望.学校的精神文化是学校的灵魂，是学校文化的核心.其有认知的成分，如学校群体构成和个体对教育目的、过程和规律的认识；有情感的成分，如学校成员对学校、师生的依恋、认同、热爱，对所在学校的责任感、归属感和优越感；有价值成分，如学校共同推崇的价值取向；有理想成分，如校训、校歌中所表达的目标.

在学校精神文化架构中，处于最上位的就是学校价值观.让人“求真、向善、尚美”的动态精神文化，是一种导向、一种氛围、一种力量，它是学校价值观的很好诠释.从某种意义上说，学校价值观就是学校生存理由、生存动力、生存期望的有机构成，它是一所学校办学自觉性和目的性的反映，是学校一切工作的总体指导思想和纲领.

2.2 学校管理与学校制度文化

制度文化是在学校生成和执行各项规章制度的过程中折射出来的.制度的设计制定，就是改进、提炼、凸显学校特色实践的过程.而制度的施行则是学校特色实践的内化阶段，进而逐步积淀为学校特色文化的过程.与学校物质文化和精神文化相比，制度文化由于蕴含在刚性的条文中、物化的标牌后，富有强硬色彩.

制度文化直接通过学校管理表现出来，制度文化保障和维系学校的建设与发展.作为大学附中的特色学校，其管理具有所有学校管理的共性，但也有其个性.如施行的“突出人本管理、强化目标管理、夯实常规管理”，就是基于我校的实际.

2.3 师生行为与学校行为文化

学校行为文化是指学校师生在教育实践过程中产生的活动文化，是学校管理、学校风气的动态体现，也是学校办学理念和学校精神的折射，是学校精神文化和制度文化在学校生活中的具体体现.

着力营造以声悦耳、以形悦目、以情悦心的校园环境，营造一种经过长期沉淀而成的特色文化、价值观念、管理制度、发展理念和行为准则的共同的文化氛围.让这种强烈的文化磁场充溢并作用于每个人，使校园里的每个人都有着文雅、谦逊、友好的气质，人际关系温馨而美好.在这种融洽与平等的文化氛围中，让师生行为成为一种自觉，成为一种积极主动的内在需求，进而在目标的追求中享受发展的幸福和愉悦.

2.4 学校课程与学校课程文化

课程是学校办学的核心，是办学理念落地生根、开花结果的土壤.新课程改革使“课程”概念走进每一所学校，走近了每一位教师.按照新课程改革的要求，课程与学校日常教学紧密相关，与学校生活、教师生活和学生生活紧密相关，与教师和教学行为、学生和学习行为紧密相关.

课程文化丰富和深化了学校文化的内涵，为新一轮学校文化建设提供了新视野和新要求.因此，无论是学校还是教师，要想有所建树，必须在课程开发上有所创新，不断夯实基础课程，拓宽探究课程，丰富活动课程.教师具有了课程意识，学校具有了特色课程，一所学校才可能形成真正的品牌.

此外，还应注重完善环境课程，让学校中生长的绿、灵动的水、思考的人，交相辉映，使校园每一个角落散发出来的文化气息，彰显特色、抵达心灵、润泽生命，践行着特色教育、和谐教育梦！

3 特色学校建设的文化路径

3.1 特色学校发展的文化自觉

（1）确立特色办学理念.一所学校之所以称为特色学校，作为学校基本纲领的办学理念的独特与个性色彩，是最重要和最核心的表现.因为办学理念是学校办学的理想、信念和基本价值观，是学校“三风一训”等精神因素的凝练，是学校精神文化的基石.

每所学校都有各自独特的历史和现实情况，独特的办学发展理念是特色学校应然的存在.我校作为“大学里的中学”，努力办成“中学里的大学”，始终秉承“励志、勤学、求是、创新”的校训，牢固树立“人文素养和科学精神双轮驱动、教师发展和学生成长两翼齐飞”的发展战略，按照“德智双全、身心两健、文理兼容、学创俱能”的育人思路，向着师有品位、生有特长、校有魅力的“省内拔尖、国内知名、有一定国际影响力”的基础教育名校砥砺前行.

(2) 确立特色办学定位.办学定位是一种角色选择，是学校根据自身条件、客观环境、社会需求和发展潜能等做出的，是学校办出特色的前提.特色应该是这所学校历史中长期生动的源流，是学校文化中始终活跃的因子，是学校现实中基本齐备的条件，应立足于历史的传承、文化的积淀和现实的基础.具体说来：

立足于历史看，学校历史传承中有我们值得珍视的风格和成果，有我们不与人同的心得和见解，有我们行之有效的方法和路径.

立足于文化看，学校文化是教师专业成长和学生持续发展的深厚土壤，是学校人文传统和优良校风的根本源泉；文化是一所学校的标识，是一个学生在这个学校应该具有的烙印.

立足于现实看，现实中良好的基础和生态是特色发展的重要保障，师生的专长和优势是特色发展的重要前提.

(3) 确立特色发展目标.学校特色发展目标指学校组织系统为完成特色办学任务，从本校实际出发确定的一定时期内的特色办学目的和组织特色活动的质量规格与标准.特色发展目标确定，一般来说有两种思路：

一是确定单一目标，进而整体推进.如开展国际理解教育就需要从国际视野与胸怀的培育、跨文化能力的培养和综合素养的提升等方面同时开展.我校作为全国AFS项目学校和公派留学新加坡项目学校，近年来先后和国外多个学校建立了师生学习交流联系，欧、美等地区学生先后来我校进行为期一年的交流学习，同时学校每年也选派学生到相应国家留学，选送教师去国外孔子学院任教等，从而加快学校国际化步伐，丰富学校的品牌内涵.

另一种思路是，确定两个及以上的突破点，齐头并进.例如，为着力提升学生的人文素养和科学精神，学校注重夯实基础课程，努力拓宽探究课程，不断丰富活动课程.学校开办“萃文讲堂”，成立国学社，举办一年一度的科技文化节，聘请英雄航天员、两弹一星专家、语言学家等来校开设专题讲座，组织学生走进中国科学院、参加模联大赛等，取得了应有的教育功效.

3.2 增强校长的特色学校文化领导力

（1）提高校长文化领导力.校长的个性和能力对学校发展及学校文化建设具有重要的核心领导作用.学校建设从终极目的上来讲是一种文化建设，所以校长领导力也应该建立在文化领导的基础上，应该是一种文化领导和文化管理.建设育人文化，实施文化育人，这就是校长的文化领导力.

在特色学校校长文化领导力的建设中，校长的教育理念、价值取向等无疑应是格外关注的内容.放眼特色学校中，凡是全国知名的特色学校的校长，都是极具文化领导力、创新能力和用人能力，是独具人格魅力的知名教育专家和学校管理的专家.

（2）加强校长教育思想的提炼.校长如果没有思想，如果不能适时地提炼出能承载教育理念的概念，就形不成独特的文化，学校就没有灵魂，学校特色建设就失去了方向，整个学校的工作与师生员工的行为就缺乏导向和基本准则.

教育的使命，就是使教育者和受教育者获得一个特殊灵魂的内心世界的独特体验，形成一种完善而又独立的生命体验，并使已经获得独特性的生命得以彰显于众.校长的办学理念和办学思想，一方面来自其教育理论的学习，另一方面则蕴积于其长期的教育实践智慧.系统而深刻的教育理论的学习不仅能让校长体验到教育人生的价值、走出工具主义的泥沼，更能形成和发展校长的办学理念.

3.3 特色学校教师队伍的培育

教师是学校办学理念的落实者，是学校特色发展目标的践行者.而知识在不断更新，学生在不断变化，课程也在不断变革，唯有教师不断发展才能顺应时势.

教师的发展，需要教师“乐于奉献，敏于学习，勤于思考，勇于实践，善于总结”. 因为学习、思考、实践，是人生进步的“三部曲”；乐于奉献是前提，善于总结则可更快、更好地提升和发展.

教师作为自我意识和主观能动性较强的专业人员，在专业发展过程中，外在客观要求仅是手段，其根本目的还是要唤起他们自我发展的需求，把自己当成专业发展的主体，形成自身特长、特色发展的自觉，以满足特色学校发展的需要.

多年来，我校注重构建特色教师培养和考评机制，制定并启动“小荷工程、青蓝工程、领军工程和卓越工程”培养机制. 例如，在“小荷工程”建设中，按照“一年合格、三年成熟、六年骨干、十年名师”的培养目标，“把好选岗关，坚持岗前训，做好传帮带，鼓励挑重担，立足出成果”的培养途径，并制订相应的实施方案和评估标准，取得应有的实训功效. 学校通过开展“常态化教研”“专项性教研”“课题式教研”等活动，历练“教学基本功”，锤炼“教学策略”，提炼“教学思想”，以造就一支 “有情怀、有干货、有专长、有颜值 ”的特色骨干教师队伍，使其在工作中不断“收获成功，收获幸福，收获感动!”

3.4 特色学校学生群体的塑造

特色学校学生群体的塑造目标，就是培养具有鲜明特色学校文化烙印的特色学生. 这些特色学生应具有以下要素：

良好的个性品质. 特色学校学生与其他学校学生相比除了共性的品质之外，还应该具备较为广博的视野、开放的胸襟、敢担当的责任、探索的精神和应有的文化辨析能力等.

宽广的知识视野. 文化知识是所有学校的培养目标，相对于特色学校的学生而言，文化知识必须更加扎实和宽广，因为这是深厚人文修养的根基，高尚道德情操的来源，还是个性发展的条件. 为此，我校在注重夯实基础课程，拓宽探究课程的同时，不断丰富活动课程，全面提高学生的综合能力.

伴随着活动的深入开展，一大批学生脱颖而出，我校合唱团代表安徽省参加全国艺术展演，胡津铭同学获全国演讲比赛特等奖，黄苏菲、汪月婷等同学获“作家杯”全国新概念作文大赛一等奖，陈思涵同学获全国语言学奥林匹克大赛金奖等.

较强的创新能力.我校作为安徽省第一所“中国科协青少年科技创新项目实验学校”，坚持以科技教育为突破口，以科技活动为载体，打造具有核心竞争力的科技创新和学科竞赛品牌.

近年来，我校吴作凡、罗哲正、朱震霆三位同学在第28、29、30届国际信息学奥林匹克竞赛中发挥出色，且成绩均为全球前三；彭爽同学两次荣获国际机器人奥林匹克竞赛金牌；卫振宇同学在全国科技创新大赛中获唯一一名“中鸣科学奖”金奖、STEM最佳项目奖等.

4 梳理提炼，提升学校文化力

梳理提炼是从学校特色走向特色学校的必由之路，很多学校的学校特色由于没有进行应有的总结提炼和文化梳理，以致无法成为真正意义上的特色学校.

4.1 由点到面，分层推进

学校某些特色项目如果已经成熟，那么就要在精心梳理、提炼其文化精髓之后，大力度地对其在各层次、各方面进行宣传和推广，使其转变成为教育教学常规，成为学校全体教师员工的自觉行为.

学校特色不应只限于一点，应当是“以点带面”，对试点进行总结之后，要及时巩固发展到其他方面.某些特色项目实践还不成熟，学校管理者要善于及时抓住亮点，鼓励创新、探索，提供必要的条件.同时，组织全体参与人员积累资料、注重理论思考，加速其逐渐成熟，为日后总结和反思打下基础.在巩固单项成果的基础上，整体推进，使之产生正迁移和辐射力，达到学校工作的全面进展.学校发展还要遵循循序渐进、步步为营的工作思路，力求特色的巩固、深化和完善.

4.2 注重提升，完善深化

特色学校建设不是一蹴而就，也非一劳永逸.已形成的特色学校发展需将其形成具有导向功能、约束功能、凝聚功能的学校文化.如此，一旦其作为传统、风尚流传下去，再与时俱进地不断加以完善和深化，就能永葆活力、不断发展.

特色学校建设是一个动态的不断发展的长期过程.为促进特色学校建

设顺利、健康、可持续发展，关键在于连续、充分地关注学校文化建设的战略性，树立起文化建设的自觉，提升学校的文化力.学校也只有在形成了良好的文化力之后，才能够更好地促进学校文化品位的提升和战略目标的达成.

特色学校建设，学校何为？大有可“为”！“为”在发展关键处，“为”在研究过程中，“为”在制度建设上，“为”在文化追寻里，……当然，这也是一个无止境的追问，唯有始终求索“在路上”！

（原文系教育部第六期长三角名校长高研班优秀结业论文，载于《安徽教育科研》2021年第9期）

构建专业化发展机制

多年来，我所在的这所百年名校注重加强教师队伍建设，促进教师专业发展，积极倡导教师“乐于奉献，敏于学习，勤于思考，勇于实践，善于总结”.因为学习、思考、实践，是人生进步的“三部曲”；乐于奉献是前提，善于总结则可更快、更好地提升和发展.

学高为师，身正为范.教师的神圣职责决定在教师培养的过程中，要自始至终把师德培养放在首要位置.因为，要培养政治方向明、思想品德好、学业成绩优的学生，必须要有师德高尚、业务精良、行为世范的教师队伍.

学校不断修订和完善“小荷工程”“青蓝工程”“领军工程”和“卓越工程”.坚持“把好选岗关，落实岗前训，做好传帮带，鼓励挑重担，立足出成果”，按照“一年合格、三年成熟、六年骨干、十年名师”的培养目标，制定“安徽师范大学附属中学教师培养实施方案”（简称“一三六十”实施方案）.

注重加强校本培训，积极推进校本教研.立足于学校环境中，落实在教师本职工作岗位上，通过开展自修反思、专家引领、同伴互助等形式，以教师发展为本，以教研制度为依据，以教学、教研活动为载体，注重培训的自主性、实践的实效性.

倡导教师“在教学过程中研究，在教研状态下教学”，通过开展“常态化教研”“专项性教研”“课题式教研”等活动，让教师在实践中历练，在岗位中发展，努力打造学校教研气场.

学校以“抓好教师研训，聚焦课堂教学，完善校本课程”为切入口，开展有利于教师成长和学校发展的教育教学活动.用自培和他培等形式，通过各个层级的专题研训，定研训目标、抓过程管理、重检查落实、出课改成果，营造适合教师专业发展的学习与成长的氛围和环境，构建具有附中特色的校本研训体系.学校实行的“课堂教学研究、考试评价研究、作业质量研究、教学手段研究、课程建设研究”，以及“聚集课堂——以课改为主线，以课堂为平台，以课例为载体，以磨课为手段”等立足校本的教研活动，进一步营造了良好的教研氛围.

“一年合格、三年成熟、六年骨干、十年名师”是依据不同时期教师专业成长的要求和特点对教师培养的阶段性划分，既有相对独立性，也有内在必然联系，师德培养、校本培训和校本教研则贯穿四大阶段的始终，形成一个完整的师资队伍培养机制.教师在此机制下，不断锤炼“教育情感”，夯实“教学功底”，优化“教学策略”，累积“教学智慧”，努力造就一支“有情怀、有干货、有专长、有颜值”的教师队伍，使其在工作中不断收获成功，收获感动，更收获幸福.

安徽师范大学附属中学教师培养实施方案

1 “一年合格”：在“一年合格”期内，完成“六个一”的要求

一是在一年合格期内，新教师每周至少要听老教师一节课，要求新教师有完整的听课笔记和心得体会.二是每学期上一节校级公开课，第一学期为“合格预备课”，又称“第一课”，考评组要予以激励性评价，指出得失和改进方向，当面反馈，不做记录.第二学期为“合格汇报课”，考评组不仅评课，还给出书面评价意见，其公开课教案及评价意见一并存档.三

是每学期提交一份自己最为满意的教案，由指导老师点评得失．四是每学期提交一篇教研论文．五是学校组织一次外出参观学习，组织青年教师到外地参观考察教育先进地区或课改先行省市同类型学校和德育教育基地，以更新教育理念，开阔教育视野，进行师德熏陶．六是每学期提交一篇成长过程中的心得体会，要求是综合性的，涉及师德修养和业务水平等专业成长方面．

2 “三年成熟”：在进校满三年的新教师中开展一次综合素质评比活动

考评的目的：以评代训，以评促训，既重结果，更重过程．

考评内容主要包括三大项：一是师德水平，包括政治态度、教育思想、教育方法、工作态度、教育实绩等．二是教学水平，主要包括教学计划、教学总结、教案、教学实绩、活动课和一节公开课等．三是科研水平，主要考查参加课题研究和教改情况、教研论文情况、参加继续教育情况以及参加市教研大组和校教研组活动情况等．“三年成熟”综合素质考评活动着重考查教师在新课程改革的现实表现、能力素养和教育教学教研实绩．为了保证评比的公平、公正和可比性，全部考评内容实行量化评比，制定《新教师综合素质评比自我评价表》《新教师综合素质评比公开课评估量表》等，增加综合素质评比活动的信度和效度．

3 “六年骨干”：在一个大循环期内，按照政治思想、学识水准和职业技能、教学能力、教育科研等方面所列的具体条件进行全面测评，达到骨干教师评定要求

一是职业技能方面：能熟练掌握并运用现代教育技术进行教学．二是教育教学素养方面：树立先进的新课程教学理念；课堂教学比赛要达到地市级一等奖或省级二等奖以上；所带班级在省市毕业会考中列同类学校前三名；培养指导学生参加省市比赛成绩显著等．三是教育科研方面：在省级以上具有CN刊号的学术性刊物上发表教育教学论文不少于1篇或在省市论文评选中达到市一等奖或省二等奖以上；参加市级及以上科研课题研究不少于一项且有阶段性成果等．四是培养青年教师方面：指导青年教师或到薄弱学校支教并达到一定成效．五是德育工作方面：转差工作成绩显著或所带班级受地市级及以上表彰或个人获地市级及以上在师德、班主任等方面表彰等.

4 “十年名师”：鼓励和支持教师积极参加省级及以上的相关学术活动

一是高规格的校外培训形式：选派教师参加国家级、省级骨干教师培训班学习，支持并鼓励在岗教师参加“教育硕士”和“研究生课程班”学习，以提高在职教师的学历层次，适应新时代、新课程对高层次人才的需要.二是高级别的教学比赛：组织各学科教师参加省级及以上“教坛新星”和“学科带头人”评选活动，培养一批“省内一流，全国知名”的名师，以“名师”效应带动“名校”效应.三是高层次的科研课题研究：树立“科研兴校、教研兴教”的教科研理念，通过教育科研课题研究培养科研型、专家型教师.四是高级别的名誉、荣誉、影响力和辐射力：名师的培养过程是以自身扎实稳健、高超精湛的教学素养为基础，以富有前瞻性、创新性的科研素养为支撑，以高尚的师德为根基，以培养青年教师和薄弱学校教师体现其影响力，以传播先进教学理念体现其辐射力，最终成为省内外公认的“名师”.

名师工作室实践探索

名师工作室，现已成为当下教师队伍建设中一个热议的话题.其作为一种新型的“学、教、研一体化”的共同体，正在成为促进教师专业发展的新范式.

工作室不只是荣誉，更多的是责任和担当.从工作室成立以来，我就在思考：怎样科学地管理团队？怎样打造团队特色？如何在团队行走中有效引领、服务教师的专业成长？如何发挥好工作室及其成员的辐射和引领作用？

作为芜湖市首批名师工作室主持人，我与怀揣梦想，志趣相投的工作室研修成员以及附中数学组同仁们一起，按照工作室行动方案，紧跟前沿，聚焦课堂，砥砺奋进，用行动不断“诠释教育理念，扎实教育实践，反思教育行为，丰富教育智慧”，努力“在行动中研究，在碰撞中提升，在实践中发展”.

坚持“理论与实践并举，探索与务实齐驱”的研训原则，不断和学员总结每次活动成败的经验，探索开辟了多层次、多种方式的发展路径，诸如课例研究、同读共研、课题研究、论文研磨、请进走出、论坛沙龙、专家引领、学员基本功修炼等多项举措，大胆尝试，小心求证，共进发展.

同时，我们还注重开展如下专项工作研究：

“订单式”问题征解：从教育教学实践出发，将上一学期各研修成员所在学校数学教学中存在的具有共性的困惑点、疑难点作为主体研究问题加以梳理，将急需解决的问题制成研究订单，将共性问题列为研究的微型课题，跟踪调查，集中研讨，分析研究，问题解决.

“专题式”课例研讨：以每学期同课异构教学研究课为抓手，确定同一课题后，选定工作室成员分别备课，分组磨课，形成了同一课题下的不同路径的研究形式.在活动后的研讨和评课环节中，成员们各抒己见，共同寻找解决方案，迸发思维火花，进行思维碰撞，不断提升教学实践性智慧.

“互动式”内外联动：工作室成员大多具有一定知名度，容易出现个人发展懈怠情绪，出现专业发展中的“高原现象”.工作室有针对性地开展了内外联动，如开展安徽师范大学数学教育专业毕业生示范观摩课、与青年教师同课异构、异校交流听评课等联动教学研讨活动.

“跟进式”同读共研：根据近期教学中重点研究的问题或当下热议的数学教育话题形成研讨主题，围绕主题选定必读书目，召开读书交流会，共同交流主题引领下的读书心得与实践收获，成员结合实际找书读，聚焦问题读透书，交流共享谋发展.

我们这一“数学教研共同体”就像一片共生的丛林，让大家不再是孤立的、离散的，而是彼此依存、相互促进、合力发展.可以说工作室的工作，大家做得扎实，走得坚实，收获自然也很丰实.在第一批研修成员中，有一人获评中学数学正高级教师，两人获评中学数学特级教师，三人分获全国数学优质课评比一、二等奖，多人在全国数学教育专业性杂志上发表论文，等等.

大家携手同行，感触颇多.诚如一位研修成员在总结中写道：有一种学习你没有参与，就不知道豁然开朗；有一种平台你没有加入，就不知道精彩纷呈；有一种苦累你没有体味，就不知道痛并快乐；有一种追求你没有执著，就不知道任重道远.

马林名师工作室研修规划
（2013.10—2016.10）

1 目标定位

工作室是以“专业引领、同伴互助、交流研讨、共同发展”为宗旨，以教育科研为先导，以课堂教学为主阵地，融科学性、实践性、研究性于一体的行动研究组织.力争通过三年一个周期的工作施行，形成在本市有较大影响的教研指向明确、行动路径清晰、工作推进有效的“数学教研共同体”，为我市教师在岗发展研究工作起到有益的推动作用.

2 基本任务

（1）研究探讨中学数学教学改革前沿动态，努力提升教师教学实践性智慧，为全市教师搭建一个“学、教、研一体化”的平台.

（2）研究探讨课堂教学、信息技术与学科教学的整合，探索实施课堂教学的新途径、新方法.

（3）引领教师提高教育教学和科研水平，开展课题研究，达到在任期内“带一支队伍、抓一批项目、出一批成果”的目标.

（4）积极承担教师培养和培训任务，适时为全市教师队伍的建设提出建议、规划和实施参考意见.

（5）通过“名师工作室”的工作推动，有效地推动名师工作室成员的专业成长、主持人自身素质的进一步提高，加快向科研型、学者型和专家型教师的转变.

3 具体措施

（1）制定个人发展规划.工作室成员根据个人的实际情况，科学地制定出本人的三年发展规划，明确今后自己专业发展的目标和步骤.每学年每位成员要制订切实可行的学习和工作计划.

（2）强化教育理论学习.工作室主持人向成员推荐教育必读书目和选

读书目，每位成员依据自己的情况制订相应的读书计划. 每位成员至少订阅2份数学教育专业杂志. 每位成员每学年至少读2本教育专著，并撰写2篇相应的读书心得.

（3）加强教育教学交流. 定期集中开展教学实践研讨活动，就各自对当前中学数学教学中的热点、难点问题进行课例研讨、评课沙龙等活动，形成一些解决问题的策略和方法. 加强与其他教研团体的合作与交流，实现资源共享，寻求教研抓手.

（4）开展教学实践活动. 组织开展工作室成员研讨课、交流课等活动，每位工作室成员每学年至少要有1节公开课或观摩课，或开设1次专题讲座，指导一节公开课或观摩课，组织一次名师工作室论坛交流活动.

（5）开展课题专项研究. 完成“基于‘数学教研共同体’的教师在岗发展研究”省级课题工作，每位成员均应承担相应研究工作，任期内至少有一篇研究论文在省级以上数学教育专业性杂志上发表.

4 活动要求

（1）用问题驱动学习——有主题. 将教学中存在的问题加以梳理，将急需解决的问题制成研究订单提交研讨，聚焦共同关注、困惑、且亟待解决的“小”问题，让问题成为话题，让问题成为课题，通过研讨以加深对“小”问题的认识.

（2）用差异推动进取——有目标. 根据不同年龄段、不同类型教师的个体差异和专业发展中关注点，在分工合作中互补共赢.

（3）用理论突破经验——有方法. 有意识地运用一些教学研究的方法和手段，以此来审视经验不能到达的地方，或者通过方法背后折射的理论视角梳理经验，使之条理化并固化下来.

（4）用共识导向深入——有传承. 每次活动要进行梳理：本次研讨主要聚焦在哪几个地方，提出了哪些可取意见，哪些尚需改进或值得关注. 当下一次跟进的教研活动开展时，需在前一次讨论问题的共识、分歧或建议的基础上渐进推进.

（5）用撰写促进发展——有积淀. 用文字记载每次活动中本人的所作所思，要求紧扣教研活动的主题和载体，并在纵向的跟进式活动中进行比较，进而写出自己的启发、建议和理性思考.

让学生放飞青春梦想

培养在未来社会中具有健康生命、理性精神和竞争实力的杰出公民，是百年名校的责任使然.因为，高中三年的学习生活，赋予学生的不仅仅是知识财富，更给予其终身受益的精神食粮和应对挑战的不竭动力，都将成为其值得一生回忆、一世坚守的理由和资本.

基于此，学校坚持立德树人，注重五育融合.牢固树立“人文素养和科学精神双轮驱动，教师发展与学生成长两翼齐飞”的发展战略，提出了“德智双全，身心两健，文理兼容，学创俱能”的育人思路，努力使这所“大学里的中学，中学里的大学”成为“英才的摇篮，名师的沃土，科研的基地”，让学生厚实基础，凸显特长，放飞理想，成就梦想!

我们为何提出要坚持“德智双全，身心两健”，就是要让学生既成人更成才，这是最基本也是最本质的要求.斯霞老师有一名言：智育不好是次品，体育不好是废品，德育不好是危险品.针对现今学生的心理状况，我们在工作实践中越发感受到：心理不好是易碎品.为此，我们学校在全省中学中率先引进心理健康指导教师.提出“文理兼容，学创俱能”，就是要着力培养学生的人文素养和科学精神，因为科学求真，探求是什么，是立世之基；人文求善，探求应该是什么，是为人之本.科学是人文的基础，人文是科学的导向，只有科学和人文交融，才能培养出“乐于学习，善于学习”，具有“创新意识，创新能力”的高素质人才.这也是我们这所百年名校和安徽省第一所全国科技创新实验学校的责任使然.

学生的素养提升需要课程来支撑、来实现.为此，学校注重夯实基础课程，不断拓宽探究课程.比如，针对当下时兴的大学先修课程的设置，作为大学的附中、优秀的生源校，我们界定该课程的教学不应是立足于大学知识，而是基于对所学高中知识的生长延伸，它是对所学高中基本观念方法的综合运用，有助于深化学生的学习方法，提升学生的思维水平，让学有余力的学生居高临下思考高中所学的内容，以达到举重若轻的境界. 这些，我们更多托付给的是本校教师. 自然，在拓宽了教师的知识视野，提升了教师的思辨能力的同时，也丰富了学校的课程.

同时，学校还不断丰富活动课程. 例如，我校颇具特色的“三位一体”社团活动课程，是基于社团的集“拓展、体验、探究”为一体的课程. 社团是学生自主选择的活动课程，有利于学生的主动发展. 但如果缺乏必要的知识拓展和有效探究，往往是只有温度而没有深度. 基于社团的拓展可以使学生走得更远，基于社团的探究可以让学生接受挑战，让学生沿着“兴趣—志趣—个性特长”的道路走下去. “三位一体”社团活动课程使得社团不再是学生闹着玩的“小儿科”，而成了培养“领袖经历”的“梦之队”，素质教育的“新天地”，激发潜能的“主阵地”.

又如，我们针对学生“有强烈的自我发展意识，但缺乏客观的自我认知、科学规划能力”这一现实，申报立项“欠发达地区学生生涯规划制度研究”国家社科课题，开设人生规划体验课程，引导学生寻找自主发展路径. 通过开展聆听名人通识讲座、参加学生社团活动、做职业取向分析、读行业名人传记、访问行业专家、参加大学专业考察、做学业和职业发展规划等系列活动，让学生不断认识自我、规划自我、完善自我，从而引导学生结合自己的个性特点和现实可能性，展开兴趣和优势的翅膀，朝着梦想努力飞翔.

高中生涯规划指导的系统性与有效性探究

——基于对安徽若干所高中的调研

普通高中是否为学生生涯规划教育做好了准备？在当前的生涯规划指导方面，还存在哪些问题，如何解决？带着这些疑问，我对安徽省若干所普通高中的生涯规划指导现状进行了调查和分析，并提出建议和对策.

1 基于普通高中生涯规划指导的现状调查

本次研究主要采用访谈法、问卷调查法对高中生生涯规划指导的现状进行调查，采用SPSS24.0对样本数据进行统计分析.

1.1 研究被试

采用整群抽样，选取安徽省三所中学，分别是市域省示范高中——安师大附中、县域省示范高中——南陵中学、普通高中——南陵三中.共有1194名学生、216名教师参加了本次研究.学生被试中，男生572人（占47.91%），女生620人（占51.93%）.高一889人（占74.46%），高二298人（占24.96%）.教师被试中，男性112人（占51.85%），女性104人（占48.15%），此外访谈了15名教师.

1.2 研究程序

由心理健康发展中心老师担任主试，主试向被试详细讲解指导语和例题.学生问卷以班级为单位，在学校微机房进行团体实测，被试完成全部问卷需10分钟左右.教师问卷在手机上进行实测，完成全部问卷需10分钟左右.访谈问卷由1名教师和1名研究生助理对访谈教师进行一对一访谈，现场对访谈内容进行录音和记录，每名教师访谈45分钟左右.

1.3 研究工具

访谈提纲，主要针对班主任和任课教师进行访谈，共有6个题目.

高中生涯规划指导问卷（学生问卷），参考国内同类研究自编，共27个题目，分单项选择题、多项选择题和开放性问题.

高中生涯规划指导问卷（教师问卷），参考国内同类研究自编，共26个题目，分单项选择题（如“你认为职业与个性特点（人格、气质、兴趣等）关系重要吗?”“作为教师，是否主动在课堂上为学生讲解生涯规划方面的知识，我觉得......”）、多项选择题（如“假设你的学生打算做生涯规划，你比较认可的方式有哪些?”）和开放性问题（如“你对学校开展高中职业生涯规划教育有什么建议?”）.

1.4 研究结果

1.4.1 基础数据

表1　高中生生涯规划现状调查结果

题　目	非常符合	比较符合	一　般	比较不符合	完全不符合	M	SD
1.我很了解自己的个性	382（31.99%）	597（50%）	183（15.33%）	14（1.17%）	13（1.09%）	1.89	0.78
2.我很了解自己的兴趣爱好	525（43.97%）	454（38.02%）	171（14.32%）	27（2.26%）	11（0.92%）	1.78	0.84
3.我很了解自己的能力	298（24.96%）	513（42.96%）	320（26.8%）	37（3.1%）	13（1.09%）	2.11	0.85
4.我很了解职业生涯规划的内涵	171（14.32%）	275（23.03%）	473（39.61%）	211（17.67%）	49（4.1%）	2.73	1.04
5.我对未来职业生涯目标非常明确	188（15.75%）	246（20.6%）	415（34.76%）	238（19.93%）	85（7.12%）	2.80	1.14
6.我经常会考虑自己将来要从事的职业	318（26.63%）	321（26.88%）	333（27.89%）	157（13.15%）	55（4.61%）	2.41	1.15
7.我对未来要从事的职业已有充分的了解	137（11.47%）	225（18.84%）	431（36.1%）	286（23.95%）	109（9.13%）	3.00	1.12
8.我已经对未来从事的职业有充分的准备	114（9.55%）	196（16.42%）	422（35.34%）	315（26.38%）	138（11.56%）	3.13	1.12
9.我已经确定了未来报考的学校和专业	178（14.91%）	242（20.27%）	340（28.48%）	266（22.28%）	160（13.4%）	2.98	1.25
10.如果有职业生涯规划指导方面的活动,我会积极参加	361（30.23%）	405（33.92%）	289（24.2%）	90（7.54%）	41（3.43%）	2.19	1.06

注:表中每个问题均按各自实际有效回答情况进行统计分析,数据略有出入,但不影响总体统计结果分析.

从表1来看，高中生对自我个性（M=1.89）、兴趣爱好（M=1.78）、能力的认识（M=2.11）整体上不够充分．比如在“我对未来职业生涯目标非常明确”“我很了解职业生涯规划的内涵”“我对未来要从事的职业已有充分的了解”“我已经对未来从事的职业有充分的准备”等问题上，分别有34.76%、39.61%、36.1%和35.34%的学生选择“一般”，说明多数学生不能很好地与未来的生涯规划有效地衔接起来，学生的生涯规划仅仅停留在感性认知上．因此，从整体来看，学生对未来职业生涯规划还是比较迷茫的，对职业生涯规划的概念认知不足．

1.4.2 对生涯规划指导教育的认知不足

如表1所示，在“如果有生涯规划指导方面的活动，我会积极参加”这个选项中，约64%的学生倾向于“非常符合”和“比较符合”，说明学生是非常渴望能在未来生涯规划方面获得一些具体的指导．从教师访谈的结果来看，受访的15位教师普遍认为大多数学生在生涯规划方面比较迷茫，专业选择比较盲目，且受周围人影响大；有些家长在孩子生涯规划方面也很茫然．上述结果表明，在高中进行生涯规划指导是非常有必要的，而且课程开设越早越好．

从对教师的调查结果来看，认为生涯规划指导对学生的发展“非常重要”和“比较重要”的分别占63.43%、32.87%，说明绝大多数教师认为有必要对高中生进行生涯规划指导．从学生的调查结果来看，88.02%学生认为高中生生涯规划指导“非常有必要”“比较有必要”，说明高中生对生涯规划指导的重要性有一定的认识．

1.4.3 对影响生涯规划的因素认识不够全面

从对15位教师访谈的结果来看，学生的兴趣是职业选择和生涯规划的首要影响因素．其次，家长职业和文化程度对学生生涯规划和职业选择也有重要影响．另外，新高考制度的改革对学生生涯规划也具有重要影响．从教师调查的数据来看，“学生的兴趣与期望”是填报高考志愿时学生考虑的首要因素．其次是就业压力、教师经验影响、家长要求与期望．

从学生调查的数据来看，“兴趣特长”是高中生在生涯选择时考虑的首要因素，说明学生是从个人的内在需要出发进行职业选择．其次“价值观”“社会评价、地位”“工资待遇”也会影响学生的职业规划和选择，说明社会因素和经济利益是影响高中生涯规划的重要因素．此外，周围优秀个人或群体也会影响高中生的职业规划和选择．

1.4.4 生涯规划指导的途径单一

调查结果表明，多数教师（71.76%）认为学校团体咨询是高中生生涯规划的主要途径．另外，寻求专业的职业规划服务机构或专家、教师指导也是学生生涯规划的重要途径．

从教师访谈来看，不少教师认为高中生职业生涯规划可通过多种途径进行，如利用班会、活动课、讲座、专家咨询等多种方式进行指导．

从学生调查结果来看，多数学生认为，社会实践是高中生职业生涯规划教育重要形式之一，如亲身参与相关的工作内容，参观、感受、了解职场环境与具体工作内容等．另外，通过团体课程培训、面对面咨询、老师家长的指导和帮助也是职业生涯规划指导的重要途径．

1.4.5 生涯规划指导课程的设置单调

从对教师的调查结果来看，绝大多数老师（93.98%）认为有必要为学生开展职业生涯规划课程．在开设时间上，多数教师（54.17%）认为在高一开设，主张尽早开设相关课程．在职业生涯规划课程授课教师上，近一半教师（49.54%）教师认为由心理教师或外聘专家担任比较合适；另外，部分教师（37.96%）认为也可由班主任和任课教师担任．在职业生涯规划课程开展频次上，34.72%的教师认为应定期为学生开展职业生涯规划指导，如每月一次或每学期一次．

从学生的调查结果看，大多数学生赞同通过多种方式和途径进行生涯规划指导．如有68.76%的学生认为要开设生涯规划课程，有58.88%的学生认为可以在学校设立专门的职业指导中心，有46.4%的学生认为可以举办职业生涯规划讲座，有83.92%的学生建议开设“了解自己兴趣、能力、性格的课程”，有65.75%的学生建议开设“大学专业介绍与学科背景的课程”．除此之外，学生还建议开展职业生涯规划的方法指点与引导，就业市场、行业发展的信息分析，心理咨询和生涯辅导，成功职场人士的经历和经验分享．

1.5 原因分析

1.5.1 学生自我认知不深入

根据调查结果，尽管高中生对自我个性、兴趣爱好、能力有一定程度的认识，但高中生正处于青春期，自我认知还不成熟，比较笼统，对自己的认识局限在兴趣爱好、优势劣势、能力特长等浅显的表层，缺乏深层次的自我剖析．由于学生自身缺乏对职业生涯教育的合理认知，导致多数学生对未来生涯规划非常迷茫．虽然学生自身也普遍认为学生的兴趣和内在需求是进行职业选择和生涯规划时要考虑的首要因素，但是这种自我认知不能很好地与未来的生涯规划有效地衔接起来，学生的生涯规划还是停留在感性认知上，缺乏实践体验和理性指导，职业认知能力和未来生涯规划能力较弱．

1.5.2 学校对职业生涯教育重视程度不够

调查发现，这几所高中开展生涯规划指导的主体多数是由该校的心理健康教师和班主任完成的，生涯规划教育师资缺乏专业性．在开展生涯规划指导的主体形式上，多是通过主题班会和专家讲座的方式进行的，而学科渗透、社团活动、校园文化和社会实践活动的比例比较少．

多数学校认为非常有必要在高中阶段进行生涯规划指导，但由于安徽省新高考改革方案还未真正落实，所以多数学校仍持观望态度，比如在生涯规划指导制度设计、职责落实、教师培训、课程设置等方面缺乏具体的前期准备工作．

调查还发现，学校生涯规划指导内容主要涉及的是指导学生文理分科、高考志愿填报、如何提高成绩、如何规划学习，但这只是生涯规划指导内容的冰山一角，缺乏系统的生涯规划课程体系．

1.5.3 父母职业生涯理念有失偏颇

由于受传统的职业价值观的影响，大部分家长希望孩子的工作既要体面又要稳定，最好还要轻松．家长的这种职业理念忽视了学生自身的兴趣，没有关注学生的职业理想和真实想法．从调查和访谈发现，只有很少一部分家长曾经对孩子进行过职业生涯规划方面的指导，大部分父母都是基于自己的经验替学生做决定．很多学生认为，选择专业的时候都会和父母商量，当自己的职业喜好与父母的意见产生分歧时，大部分学生会顺从父母的意见.父母的上述做法在某种程度上都带有一定的误导性，可能会导致学生出现职业偏差，影响未来的职业生涯道路.

2 高中生涯规划指导的有效性策略

2.1 科学运用生涯测评工具，深化学生自我认知

我国高中生生涯规划指导刚刚起步，科学地选择与运用专业化的心理测评工具和技术可以弥补我国当前生涯指导师资匮乏、专业化程度不高的现状并提供重要的技术支持.专业的高中生涯测评系统能帮助学生从职业信息库中，根据个人兴趣、性格、能力、价值观、潜能等进行分析评价，给出切实可行的分析报告及发展建议，让学生更全面、客观、深刻地认识自我，引导学生理智客观分析，进而初步作出影响自身生涯发展的选科、选考和志愿选择.另外，通过测评结果，学校和教师可及时调整培养目标，设计更加有针对性的生涯规划指导课程体系.

2.2 健全指导制度，实现生涯规划指导工作常态化

有意识的、有计划的学生生涯规划指导意味着生涯规划指导应成为学校各项工作的一个重要方面，意味着职能、职责、任务和激励机制的建立和完善，意味着工作主体的设定、工作职责的明确、工作范围的划分及与学校相关规章制度相容的制度建设.然而，目前不少学校在开展生涯规划指导时还没有对此做好充分的准备，还存在诸多有待解决的问题.

2.3 形成完整的生涯规划指导课程体系，系统提升学生生涯规划能力

由于我国高中生涯规划指导起步晚，多数学校对于如何开展生涯规划指导比较茫然.根据舒伯的生涯规划阶段理论，高中正好处于探索阶段的试探期，主要任务是使职业偏好逐渐具体化.因此，高中阶段的生涯规划指导课程设计的重点应该是协助其进行全面的自我探索，唤醒生涯规划意识，提供职业信息，引导学生自己进行生涯规划并形成决策能力.调查学校中大部分都已经研发或正在研发生涯规划指导课程.如合肥六中构建了以学科渗透性课程为主，以专业生涯规划指导课程、全员参与的个体生涯发展辅导为辅，面向全体学生、预防并关注个别需求的生涯规划指导校本课程体系，课程设计分年级对生涯规划指导目标和内容进行了具体细化.

2.4 促进教师队伍成长，提升指导专业化和科学化

生涯规划教育是一门集多个学科或领域的知识和技能于一体的、专业性较强的综合类教育.调查显示，学生和教师均期望有专业的教师队伍予以指导.安徽省即将实施新高考，省内已有不少学校未雨绸缪，如安师大附中举办了各种有关“学生生涯发展指导”的培训工作，采用“走出去、请进来”模式，从校内选拔部分教师和班主任送到北京、上海等地参加职业生涯规划培训，让教师掌握更为科学、系统的生涯指导技术.定期开展全员校本培训，利用教研活动和班主任沙龙等对校内学科教师、班主任进行生涯规划指导培训，提高全体教师的生涯规划指导能力，最终达到“人人都是导师”的目标.

2.5 协同教育合力，建立指导形式多元化

新高考背景下的生涯规划教育的真正落地开花不仅仅是学校的责任，必须整合家庭、学校、社会等多方资源，协同教育合力，建立家校合作、校校合作、校企合作机制，才能让学生在高中阶段有更明确的生涯规划.

2.6 开展前测后测，量化生涯规划教育成果

为了让生涯规划教育的成果能够以可视化的结果呈现出来，我们可以在学生刚入学时发放前测问卷，考查学生对生涯规划的认识、存在的困惑等，然后在学年末发放后测问卷，以确定我们的生涯规划指导教育是否起到了预期的效果，达到了解决学生在认识自我、认识职业、掌握生涯规划方法等生涯规划相关问题上困惑的目的.同时，在后测过程中，我们还可以引入学生评价体系.通过这样的方式，我们能够更好地去解释生涯规划教育的成效：比如整个生涯规划教育过程中，在哪些地方成功达到预期，而哪些没有，没有达到预期的原因是什么，存在着怎样的问题和不足，可以通过什么样的方式加以改进，等等.

3 反思与愿景

生涯规划教育是社会发展和进步的必然产物，其发展的原动力是学校教育与社会现实的矛盾，是“以人为本”教育理念的进一步深化和提升.通过探讨高中生生涯规划指导的实效性理论与技术，交流生涯规划指导的经验心得，有利于进一步凸显立德树人作为教育根本任务的时代担当和社

会重任，推动高中生生涯规划指导工作成为教育教学内容的重要组成部分．高中教育通过提供多元的、积极的发展途径，让高中生形成特定的学习任务效能感、意义感和兴趣，从而形成对未来职业的期待与追求，这不是单纯从规划和测评得来．

另外，高中生处于探索阶段，在丰富的体验、尝试中形成自我认同，促进生涯发展，而非仅仅进行职业决策，因为生涯选择是终其一生的任务，既要有认同感，也要适应．生涯规划教育是以人的事业和人生价值的完美实现为终极目标的教育，最终指向学生的发展．生涯规划教育让教育回归人性、回归生活，不仅是学生在学校“现在时”的发展，更重要的是他们走向社会“将来时”的发展．同时，生涯规划教育也是普通高中教育持续、快速、健康发展的内在要求，更关乎高中生的终身发展与幸福，期待能真正落地生根．

（原文系全国教育科学规划课题“欠发达地区普通高中学生生涯规划指导制度研究”（BHA160147）阶段成果，载于《安徽师范大学学报》2019年第5期，合作者：谢莉 徐群）

学校应成为幸福家园

教育从根本意义上来说，就是以人为本，关注人的幸福，培养人感受幸福、创造幸福、享受幸福的能力，指导人们过上幸福的生活．一句话：向幸福出发！

著名教育家苏霍姆林斯基曾言：理想的教育是培养真正的人，让每一个从自己手里培养出来的人幸福地度过一生．这就是教育应该追求的恒久性、终极性价值．

教师是幸福的使者．如果没有教师“幸福地教”，也就无法真正有学生“幸福地学”，就不可能有学生的长足发展，更不会有学校的全面、协调和可持续发展．因此，学校应着力培养教师感受幸福、追求幸福和创造幸福的能力.

为此，学校应立足人性化管理，在把握原则的基础上以情理校，思想工作注入情，精神鼓励蕴含情，物质激励富于情，努力营造温馨、幸福、和谐的宽松环境.通过建立成长机制，以尊重、宽容、激励为信念，实行阶梯式培养策略，对教师进行分类指导；建立考核机制，促进教师自我完善；建立激励机制，让教师感受成长的幸福，不断增强教师的职业幸福感.

只有当教师真实地感受到以教师为业是一个光荣而美好的选择时，才能激发其巨大的内生动力，并在为学生的幸福奠基的过程中，不断取得新的成就.而当离开了人文关怀，教师的幸福感就成了一句空话.

幸福的教育是通过幸福的教师，用幸福的手段和方法，培养幸福的学生，使他们具有感知幸福、创造幸福、享受幸福以及与他人分享幸福的能力，直至让受教育者拥有幸福的人生.

要使学生感受到教育的幸福，就是要让学生感受到学校和教师对他们的关爱、尊重和保护；就是要让学生的兴趣、爱好和特长发展得到满足；就是要让学生感受到自己的进步和发展有展示平台，以增进自尊、自信、自强的愉悦和激情；就是要让学生拥有健康的心理和强壮的体魄；就是要让学生拥有丰富多彩的学校生活和生动欢快的生活体验.基于此，学校需要打造幸福课堂，让学生感受学习乐趣；丰富幸福课程，让学生提升思想境界；温馨幸福校园，让学生享受快乐生活.

如此，校园就不再只是一个单纯传授知识的场所，而是一个温情充盈的幸福家园，师生在这个家园中幸福生活，共促学校幸福发展，最终成就自己的幸福人生.

泰戈尔说：不是锤的打击，而是水的载歌载舞，才使鹅卵石臻于完美.幸福和快乐便是水的载歌载舞，教育呼唤的是幸福的老师和快乐的学生.让每位老师感到幸福，为每位孩子创造快乐，是教育的神圣使命，更是教育的终极目标.

学校，应成为教师的幸福家园

1 直面两张“问卷”，呼唤“幸福学校”

中央电视台《新闻联播》频道曾播放过一个报道，讲述的是记者在街头巷尾随机采访寻常百姓的新闻，采访者主要问及一个简单的问题：“你幸福吗”？虽有被众多网友调侃为“神回答”的“答非所问”，但也说明了国家已开始更多关注国民的生活质量、幸福指数．“幸福社会”迅速成为“网红”热词，进入众多省、市的官方文件，成为各级政府的施政目标．

无独有偶，第二十五个教师节期间，新浪网教育频道推出了“教师幸福感”特别问卷，9543名教师参加了问卷调查．其中，44.0%的教师给自己的职业幸福感打了3分的及格成绩，23.6%的教师打2分，还有19.2%的教师只打1分，仅有13.2%的教师对职业幸福感给了4分及以上；71.1%的教师认为教师这个职业很累且没有成就感，24.0%的教师认为很累但有成就感，仅有4.9%的教师认为自己的教师职业比较轻松且有成就感．

数据的背后，映射的是当下教师日常工作的艰辛、繁重，反映了不在少数的教师对自己职业的倦怠和对教师生活的乏味．一句话，教师职业幸福感严重缺失！这与多少年来，人们用“太阳底下最光辉的事业”来形容教师工作的神圣、自豪、快乐和幸福，相去甚远！

教师是幸福的使者．唯有幸福的教师，才有幸福的教育和幸福的学生，也才会有一个民族和国家幸福的未来．直面“问卷”，努力建设“幸福学校”，让学校成为教师幸福生活的家园，对当下每位学校教育管理者来说，是时代呼唤、责任使然！

2 建设幸福家园，学校该当何为

2.1 温馨校园，愉悦教师身心

杜威认为：“生命是在与环境的互动中自我更新的过程”“教育即生长”．良好的校园环境就像一首歌，传唱着师生幸福生活、快乐成长的美好．因此，学校要致力打造品位高雅、和谐向上的校园文化，以达以景悦目、以情怡心、以文化人之功效．

校园内大到建筑布局、小到花草树木，都应有自己独特的语言、鲜活的思想，才能与师生内心活动产生积极的呼应，以让生长的绿、灵动的水、文化的墙和欢乐的人交相辉映，相得益彰.

譬如，每当我行走在所在学校的校园，注视“放飞理想”雕塑、“穷理致知”磐石时，都会催人奋进；置身学校塑身中心、艺术中心会让人愉悦和舒畅；而每次走进校史馆、荣誉室，都会被这所百年名校风雨兼程、勇立潮头的“附中人”精神感染和感动.

每当驻足校园，看到同行们忙中有“闲”，张弛有度：运动场上，生龙活虎；闲亭长廊，悠闲细叙；心理中心，尽情宣泄；艺术中心，琴声悠扬；阅览大厅，品茗饱览；教研室里，各抒己见.我们尽享学校生活的美好.

每当与同事们安坐在学校“好日子”餐厅里，享受着“幸福生活”“从免费早餐开始”的福利，相互细数着校园生活的点点滴滴，侃谈着教工摄影展、校园球类赛、新年音乐会；策划着学校“美丽办公室”的评比，附中嘉年华盛典活动的开展等.此时此刻，教师们都会由衷地感到学校的温暖和生活的惬意.

如此，这样一个幸福感十足的老师，他的心境自然是愉悦的，工作也会是舒心的，他的“言为心声”，他的“以身示范”，是值得学生信服和效仿的.因为，教育的本质就是“一棵树摇动另一棵树，一朵云推动另一朵云，一个灵魂唤醒另一个灵魂”（雅思贝尔斯语）.

2.2 “和合”机制，促进专业发展

管子曰：“和合能生谐.”意即有了和睦、团结，行动就能协调，进而步调一致.这里的“和”，指和谐、祥和，“合”是合作、融合.在“和合”的氛围中，人是舒心的，自然也就会有更多的幸福感.

因此，应致力于构建一个既顺应时势，又符合教师发展规律，既不失原则，又更为人性的“和合”机制，让广大教师在轻松愉快的心境下，依照“规则”自觉追寻“幸福育人、育幸福人”的至高境界.

马斯洛的需要层次理论揭示：人希望成就其自我所希望成就的欲望.自我实现的需求，是人的最高层次的需求.要让广大教师充分参与到学校各项规章的构建、重大事项的决策中来，从而让教师们把各自的“想法”

通过碰撞，汇聚成学校办学的“思想”和议事的“规则”，创造开放、公正、多元且契合学校实际的评价体系，构建学校和教师共同发展的美好愿景.

如此的“规章制度”，是易成为教师自觉践行的内心法则和专业发展的奋斗准则.再通过学校营造宽松和谐氛围，搭建学习提升平台，给教师提供一条展示自我、提升学校的“双赢”发展之路，让教师们从中感受到专业成长的幸福和教师工作的美好.

有人说：人性中最大的需要是追求幸福.尊重人性，就是尊重教师追求幸福的需要.多年来，我所在的学校坚持“人本”立校，牢固树立“人文素养和科学精神双轮驱动，教师发展和学生成长两翼齐飞”的发展战略，注重构建教师培养和考评机制，制定并启动“小荷工程、青蓝工程、领军工程和卓越工程”培养机制，努力倡导教师走专业发展之路.学校通过开展“常态化教研”“专项性教研”“课题式教研”等活动，让教师“在教学过程中研究，在研究状态下工作”，立足岗位夯实“教学功底”，优化“教学策略”，累积“教学智慧”，进而不断收获成功，收获感动，更收获幸福！

2.3 人文关怀，提升幸福指数

雨果曾经说过：人生至高无上的幸福，莫过于确信自己被人所爱.由于职业使然，教师往往有着比其他行业人员更为强烈的渴求，希冀自身价值得以实现，被人认可.

因此，学校在“强化目标管理、夯实常规管理”的同时，更要注重“突出人本管理”.在充分尊重、信任教师的同时，更要给自尊心很强、自律性很高的教师们更多的自主空间和关爱行动.改善办公环境，优化教学设备，注重身心健康，丰富课余生活，增加福利待遇，健全保健措施.不强行加班，不硬性坐班，让学校的暖心工程无处不在，让教师的主人翁地位无时不有.

当教师事业上取得成绩时，学校会及时予以赞赏和激励，乐为教师成功喝彩，以提高教师敬业、乐业的成就感和幸福感.

当教师工作中遇到波折或出现问题时，学校相关人员会真诚地帮助查找缘由，提出善意的建议，帮助解决.

当教师个人或家庭遇到困难时，学校会在第一时间伸出援助之手，帮助排忧解难，做坚强后盾.

幸福是一种生命状态.当一个学校充盈着团结与协作、理解与宽容、支持与帮忙、关心与期待、快乐与满足的人文气息时，教师是感激和感动、满意和满足的.

作家周国平坦言："幸福是由两大块组成，一个是生命的单纯，一个是精神的丰富"，"人生最好的境界是丰富的安静".当教师们能真切地感受到以教师为业是一种舒心而又美好的选择时，就会发自内心地感言：从事"太阳底下最光辉的事业"，真的挺幸福！

教师们拥有的这种幸福感和自豪感，会像一缕缕阳光，映照校园，温暖着学生，温暖着同行，从而让校园里散发出应有的文化气息，彰显本色，润泽生命，践行着和谐教育、幸福教育梦！

（原文载于《教育科学》2021年第5期）

数苑撷英

写作是一趟深层的思考之旅。它犹如隐形的翅膀，让我们飞向更广袤的专业发展空间，能促使我们对数学教育的理解更完整、更深刻、更科学。

写作是“累并快乐着”的劳作。中学数学教师长年累月奋战在教学第一线，时间紧、任务重、压力大是不争的事实。那么如何才能有效地在岗进行教育教学研究，撰写教研论文呢？

“教室即实验室”。只要我们以“身临其境”这一得天独厚的条件，对教学实践中遇到的问题与困惑、萌动的灵感与妙意、生发的兴趣与好奇，进行实证、探索、溯源，并在实践基础上进行理性思考，付诸笔墨，自然就会“处处留心皆论文”。

教育体悟：日间挥写夜间思

一线教师怎样让“问题”成为“课题”

根植于教育教学第一线的中学数学教师，每天都会遇到需要研究的问题. 怎样让“值得”研究的问题成为教研课题呢？尚需对问题由表及里、由现象到本质地进行理性思考，综合考量，再加工提炼，方能形成申报立项的教研课题.

1 选题应遵循的原则

1.1 价值性

科学研究本身就是一项目的性和针对性很强的探索活动，作为课题研究起点的选题必须顺应时代呼唤，促进教育发展. 所选定的教研课题，应着眼于教育教学改革中提出的新要求、新规定，着眼于教育教学实践中遇到的新问题、新挑战，有助于强化教育认识，优化教育实践，揭示教育规律. 这才是教育科研真正的“价值观”和“方法论”.

教师是“立教之本、兴教之源”，教师的专业发展是学校发展和教育改革成败的关键，探寻有效的教师专业发展路径是教育研究的热点话题. 如何建构一个教研指向明确、行动路径清晰、工作推动有序的“学、教、研一体化”的“数学教研共同体”，以增强一线教师立足岗位施行校本教研和区域教研的针对性、适切性和实效性？基于此，我主持申报了省级课题“基于‘数学教研共同体’的教师在岗发展研究”（JG13033），希望通过行动研究，能为广大一线教育工作者提供一个“在行动中研究，在碰撞中提升，在平台中发展”的可资借鉴的实证案例. 对于青年教师，这无疑是有益和急切的.

1.2 创新性

创新，是科学研究的“灵魂”. 所谓课题有创新性，是指选题新颖，有独创性和突破性. 主要表现在：

（1）内容新，是指该选题还没人触及，或没有很好地解决，或在原有研究基础上有深化、有拓展，或者发达国家和地区虽有研究，若需引用施行尚需结合本土客观实际系统探讨，全面考量，方可使用.

（2）方法新，采用新的研究方法、手段或技术，以改进、优化或完善某些已有的研究.

（3）视角新，对别人已经研究的问题，从新的角度去审视、挖掘，赋予新意，让“老树长新芽”.

例如，我们工作室有一位勤勉而又聪颖的青年教师，自2005年以来，就一直承担学校“汉藏班”的数学教学工作. 在对汉藏学生混合编班的教学过程中，她感触良多，对汉藏班学生的思维特征、数学基础、学习困惑及其成因有一定的思考，采取了诸如创设情境、设置阶梯、要点图示、例题分解、变式训练、作业面批等举措，有意改进教法、优化学法. 虽有成效，但成效尚不显著，研究也缺乏系统化. 故在教育硕士学位论文选题时，她申报了“内地‘汉藏班’数学教学的实践研究”课题. 其设想是在课题引领下，通过多侧面开展数学文化活动、多样化进行数学学法指导、多角度渗透数学思想方法、多层次体验数学学习过程等形式进行较为全面系统的实践探索，以更好地提振汉藏班学生的学习信心和数学素养.

该选题因颇具新意和启迪作用，得到了导师组的一致认同.果不其然，完成的结题报告也因“立意高、视角新、落点实”，获评优秀教育硕士论文.在该课题研究的基础上，这位老师同其他老师再行研究，进一步聚焦，又申报了省级重点课题“基于混合编班的藏汉学生数学思维对比研究”(JKZ18010)，自然也顺利立项.

1.3 可行性

选题具有可行性，包含与课题相关的人力、物力等客观条件，研究者所具有的知识、经验和专长，以及所占有课题资源等主观因素.只有具备应有的主客观条件的科研选题，才有达到预期的可能.

曾有一位很有潜质的青年教师征询我的意见，准备申报“基于专业引领的数学教师发展实践研究”的课题.坦率地说，这是一个非常好的教研选题.因为在教师专业成长道路上，众所周知有三个“关键要素”：关键时期、关键事件和关键人物.这里关键人物的作用，多指得益于“贵人”指点，进行专业引领.

专业引领是一线教师成长的重要因素，是具有教育教学研究专长的人员通过自身的先进理念、思想方法、实践经验及人格魅力等，引领和带动一线教师开展教育教学实践探索和研究，促进教师专业发展的活动形态.

身为引领者，必须具有较高的专业素养和引领能力，在对一线教师的专业引领过程中，既要采取切实可行的方法措施组织和指导教师开展教育教学实践活动，又要参与到教师学习研讨的过程中，对教师具体的教育实践进行评析；既要有教育理论上的指导，又要有实际的教育教学示范等.这对于年轻的数学教师来说，暂时是无法达到的高度.而要申报立项这样一个选题，成功的概率就可想而知了.

如此这般，我建议这位意欲申报该选题的青年教师，可根据自身特点，申报“基于教学反思的数学教师专业发展的行动研究”，将自己及有共同梦想的“小伙伴们”的教育教学实践活动进行实证研究，对教育教学行为和过程进行审视、评价及有意识地分析与再认知，从而在实践中反思行为，提升能力，实现自身专业发展. 结果他如愿以偿.

2 教研课题从哪里来

2.1 从工作实践中摄取

教育教学实践现场是教育问题的原发地. 一线教师身临教育教学情境中，既会遇到各种各样的矛盾、困惑和疑虑，也会不断获取成功的体验、感知和惊喜. 只有对这些教育现象进行“入乎其内”的剖析，才有可能“出乎其外”地生发教师感同身受的教研课题. 而这些为解决真切问题的课题研究，与教师专业发展上的突破和超越关联度极大.

借助名师工作室等平台，我与志趣相投的同行们相聚甚欢，大胆发问，用心求证，潜心教研. 可以说，“基于‘数学教研共同体’的教师在岗发展研究”是水到渠成、应运而生的课题，它真实记录了我等立足岗位进行行动研究的真实场景和背后的精彩. 作为主持人，我与同伴们“阐释教育理念，拟定教育方案，施行教育实践，反思教育行为，丰富教育智慧”. 课题研究的过程是我从教三十多年教育教研生涯的一个缩影和升华.

可以说，该课题的研究做得扎实，走得坚实，收获也很丰实. 作为课题的部分显性成果，其间相继发表了《在行动中摄取，在反思中凝练》（《中国数学教育》）、《骨干教师怎样从“高原”到“高地”》（《中学数学教学参考》）和《“吉祥三宝”：给力教师专业发展》（《中学数学教学参考》）等论文，表达了我对教师在岗发展的一些思考和期待. 但更多的是，课题的研究促进了课题组成员和工作室成员等的专业自信和专业发展.

2.2 从专业“对话”中萌发

我们在日常读书学习中，在聆听专家报告过程中，在外出考察交流以及与同行的研讨碰撞中，常会获得启示，产生联想，于是意欲将别人的所思所为加以移植、类比、细化和延伸，乃至凝练成与自身工作有机结合的教研课题.

例如，我主持申报立项的全国教育科学规划课题“欠发达地区普通高中学生生涯规划指导制度研究”（BHA160147），就是基于在北京、上海等发达地区学习考察和聆听有关新课程专家报告，并根据《国家中长期教育改革和发展规划纲要（2010—2020）》中的规定要求，要在普通高中“建立学生发展指导制度，加强对学生的理想、心理、学业等多方面指导”.我们深知欠发达地区的每所高中学校必须未雨绸缪，完成好这一“规定动作”.

因此，探讨建立健全符合欠发达地区学生实际的生涯规划指导制度，提出欠发达地区普通高中学生生涯规划指导的操作统筹、层级构成、提供模式和支撑体系，以保证普通高中和一线教师的日常指导能够卓有成效地施行.应该说，这是一项颇具现实意义而又十分紧迫的教研课题.

2.3 从课题信息中衍生

各级教育管理部门、科研机构和学术团体，通常都会根据社会发展和学科建设的需要，对教育科研的发展作出规划，定期推出《课题指南》，以供有意申报课题研究人员选题时参考.

列入《课题指南》中的课题，大多是当前教育界必须思考和探讨的重点、热点问题，有较强的指向性和指导性.从中选题，可谓“投其所好”，不失为一条选题立项的“绿色通道”.

但《课题指南》是一个方向性的框架，所提出的研究问题多比较笼统，通常是有待深入研究的某一领域或某一方面的问题，要真正形成申报立项的课题，还必须将其具体化.

另外，每年公布的已立项的课题，兄弟学校和其他学科老师正在研究的课题，也很有参考价值.通过收集、筛选、整理、分析这些“成功人士”课题研究信息，以便更好地把握教育发展走势和需求、教育科研动态和进展，受到启发，合情推理，从而类比和衍生出新的科研课题.

3 选题时需注意的问题

3.1 课题研究范围要适度

一线教师做课题，范围宜小不宜大．范围大了就容易空，大而空的问题，研究起来就会无从下手，深入不下去．

如前所述，教师专业发展是当前教育界探讨的热门话题．“中学数学教师专业发展研究”确实是一个很有意义的选题，但对于一线中学数学教师来说，问题过大，范围太广，无论你多么投入，也只是“试探”“浅议”，很难“研究”出什么名堂来，必须选择一个角度或加以限定，方可“研究”下去．

而对于倡导研究的“微型”课题，因涉及的范围较小，对主观和客观条件要求都不高，内容比较具体，研究的方法也就相对简单，便于施行，易出成果．

当然，作为一个申报立项的教研课题，也不同于一篇小论文，不宜过小．如果问题太小，范围太窄，局限性就较大，就失去系统研究推广的价值，自然也就没有立项的必要了．

3.2 课题研究要有明确的指向性

课题研究指向要明确，要阐明研究怎样的问题，怎样研究问题，达成怎样的目标．首先要“扣好第一粒扣子”，要选择教育教学实践中的“真问题”进行研究，以确保研究的真实性、实效性和可操作性．其次要立足“真问题”，本着求真、务实的原则，做真课题，真做课题．在确定课题目标时，既要考虑问题本身的要求，又要兼顾课题组实际的工作条件和教研水准，“跳一跳”能够“摸得着”“做得到”．从而通过一个周期的实践研究，以达到应有的层级．

比如，对于教师专业发展问题，如若我们依托工作室申报“基于‘数学教研共同体’的教师‘由优秀走向卓越’的行动研究”，看似研究的触角变小，实则信度减弱、难度加大了．因为它会让人免不了产生疑虑，通过三年一个周期的努力，就能让优秀教师成为卓越教师，工作室是如何“速成”

的，卓越教师又是如何考量的？显然不合时宜.卓越教师是在教育实践中摸爬滚打出来的，欲速则不达！

3.3 课题研究应与自身工作紧密关联

一线教师进行课题研究，未必是为了创生新的教育理论，也未必是为了建构新的教学模式，而是源自对教育教学的总结和反思，对教育实践的拷问和追求，找寻教育教学困惑背后的真实缘由，以及对可以意会、难以言传的"缄默的"教育经验所蕴含的教育本真的揭示.

如此，一线教师宜选择与自身教育教学实践联系密切的问题进行研究，着眼解决教育教学工作中具体的、微观的，甚至"细节"的问题.也许这样的研究不太引人注目，解决的问题也未必会有大成效、大进展，但恰恰是这些问题，影响了我们的教学工作成效，影响了我们拾级而上的专业发展进程.

例如，我曾主持完成的省级课题"以学案建设为载体施行校本教研的研究"（JG11031）.应该说，利用导学案进行教学比比皆是，但多为拿来主义，或极少数人编撰多数人享用.我们却"全校总动员"，以学案开发和修订为抓手，让各学科备课组老师共同探究教材，研究教法，编撰学案，在实践中不断反思教与学.这利于增强广大教师的课程意识和课程研究能力，提高校本教研活动针对性和实效性，为校本教研找到一个好抓手，为教学改革提供一个好支点，为教师发展搭建一个好平台，无疑是行之有效的.

一线教师也正是通过这些接地气、有生气的研究，解决了一个个常态的、微观的问题，使得课题研究与日常教学相得益彰，"中看更中用".也让我们通过课题的研究，逐步认识了教育，优化了工作，提升了自己！

搞教学要"扬长补短"，写论文要"扬长避短"，做课题则应"扬长有短"."扬长"表示有专长可发扬，"有短"则表示有空间、有必要进行系统的反思性实践研究.

课题研究的世界那么大，追梦的同行应该去看看！

（原文载于《中学数学教学参考》2019年第7期）

“吉祥三宝”，助力教师专业发展

有一首颇为流行的歌曲，叫《吉祥三宝》. 歌词大意是：“太阳、月亮和星星是吉祥三宝，绿叶、花朵和果实是吉祥三宝，一家三口也是吉祥三宝……”浏览网页时，我发现吉祥三宝还有很多寓意，不同领域的“吉祥三宝”寓意各有不同，且均有教育启示. 在教师专业成长的道路上，我认为“磨课、命题和写作”也可谓在“任务驱动、压力推动”下，助力教师专业发展的“吉祥三宝”.

1 磨课

上好课是教师的立身之基，发展之本. 怎样上好课，如何上出彩？“磨课”是教师上好课，走上专业成长之路的一条便捷、快速的绿色通道.

这里所述打磨的课，多指在各级各类教研活动和教学评比活动中，执教者主动“请缨”或“被安排”开设的观摩课、研究课和评比课等. 众所周知，要想在同行和专家面前呈现一节“好课”，确非易事. 承担执教任务的教师就会“逼迫”自己置于“研究”状态之下，用一种强烈的内驱力，驱使自己精心准备，认真打磨，不断地否定自我，超越自我.

为上好这节课，执教者需要认真研读教材，搜集相关资料，修改教学设计. 其间还会反复推敲，不断拷问：本节内容的地位与作用如何，与前后知识的内在联系怎样，教学目标是什么，重点、难点和关键点在哪里，新知识的生长起点与学生的认知实际有何落差，用什么方法组织教学最适宜，等等. 执教者就是这样不厌其烦地试教修正，反思打磨.

因为执教者是代表学校参加比赛或展示，于是个人邀请或学校组织相关人员帮助“磨课”，这些“志趣相投者”诚心帮执教者把这堂课上出彩，自然不同于平常的公开课评议，多有赞美之词、多为“过年的话”，而是就教学立意、教学环节、提问设计等给出见仁见智的意见，甚至激烈碰撞，以求将课磨得实在，磨得有效，磨得精彩，磨出“智囊团”的水平！

《充分条件与必要条件》是我们去年重点打磨的一节课，它系2015年安徽省优质课评比活动中授课的课题之一．由于赛前先给定了课题，故我校参赛选手和同仁对其着力进行打磨，意在磨出精品，赛出水准．

该课教学中，如何让学生理解和掌握充分条件和必要条件定义，既是重点更是难点．高中人教A版《数学》选修2-1中1.2.1节是这样给出定义的：

“如果从 p 可以推出 $q(p \Rightarrow q)$，那么就说 p 是 q 的充分条件，q 是 p 的必要条件．”

通过试教，大家颇有同感：如果我们据此定义平铺直叙地直接“奉送”给学生（平常的教学中多是如此），并告之：这是规定，记住它，会用它．学生免不了会心存疑虑，不知其然，更不知其所以然，大有“从帽子里面蹦出一只兔子来”（波利亚语）．如此教学，何谈让学生体验有生命力的数学教育生态呢？如此教学，也违背了活动组织者的选题初衷．那么，我们该如何磨课，怎样施教呢？

数学教育家张奠宙老先生曾谆谆告诫我们：“好的教师，就不只是讲推理，更要讲道理．要把印在书上的数学知识，转化为学生容易接受的教育形态．”并指明“把数学知识转化为教育形态，一是靠对数学的深入理解，二是要借助人文精神的融合”．

为此，我们重新进行教学设计，明确问题导向，聚焦概念产生，注重生成内化．从身边的实例探究中逐步感知概念，从原命题及其逆否命题的对比分析中自然生成概念，从集合论的视角和历史名言警句中进一步透析和体悟概念．几经磨砺，现将比赛时的几个教学“镜头”再现：

（1）探究：“充分条件的概念生成”（出示前述的命题）

若小明是芜湖人，则小明是安徽人．

为研究方便，我们不妨记：p：小明是芜湖人；q：小明是安徽人．

逻辑表达演变为：若 p，则 q 为真命题．

（自然语言）如果 p，那么 q．

（符号语言）$p \Rightarrow q$，

意思是：只要有 p，就可以得到 q．

也就是：只要有p，就能“充分地”保证q的成立.

简言之：p是q的充分条件.

(2) 探究：“必要条件的概念生成”（出示前述命题的逆否命题）

若小明不是安徽人，则小明不是芜湖人.

记法同前：若非q，则非p为真命题.

（自然语言）如果非q，那么非p.

（符号语言）$\neg p \Rightarrow \neg q$.

由此可见：q是p成立“必须要有”的条件.

简言之：q是p的必要条件.

强调：充分条件，就是“有它即可”；必要条件，则是“缺它不行”.

如此这般，直观明了而又通俗易懂地描述了“充分”和“必要”的含义.但要揭示内涵、把握本质，还须借助集合论的观点，数形结合地加以刻画，如图.

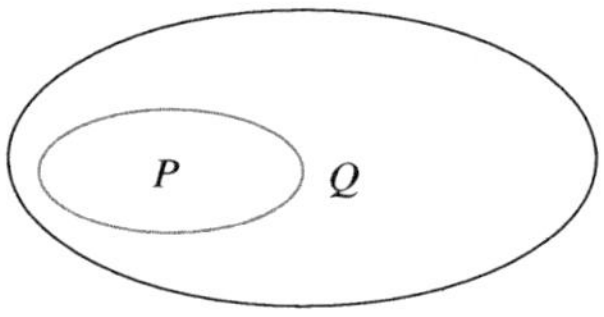

已知p：$x \in P$，q：$x \in Q$，且$p \Rightarrow q$.

由$p \Rightarrow q$，相当于$P \subseteq Q$，

则$x \in P \Rightarrow x \in Q$或$x \notin Q \Rightarrow x \notin P$，

故p是q的充分条件，q是p的必要条件.

其实，“充分和必要条件”是一个既陌生又熟悉的概念，早在我国战国时期《墨经》中就有记载，让我们来赏析和体悟：

充分条件：“有之则必然，无之则未必不然”；

必要条件：“无之则必不然，有之则未必然”.

我想，这种“雅俗共赏，数形结合”的教学方式，从学生非常熟悉的视角出发，改变问题的设问和表达方式，由具体渐进地抽象，将通往定义的道路铺平垫稳，以致形成概念.应该说是水到渠成的，是符合学生的心理特点

和认知实际的，不失为一突出重点、突破难点的有益尝试.

一次磨课，一次进步.但凡经历过试教、评议、反思修正这一循环往复、螺旋上升的“磨课”过程的教师，都会难以忘怀.在一次次激烈的讨论中，在一次次的教学演练中，它让参与磨课活动的教师对新课程理念把握更准确，对教材的研读更深入，对学情的了解更透彻，对教学环节的处理更自如.它给执教者以及参与磨课活动的教师带来的成长，已远远超出了一节课的价值.

难怪著名特级教师窦桂梅感言：“一定要争取多上公开课，这是你最好的‘炼炉’!”

2 命题

命题是一项综合性很强的工作，更是教师专业发展的有效助推器.命题过程是研究教材、理解教材、整体把握教材的过程，也是研究教学、研究学情的过程.

要命制好试题，命题者就需要掌握命题的基本规范，熟谙课标、考纲和教材的相关内容与要求，就会投入更多的时间去琢磨推敲试题，就会从命题者、执教者以及学生的角度去分析研究试卷，就会发现许多平常教学中不易察觉的问题，以便更好地对症下药，从而改进教学，优化教学.

一般的命题工作，多会在个人单独命题后，再邀请其他教师帮助修正打磨，以对试题是否存在科学性错误，是否超纲，整卷是否和谐，难易是否适中，题型分值比例是否适当，格式、体例是否规范，作答时间、空间是否适宜，文字表述是否简明易懂，有无歧义等多方面，进行指正和研讨，争鸣和碰撞.力求研磨出“试题科学，试卷平稳，富有新意，信度可靠” 的试卷.

有时，一道很普通的题目，经过几个人的不断研磨，最终可能成为一道有较好考查功效的试题.例如，在我校组织的一次区域性考试中，其中一道实验操作题初稿系：

如图是一副直角三角板，现将两三角板拼成直二面角，得到四面体 $ABCD$，则下列叙述正确的是______.

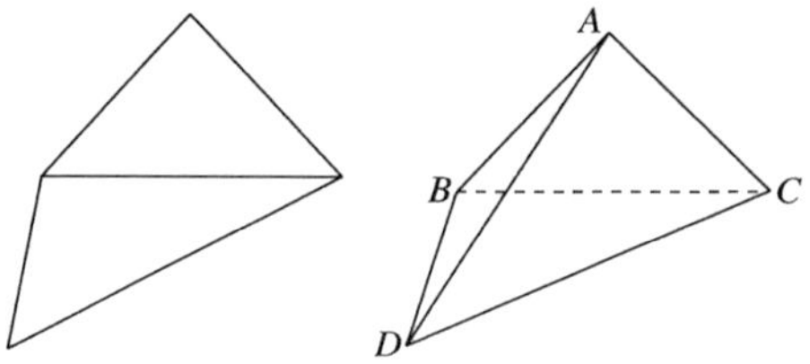

① $\overrightarrow{AD}\cdot\overrightarrow{AC}=0$；

②平面ABD的法向量与平面ABC的法向量垂直；

③直线DC与平面ABC所成的角为30°；

④二面角$C-AD-B$的平面角为锐角；

⑤异面直线BD与AC所成的角为45°.

在打磨中，有教师指出：题中①④⑤中间有一定的关联，如只要能得出$AC\perp$平面ABC，就能很快判断它们的正误，且在对它们的判断过程中，会出现相互矫正的可能，从而降低了难度，需要调整.

经商讨发现，如将⑤改成：直线BC与AD所成角为60°等，则会大为改观，从而将题中的结论修正为：

"①$\overrightarrow{BD}\cdot\overrightarrow{AC}=0$；②平面$BCD$的法向量与平面$ACD$的法向量垂直；③异面直线$BC$与$AD$所成的角为$60^\circ$；④四面体$ABCD$有外接球；⑤直线$DC$与平面$ABC$所成的角为$30^\circ$"，得到了预期的考查效果.

又如，在一次模拟考试中，命题组成员针对当时流行的考卷中普遍存在的函数与导数的解答题因过于"效仿"而出现的问题（即多为一个具体函数先求导确定单调区间，再求取值范围等固有模式的仿真题），提出了一个大胆的构想：能否跳出这一"固有模式"的圈子，给出一个不落俗套又能揭示本质的"新题"呢？

怎么办？干脆回归教材！因为教材凝聚了众多教育教学研究专家的心智，是教师教学的基础和根本，理应成为编制各种试题的"出发点".

为此，命题组的几位同仁，认真研读教材，多方参考资料，反复磋商碰撞.最终，决定从教材中零点的定义、导数的求导及其几何意义等入手，以教材中的习题为基本素材，通过适当的变化、延伸和整合，"推陈出新"，编拟出了如下这道集基础性、开放性和新颖性于一体的试题：

设M是由满足下列条件的函数$f(x)$构成的集合：①方程$f(x)-x=0$有实数根；②函数$f(x)$的导数$f'(x)$满足$0<f'(x)<1$.

（Ⅰ）若函数$f(x)$为集合M中的任意一个元素，证明：方程$f(x)-x=0$只有一个实数根；

（Ⅱ）判断函数$g(x)=\frac{x}{2}-\frac{\ln x}{2}+3(x>1)$是否是集合$M$中的元素，并说明理由.

这一题基于教材，通过“新定义”问题考查学生导数和零点等相关知识，有意考查学生基础知识、创新意识和综合素养，应该说还是颇具特色的“新题”，得到了应有的考查功效.

我想，对于试题的命制，无论是前期的个人命题还是后期的集体研磨，高负荷的思维活动无疑让命题者经历一次次头脑风暴，收获那种只有经历实战演练才能得以提升的“缄默”的命题智慧.只有亲历者才能体悟到，磨题给人带来的那种痛苦和喜悦交织的心境.自己的想法在大家的辩驳中慢慢流失，却又不断升华，以致最后的题目虽面目全非，但却破茧而出.试题命制没有最好，唯恐不好.“好题”是磨出来的!

3 写作

写作是思想的磨刀石，是思考力的外显性标示.思考固然可以不动笔，但不形成文字的思考往往是零碎的、离散的.想到的不一定能写出，写出的不一定能写好.写作能促进我们把教学观点表达得更完整、更深刻、更科学，它犹如隐形的翅膀，让我们飞向更加广袤的专业发展空间.

的确，写作是“累并快乐着”的劳动.起步难，令人生畏；没时间，一声叹息.中学数学教师长年累月奋战在教学第一线，时间紧、任务重、压力大是不争的事实.如何才能有效地在岗进行教育教学研究，写作教研论文呢?其实，我们只要能“在研究状态下教学，在教学过程中研究”，对教学实践中遇到的一些问题，以一线教师“身临其境”这一得天独厚的条件进行实证、探索，并在实践基础上理性地思考，自然会“处处留心皆论文”.

在日常的教学工作中，我们总会遇到各种各样的疑难问题（包括学生问的和同行讨论的，在资料中看到的等）. 问题就是课题，就可以作为写作的素材. 概言之，素材大致来自如下三个方面：

（1）从教材教法中来. 例如，二十多年前的人教必修本高中《立体几何》第43页有这样一道习题（当然这道习题现今仍到处可见）：

在一个二面角的一个面内有一点，它到棱的距离等于它到另一个面的距离的2倍，求二面角的度数.

我注意到，每届学生在处理这道题时多有两种答案：30°或150°；30°. 前者往往为不少成绩较好同学所为，少数教师也持赞许态度. 其理由是，点到半平面的距离指的是点到半平面所在平面的距离；而后者则认为，点到半平面的距离应是点到半平面的最近点的距离. 谁是谁非？问题出在关于“点到半平面的距离”的定义上，但中学课本中尚未提及.

我通过查究相关资料发现，前者是不妥的. 这是因为有关“距离”的定义高等数学中已明确给出：

两个点集M，N之间的距离是M，N中各任取一点所成点对的距离的下确界：$d=\inf\left\{\overline{AB},\ A\in M,\ B\in N\right\}$.

这样，问题也就不言自明了，点到半平面的距离应为这点与半平面上各点距离的最小值，故本题的答案应是30°. 整理成文后即在《中学数学》1994年第4期上刊载.

（2）从考题考卷中来. 就我发表的这类论文来看，大致有三类问题：

一是“一个问题”，即就一道考题，探寻它命制的心路历程，以及别解、新证、溯源、推广和应用等；二是“一类问题”，即对高考试题等的某个热点问题，常考常新的某个考点，可就近年尤其是当年高考试题进行剖析归因；三是“一套试卷”，即对一套试卷的特点、亮点进行评述，命题规律和走势进行探寻等.

（3）从论文论著中来. 他山之石，可以攻玉. 写作能促使自己查证更多的资料，阅读更好的书刊，求证更深的思考，推动我们的“研”，提升我们的“教”. 寻访每一位名师的成长路径，都有一个不二法门，那就是阅读.

阅读何物？我首推的是阅读中学数学期刊，因为期刊中的这些论文是我们所需，为我们所写，多数作者就是我们一线教师，他们讲述的是“咱老百姓自己的故事”.

在学习别人的过程中，我们就会自我警醒：我们在埋怨时间紧、任务重的同时，别人为何有所作为；别人都写出来了，我们总该有时间去研读、借鉴和仿效吧！

倡导做“有思想的阅读者”，即在阅读时要与文本之间产生有内涵的呼应，引发自己的思考，自然就会发现，论题就在眼前.

例如，论文《一个并非“干扰”“主干”知识传授的引申》，就是我在阅读《数学通报》上一篇论文颇受启迪的同时，联系自己的日常教学提出不同看法，并与原作者商榷：

我认为，把题“已知$x>0$，求$y=x+\frac{1}{x}$的最小值”引申为“求函数$y=\frac{x^2+3}{\sqrt{x^2+2}}$的最小值”，并非如原作者所述，是“‘干扰’了本节课不等式应用这一‘主干’知识的传授”，相反，如若能引领学生利用下述方法探究该引申，则既强化了正确使用定理“a，$b\in\mathbf{R}^+$，$\frac{a+b}{2}\geqslant\sqrt{ab}$（当且仅当$a=b$时取‘=’）成立的三个条件‘一正、二定、三相等’”，又能为灵活地使用本定理提供一个很好的范例.我给出了具体的教学思路，很快在该刊2004年第7期上发表.

我想，这里的“写作”，实际上是自己教育实践与思考的真实记录，是自己在“教学即研究”中点滴积累的教育心得，讲述的是自己的所思所为，表达的是自己的真情实感，是一个充满思考的活动和充满活动的思考.

写作，与实践相随，与阅读同行，与思考为伴.实践是源泉，阅读是基础，思考是灵魂，成长则是必然.一句话，写作是成为名师的必要条件！

（原文载于《中学数学教学参考》2016年第8期）

用好新教材，迎接新世纪

新编高中数学教材已在部分省市试用，即将在全国普遍使用. 这套新教材是我国数学教育界给新世纪的献礼，同时也给我们这些高中数学教师带来了机遇和挑战. 我们要认真学习新教材，掌握新教材，用好新教材，以此作为对新世纪的奉献.

1 提高认识

1.1 如何认识内容增加与课时不足的矛盾

中学数学是学生进一步学习的重要基础，是为今后各专业学习提供必备的数学知识、思想方法和解决问题的工具. 为此，新教材增加了为后续学习奠定坚实基础且具有广泛应用的内容，如简易逻辑、向量、概率统计、微积分初步等. 再加上原有中学数学大部分内容，显然，新教材较原有中学数学教材分量重，但课时并未增加. 因此，就产生了教材内容多与教学课时不足的矛盾. 只有妥善解决好这对矛盾，才能全面落实教学计划.

首先，要看一看现实情况：现有中学数学教材，已经包括微积分和概率统计，只不过因为它们属于选学内容. 一般中学，包括重点中学，实际上都未列入正常教学计划. 就我所在学校近年来的教学情况来说，高中数学教材的必学内容，基本上都是在高中头两年完成，从三年级起，就进行复习. 一般是两轮复习，最后还要进行一段集中“冲刺”. 随着素质教育的推行和大学升学率的提高，纠正这种不正常的教学安排，势在必行. 这样就能赢得一年的教学课时.

其次，从总体上把握数学新教材，充分利用教材各部分内容之间的互补关系，可以节约时间. 例如，求函数的极值、绘制函数图象、研究函数性质，是中学数学重要内容之一，原来要花很多时间来教学和反复练习. 现在中学教材引入微积分，便得到了统一的、程序化的处理方法，因而简化了内容，降低了难度.又如，引入了向量，立体几何证明题有了统一的解法，难度将会大大降低.

1.2 怎样解决基础教育与更高要求的矛盾

高考文理合卷，表明综合素质教育的数学要求日渐提高，摆正了数学在中学教育中的基础地位.另一方面，对于不同专业的学生，所需要的数学知识并不一致.如何解决好数学基础教育与报考理科学生对数学更高要求的矛盾，也是一个需要解决好的问题.

其实，新教材已经考虑到学生的不同要求，采取了必修课、限定选修课和任意选修课相结合的课程结构模式.教学好必修课教材，可培养全体学生必须具备的数学素养，而限定选学和任意选学内容，则考虑到了文理科需求的不同.有计划地利用这些教材，搞好分层教学和分类指导，就可满足新世纪各种类型、各种层次、各种素质人才对中学数学教学的要求.

另外，新教学中每章安排有阅读材料，习题中打“*”的问题，以及复习题的B组题目等，这些都是安排第二课堂的很好素材.在教学中恰当安排、精心组织实施，可以解决好必学与选学、第一课堂与第二课堂的矛盾.

2 更新知识

2.1 更新知识的必要性

新教材内容更新、难度加大，迫切要求教师更新知识，这是毋庸置疑的.数学新教材综合各科于一体，广泛使用了集合语言、逻辑联结词、国家标准计量符号，增加了概率统计、向量、微积分等.对此，大多数老师是不熟悉的，教学难度较大.这就要求教师加强对现代数学思想、方法和高等数学理论的学习，并且用它们来指导中学数学教学.即便当年学过高等数学的教师，也需要更新观念.例如，自然数的扩充，把数“0”作为自然数，第一个自然数是0而不是1，这就是一个新的问题.为什么要这样呢？它对中学数学其他各部分内容有何影响？这就需要用现代数学观点来回答.

把科学的数学变为教育的数学，也是要经过教师努力的.大学微积分不是中学微积分，大学所学的概率统计理论也未必能够联系当前尤其是中学生的生活实际.这些都要我们重新学习，深入理解，细心体会，并将其与中学生的实际生活经验相联系.

2.2 更新知识的途径

要当一个好教师，就要不断学习，不断充实自己，与教材“同频”.但中学数学教师工作紧张，如何进行学习以更新知识，是一个现实问题.如有机会进行脱产进修或在职函授，当然很好.但更重要的是在岗学习，在岗提高.一要向书本学习.要针对自己的知识薄弱环节和教学需求，选择高等数学与中学数学结合的专业书籍进行业余进修.这方面书籍或教材已有出版，例如《现代数学观点下的中学数学》，就切合中学数学教师目前的需要.二要向有经验的人学习.不仅学习别人的间接经验，还要学习直接经验.间接经验就是已经发表在中学数学杂志上的文章.近几年来，中学数学杂志已刊发不少关于新教材教学的教研论文或资料.它们针对性强，对新教材教学有现实指导和启示作用.阅读这些文章，对新教材的理解和教学很有帮助.学习别人的直接经验，积极参加教研活动，与同行交流经验、研究教学中存在的问题，也是自我提高的重要途径.

3 革新教法

3.1 把学习的主动权交与学生

新教材改变了以往数学教材对学生学习规律研究不够的情况，统一安排教材重难点，注意研究学生的思维特点和学习规律，把学生当作学习的主体.在内容的呈现上注重联系实际，注意展示知识的形成过程，增加趣味性，讲究启发性，便于学生阅读和自学.

为了利用新教材的这些特点和优点，要切实改进教学方法.教师的任务主要不是转述系统的课本知识，而是要为学生创设最适宜的自学和探讨氛围，做好学法指导.教师多问，引导学生多思，在教师的指导下，让学生自己动脑、动手解决问题，着力培养学生的自学能力和探究精神.例如“想一想”的设置，可以说是新教材的一道颇具创意的风景线，我们要认真领会这些材料的编写意图及其功能，要研究利用它们来启发学生思维的具体方法.

此外，还要结合教材中的“实习作业”等，指导学生把学习与应用结合，学习与实践结合，鼓励他们关注周围的实际问题，学习数学建模，进行实地测算，作调查统计，撰写小论文等，使学生数学学习生动活泼.

3.2 电化教学全面进入课堂

随着教育现代化的不断推进，现代电教媒体将以其独特的优势进入课堂，冲击着粉笔加黑板的传统教学手段.因此，与新教材相匹配的新大纲明确指出：积极创造条件，采用现代化教学手段指导教学.可见，新教材内容增加而课时并未增多也考虑了现代教学手段的效益.由于计算器已列为初中数学的选学内容，这就为高中用计算器处理复杂计算问题做好了铺垫.在使用新教材中，可以从计算指数幂开始就广泛地使用计算器，让其发挥应有功能，这样也可减轻学生计算上的负担.多媒体作为数学的辅助教学手段，其优越性已日趋凸显.例如，利用多媒体演示几何图形动态特征，显现三角函数曲线周期变化规律等，既直观明了，又能反映变化过程，对深刻理解数学基础知识十分有益.因此，我们在使用新教材时，应通过多种方式掌握和提高多媒体方面的有关知识和技能，努力寻求多媒体教学与传统教学的最佳契合点，使多媒体真正成为优化教学方法的有力工具.现今，电脑已进入学生家庭，我们还应做好指导工作，引导学生使用好有关新教材的电脑软件.

适逢千禧之年使用新教材，这对我们一线教师来说，是特殊时期的特殊使命.面对这一全新的课题，我们只有认真学习领悟新课标，深入研究践行新教材，不断提高自身的数学专业素养和教育科学水准，方能顺应时势，满足新课改的需要.

（原文载于《中学数学教学》2000年第2期）

感悟生活，品味数学

——《确定与不确定》教学简录与评析

这是一位教育硕士提交的学位论文中的一个课例，真实记录了该文的作者——南京师大附中江宁分校朱敏龙老师参加“2008年全国首届初中数学‘新课程、新精彩、新走向’名师精品课观摩研讨活动”时执教的一节课.该课是义务教育课程标准实验教科书数学（苏科版）七年级下册第十三章“感受概率”中的第13.1节“确定与不确定”.执教者围绕“玩”字做文章，力求体现数学大师陈省身先生倡导的“数学好玩”的思想.通过故事、生活实例以及实验游戏等系列活动，让学生多视角地感受数学好玩、乐玩，在“玩”中学习数学、领悟数学、品味数学.

1 教学简录

1.1 创设情境，引出概念

【听一听】（播放录音）听故事《从死亡线上生还》：相传古代有个王国，由于崇尚迷信，世代沿袭着一条奇特的法规：凡是死囚，在临刑前都要抽一次“生死签”，即在两张小纸片上分别写着“生”和“死”，由执法官监督，让犯人当众抽签.如果抽到“死”字签，则立即处刑；如果抽到“生”字签，则被认为这是神的旨意，应予当场赦免.有一次，国王决定处死一个敢于“犯上”的大臣，为了不让这个囚臣得到半点赦免的机会，他与几个心腹密谋暗议，想出了一条狠毒的计策.

师：请大家想一想，国王想出了一个什么计策？

生：在“生死签”的两张签纸上都写上“死”字.

师：为什么？

生：在两张都是“死”字签中抽到的一定是“死”字签，所以这位敢于“犯上”的大臣不管怎样抽，都得死.

师：（投影）两个都是“死”字签，我们称为“死死签”，那么在“死死签”的条件下：

（1）抽到“生”字签的可能会不会发生？

（2）抽到“死”字签呢？

生：（1）不可能；（2）一定、必然的．

师：然而，聪明的囚臣正是巧妙地利用了这一点，使自己死里逃生．你知道他想出了什么办法吗？

生：（有些学生诧异，认为不可能；有些学生窃窃私语后有了主意）先将抽到的那个签毁掉，看另外一个签．

师：对，那位聪明的囚臣在抽到纸签后立刻将它吞到了肚子里说：“如果上天要惩罚我，这个恶果我已经吞下，你们只要看另一个签就知道我抽到了什么签．”

师：（投影）在“生死签”的条件下：

（3）抽到“生”字签会不会一定发生？

（4）剩下的是“死”字签说明抽到的是什么字签？

生：（3）不一定，有可能；（4）“生”字签．

师：同学们回答得很好．我们再来看这幅图片（投影王楠和张怡宁打乒乓球的图片），你们认识她俩吗？

生：王楠和张怡宁．

【猜一猜】（投影教科书上引例，有改编）：在某次国际乒乓球单打比赛中，中国选手王楠和张怡宁进入了最后的决赛．那么，该项比赛的结果是：

（1）冠军属于中国吗？

（2）冠军属于外国选手吗？

（3）冠军属于王楠吗？

（学生回答后教师予以肯定）．

【评析】这两个事例既有趣，又饱含智慧；既是学习兴趣的生长点，也是引发学习内容的催化剂，再现了新知“必然事件、不可能事件和随机事件”的自然背景和生活原型．执教者正是看准了这一教育功能，才不惜花一定的时间让学生“听一听”“猜一猜”，从而让学生在脑海中逐步建构起有关“事件”的雏形．

1.2 归纳提炼，得出概念

就上述问题，教师引导学生边探讨边总结：

在一定条件下，有些事情我们事先能肯定（一定发生），如【猜一猜】中“（1）冠军属于中国”；有些事情我们事先能肯定不可能（一定不发生），如“（2）冠军属于外国选手”；有些事情不一定（无法确定），如“（3）冠军属于王楠”.

又如：《从死亡线上生还》故事中（1）“在‘死死签’的条件下，抽到‘生’字签”是“不可能（一定不发生）”的；（2）“在‘死死签’的条件下，抽到‘死’字签”是“肯定（一定发生）”的；（3）“在‘生死签’的条件下，抽到‘生’字签”是“不一定（无法确定）”的；（4）“在‘生死签’的条件下，剩下的是‘死’字签说明抽到的是‘生’字签”是“肯定（一定发生）”的.

师：“肯定（一定发生）”和“不可能（一定不发生）”是确定的，“不一定（无法确定）”是不确定的，这就是我们今天要探讨的问题.

13.1 确定与不确定（板书课题）

师：（边板书边介绍概念）

在一定条件下，有些事情肯定它一定不会发生-----**不可能事件**

有些事情肯定它一定会发生 -------**必然事件**

（不可能事件、必然事件）} **确定事件**

很多事情无法确定它会不会发生--------------- **随机事件**

【看一看】请大家将书打开翻到第160页，找到这几个概念.

【评析】数学教育建构观认为，学习数学是主体对数学知识的认识过程，学生的数学学习活动不应只限于接受、记忆、模仿、练习等被动吸收过程，而应是在教师指导下的主动建构学习的过程.基于此，让学生根据自己的想法对以上所出现的事件进行分类，在自己分类的过程中，说出“一定”“可能”“不可能”等词语，使学生对确定事件和随机事件有了一定的认识，通过自己的亲身经历去感知，进而让学生完成对数学的逐步建构和对数学概念的抽象建构.

1.3 活动探究，感受概念

师：现给出一些事件（教科书中的练一练，有改动），请同学们判断，并独立完成.

【练一练】下列事件中，哪些是不可能事件，哪些是必然事件，哪些是随机事件？

（1）太阳从东方升起；

（2）小明家买彩票将获得500万元彩票大奖；

（3）成语“杞人忧天”；

（4）俗语“天有不测风云”；

（5）$1+1=3$；

（6）对顶角相等；

（7）相等的角是对顶角；

（8）抛掷1枚质地均匀的骰子，6点朝上；

（9）自由转动转盘，转盘停止后指针指向绿色区域；

（10）367人中至少有2人的生日相同.

【比一比】同桌之间展开讨论，举出1～2个“确定事件”或“随机事件”的例子.然后由一个人说例子，请其他同学抢答.如果是确定事件，请说明是必然事件还是不可能事件.

【玩一玩】与你的同桌玩6次“剪刀、石头、布”的游戏，请做好记录并回答：你是否每次都赢？从这个游戏中你能得到什么启示？

（活动结束后，教师了解学生的输赢情况，并重点询问每次都“输”或“赢”的同学是什么事件.）

【试一试】取球游戏：三个袋中分别装了8个球，可能是白球或黄球，谁能上来摸一摸，你选哪一个袋子，想摸出什么颜色的球？（请几位同学亲自摸摸看，检验猜测.学生摸一个球后放回，教师演示充分摇匀后，再让学生去摸）说说你的想法.

师：（先拿出有8个白色乒乓球的第一个袋子，请一名同学上讲台取球）你想取什么颜色的球？

生：……（再猜测第二次想取什么颜色的球，再验证. 连续几次）

师：（对取“全白”袋的同学提问）取白球是什么事件？取黄球是什么事件？会发生随机事件吗？

生：“取出白色乒乓球”是必然事件，“取出黄色乒乓球”是不可能事件，不会发生随机事件.

（接下来继续实验）

第二袋（白色、黄色乒乓球各4个）操作同上，几次后学生会得出“取出白色乒乓球”与“取出黄色乒乓球”是随机事件.

第三袋（黄色乒乓球7个，白色乒乓球1个）由于白色乒乓球仅1个，几次学生取出都是黄色乒乓球后就断定“取出黄色乒乓球”是必然事件，这时老师又让学生连续取了几次，竟然还是黄色乒乓球，学生更加肯定说“取出黄色乒乓球”是必然事件，当老师将1个白色乒乓球从袋中取出来时，学生惊讶了！这怎么可能呢？

【做一做】抽牌游戏：在A～9九张牌里洗牌后一次任意抽出两张，抽后放回让其他人抽，计算它们的和，算算谁抽出的“和”大，想想“和”有哪些可能？要求以四人为一小组活动.

师：我们将“A”当作数字“1”，以四人为一小组活动，注意抽牌前要洗牌（教师演示一下）.

生：……

师：请第一小组汇报一下你们的活动结果.

生：“和”为5，8，17，9.

师：请“和”为5的同学举手，我来统计一下有几位……

【评析】新课程要求：学生的数学学习活动应该倡导自主接受、动手实践、合作交流、阅读自学等学习方式. 这些方式有助于发挥学生学习的主动性，使学生的学习过程成为在教师引导下的再创造过程. 这里设计一系列的师生互动、生生互动、分小组活动等形式，让孩子们在活动中用数学的眼光看世界，通过他们的亲身经历，发现现实生活中存在着许多的必然事件、不可能事件和随机事件，以不断加深对相关概念的理解.

1.4 巩固拓展，深化概念

【议一议】由刚才的抽牌游戏，请你根据“和”的结果分别设计一个必然事件、不可能事件和随机事件.

生：“抽出两张的和必为3～17中的一个整数”是必然事件，“抽出两张的和为2”是不可能事件，“抽出两张的和为8”是随机事件.

生：“抽出两张的和小于3或大于17”是不可能事件，“抽出两张的和为3～17中的任一个整数”是随机事件.

师：如果条件“一次任意抽出两张，抽后放回”改为“一次抽出一张放回，洗牌后再抽一张”，那结果呢？

【说一说】学习是一件很愉快的事情！请你完成今天的“数学日记”：

数学日记	_____月_____日_____星期_____天气_____
学习课题：	
知识归纳与整理： ________________ ____________________	我的收获与困惑： ____________________ ____________________
有哪些数学思想或方法： ________________ ______________	老师我想对你说： ______________________________________ ____________________
自我评价：____	

生1：我知道了事件分确定事件和随机事件，而必然事件和不可能事件都是确定事件.

生2：判断什么事件一定要注意它特定的条件，否则会出现不同的结果，像抽“生死签”的故事.

生3：在我们生活中，不仅存在确定事件，更存在大量的不确定事件，应该叫随机事件……

师：同学们回答得很精彩，看来我们生活中到处存在着不可能事件、必然事件和随机事件，并且随机事件的可能性有大有小，由此可见数学来源于生活，生活离不开数学.

生4：老师我有个困惑，刚才练习中同学们说“太阳从东方升起”是“必然事件”，那如果我是在火星上呢？

师（笑着说）：“地球人都知道，太阳是从东方升起的”（注：若在北极、南极上，则另当别类）. 对我们在地球上的人来说“太阳从东方升起”是“必然事件”，如果你有一天飞上了火星，那么“太阳从东方升起”就不是必然事件了，你的建议很好，最好加上“在地球上”这个条件，这位同学再一次提醒我们谈事件必须关注它的条件！

师：今天的作业是：

（1）课本P161 习题13.1.

（2）请你能尽可能多地收集与确定事件或随机事件有关的成语或俗语（例如：成语“杞人忧天”，俗语“天有不测风云”等），并作简要说明.

【评析】这一环节重在对数学活动的总结和反思. 让学生通过自我设计相关问题，完成数学日记并交流辨析，在梳理、内化中不断完善认知结构. 一改常规教学中教材内容简单重复、教师讲学生听的格局，升华了传统意义的课堂小结，折射出人文教育的光芒. 如此的安排，以及其中教师的有效指导、激励性的评价和期待、课后弹性作业等，均很好地体现了新课程倡导的为了每一位学生的发展，把数学教育提升为发展和完善人的教育活动、不同的学生得到不同的发展的教育理念.

2 特色评析

在整堂课的教学中，朱老师着眼于诱导，变学生苦学为乐学；关注于指导，变学生学会为会学；借助于活动，变学生被动为主动. 这节课真正显现了执教者对新课标、新课程、新理念独到而又深刻的体悟，以及其应有的教学积淀和教学机智. 但也有不少地方值得商讨和改进，如【说一说】这一环节中，有的问题提得过于宽泛，指向性不明. 如“我的收获和困惑”“有哪些数学思想和方法”等，这对于七年级的孩子来说是否拔得过高；整个教学流程中“赶”的印痕比较明显等. 但这并不影响本节课特色的显现，特别是在情境创设、“双主”活动和教材使用上可圈可点.

2.1 情境创设有趣合理

全日制义务教育新课标指出：教师要充分利用学生的生活经验，设计生动有趣、直观形象的数学教学活动，让学生在生动具体的情境中理解和认识数学知识. 新课开篇创设的富有感情色彩和揭示数学新知的生活原型的具体场景，即将学生引领到问题境界. 学生耳闻“如何从死亡线上生还”，目睹“两位乒乓国手的对决”，在欣赏的同时“阔论古今趣闻”，积极思考并根据已有的知识和经验主动探寻. 至此，有关“事件”的引入水到渠成. 这一环节很好地体现了趣味性、人文性的同时，还突出了针对课堂教学所要建构的知识结构、针对教学目标的目标性原则和针对学生现有的认知实际，以及“跳一跳够得着”的最近发展区原则.

2.2 “双主”活动和谐自如

纵观整堂课的教学，我们不难看出，课堂里充满着民主、平等与关爱. 教师扮演的是组织者、引领者、参与者的角色，给学生应有的动口、动手、合作学习、主动探究、相互交流的机会与时间，大大促进了学生对有关“事件”的真正理解与灵活运用. 教学的行程多是学生自己探究解决和在自我总结的基础上逐层递进主动建构的. 在突出了学生主体地位的同时，教师的主导作用发挥得淋漓尽致. 如“地球人都知道”这一貌似调侃的话语，恰如其分地点中了“太阳从东方升起”这一必然事件是发生“在地球上”这一条件，也是对学生回答的一种赞许，给人留下了深刻而富有情趣的印象. 教师在这里的“点拨”，可谓：点在要害处，拨在点子上.

2.3 教材使用灵活开放

新课标指出：教师在教学中要有自己的独立性，根据自己的教学实际情况去创造性地运用教材. 可以不必拘泥于教材形式，可以不完全按教材教学，只要以新课标为依据，达到新课标规定的整体性理论和目标就可以了. 为了使学生对本节课所学内容乐于接受便于理解，执教者或是改进或是增添了【听一听】【猜一猜】【看一看】【说一说】等环节．从形式到内容的设计，多考虑到七年级学生的年龄特征和认知实际，既有课前的精心预设，更有课中的自然生成，最大限度地发挥教材的教育功能，力求使教学更加趣味化、生活化、有效化和开放化．

（原文载于《中学数学教学》2009年第3期）

反函数教学中值得关注的两个问题

“为什么能把$y=f(x)$的反函数表示成$y=f^{-1}(x)$的形式？为什么要把$y=f(x)$的反函数表示成$y=f^{-1}(x)$的形式?”这是反函数教学中，学生很难理解的一个问题，又是学生必须掌握的一个重点内容．但教材和教参对此却少有深究，因此有必要对该问题再行探讨．我认为：在教学中，解决好下面两大问题，对帮助学生加深对反函数概念的理解，提高解题能力都是大有裨益的．

1 讲清反函数概念中的两个关键点

1.1 如何刻画反函数存在的条件

为便于说明，现抄录教材中反函数定义如下：函数$y=f(x)\quad(x\in A)$中，设它的值域为C. 我们根据这个函数中x，y的关系，用y把x表示出，得到$x=\varphi(y)$. 如果对y在C中的任何一个值，通过$x=\varphi(y)$，x在A中都有唯一的值和它对应，那么，$x=\varphi(y)$就表示y是自变量，x是自变量y的函数．这样的函数$x=\varphi(y)\quad(y\in C)$叫做$y=f(x)\quad(x\in A)$的反函数，记作$x=f^{-1}(y)$.

在函数$x=f^{-1}(y)$中，y是自变量，x表示函数．但在习惯上，我们一般用x表示自变量，用y表示函数．为此，我们常常对调函数$x=f^{-1}(y)$中的字母x，y，把它改写成$y=f^{-1}(x)$.

由于新教材中没有引入“一一映射”的概念，因此，反函数定义中用“对y在C中的任何一个值，通过$x=\varphi(y)$，x在A中都有唯一的值和它对应”来刻画函数$y=f(x)\quad(x\in A)$存在反函数的条件．从而说明不是所有的函数都存在反函数，当且仅当关于x的方程$y=f(x)$有唯一解时，函数$y=f(x)$才存在反函数．

此既给出了判断一个函数是否有反函数的一种方法，同时也给出了求这个函数的反函数的求解思路．

例如：（1993年全国高考题）设$f(x)=4^x-2^{x+1}$，则$f^{-1}(0)=$_____．

命题组给出的答案是1.

其实，由上所述，若设$4^x-2\cdot2^x=y$，得$(2^x)^2-2\cdot2^x-y=0$，则$2^x=1\pm\sqrt{1+y}$．

这样，关于x的方程就有两个解，即知此函数不存在反函数，故本题是一道错题．

如若限定$x\geqslant0$，则关于x的方程只有唯一解，本题就无可厚非了．

1.2 如何理解$y=f(x)$的反函数要表示成$y=f^{-1}(x)$的形式

首先，要理解为什么能把$y=f(x)$的反函数表示成$y=f^{-1}(x)$的形式呢？这是因为$x=f^{-1}(y)$能否表示成$y=f^{-1}(x)$，关键是看它们是否表示的是同一函数．这可由函数的三要素：对应法则、定义域和值域，即知$x=f^{-1}(y)$与$y=f^{-1}(x)$是同一函数．

例如：函数$y=\sqrt{x}+1\quad(x\geqslant0)$的反函数$x=(y-1)^2\quad(y\geqslant1)$与$y=(x-1)^2\quad(x\geqslant1)$的定义域都是$[1,\ +\infty)$，值域都是$[0,\ +\infty)$，对应法则都是表示自变量与1之差的平方．所以$x=(y-1)^2\quad(y\geqslant1)$与$y=(x-1)^2\quad(x\geqslant1)$表示的是同一个函数．

其次，要理解为什么要把$y=f(x)$的反函数表示成$y=f^{-1}(x)$的形式呢？这是因为把$y=f(x)$的反函数表示成$y=f^{-1}(x)$的意义在于能在同一坐标系内探讨两函数图象间的关系．

在已画好原函数$y=f(x)$的图象的坐标系中，反函数$x=f^{-1}(y)$的自变量y用纵坐标轴上的点表示，函数值x用横坐标轴上的点来表示．这样，反函数$x=f^{-1}(y)$的图象就确定了．此时，原函数$y=f(x)$与其反函数在同一坐标系内的图象相同．所不同的是，原函数的自变量x和因变量y分别是用横轴和纵轴上的点表示；而反函数的自变量y和因变量x分别用纵轴和横轴上的点来表示．

例如：原函数$y=2x+3$与其反函数$x=\dfrac{y-3}{2}$的图象在同一坐标系中是同一条直线（如图）．

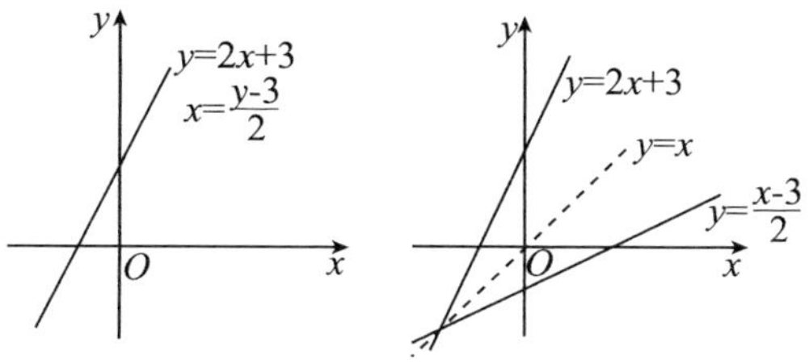

为了避免这一表面现象的发生，同时考虑到习惯上的规定，就只有把原函数及其反函数的图象放到相同的自变量轴（x轴）和相同的因变量轴（y轴）的坐标系中去研究．因此，习惯上把函数$y=f(x)$的反函数$x=f^{-1}(y)$中的x，y互换写成$y=f^{-1}(x)$.

例如：$y=2x+3$与其反函数$x=\dfrac{y-3}{2}$的图象如图所示．

此时，函数$y=f(x)$与其反函数$y=f^{-1}(x)$的图象关于直线$y=x$对称，这正好揭示了两函数图象间的关系．

2 梳理好反函数的两组结论

2.1 几个“原则”

（1）定义域和值域的互换原则：原函数的定义域和值域分别是其反函数的值域和定义域．

（2）图象对称原则：原函数与其反函数图象在同一坐标系中关于直线

$y=x$ 对称.

（3）单调性相同原则：原函数与其反函数具有相同的单调性.

（4）奇函数不变原则：原函数若是奇函数，则其反函数也是奇函数.

（5）复合函数换位原则：若函数 $y=f(g(x))$ 有反函数，则其反函数为 $y=g^{-1}(f^{-1}(x))$.

这可由函数 $y=f(g(x))$ 有反函数，得 $f^{-1}(y)=g(x)$，则 $x=g^{-1}(f^{-1}(y))$. 将 x，y 对调，立得结论.

例1 函数 $y=\dfrac{e^x-e^{-x}}{2}$ 的反函数（　　）

A. 是奇函数，它在区间 $(0,\ +\infty)$ 上是减函数

B. 是偶函数，它在区间 $(0,\ +\infty)$ 上是减函数

C. 是奇函数，它在区间 $(0,\ +\infty)$ 上是增函数

D. 是偶函数，它在区间 $(0,\ +\infty)$ 上是增函数

【解析】由于 $y=\dfrac{e^x-e^{-x}}{2}$ 是奇函数，且在区间 $(-\infty,\ +\infty)$ 上是增函数，则由原则3，4知，应选C.

例2 设函数 $f(x)=\dfrac{1-2x}{1+x}$，若函数 $y=g(x)$ 的图象与 $y=f^{-1}(x+1)$ 的图象关于直线 $y=x$ 对称，求 $g(2)$.

【解析】记 $h(x)=x+1$，则 $h^{-1}(x)=x-1$.

由于 $y=g(x)$ 是 $y=f^{-1}(x+1)$ 的反函数，

则 $y=f^{-1}(h(x))$ 的反函数为：$g(x)=h^{-1}(f(x))=f(x)-1$.

$\therefore\ g(2)=f(2)-1=\dfrac{1-2\times 2}{1+2}-1=-2.$

2.2 几个“不一定”

（1）奇函数不一定有反函数，偶函数不一定无反函数. 例如：函数 $y=\sin x(x\in \mathbf{R})$ 是一个奇函数，却不存在反函数；函数 $y=1(x=0)$ 是一个偶函数，却有反函数.

（2）函数与其反函数的交点不一定都在直线 $y=x$ 上. 例如：函数 $y=$

$\frac{1}{x}(x \neq 0)$与其反函数相同，故它们的交点为该曲线上任一点.

（3）单调函数有反函数，但有反函数的函数不一定是单调函数.例如：函数$y=\frac{1}{x}(x \neq 0)$它有反函数，却不是单调函数.

（4）函数$y=f(f^{-1}(x))$与函数$y=f^{-1}(f(x))$不一定是同一函数.例如：已知函数$y=\frac{1}{x}(x \neq 0)$，有$f(f^{-1}(x))=1+\frac{1}{f^{-1}(x)}=1+\frac{1}{\frac{1}{x-1}}=x(x \neq 1)$，$f^{-1}(f(x))=\frac{1}{f(x)-1}=\frac{1}{1+\frac{1}{x}-1}=x(x \neq 0)$.由于这两个函数定义域不同，故不是同一函数.

由上知，若$f(x)$的定义域为A，值域为B，且$f(x)$存在反函数$f^{-1}(x)$，则$f^{-1}(f(x))=x(x \in A)$，　$f(f^{-1}(x))=x(x \in B)$.

只有当$A=B$时，等式$f^{-1}(f(x))=f(f^{-1}(x))$才成立.

（原文载于《中学数学杂志》2005年第5期）

山的沉稳，水的灵动

——2010年安徽高考数学试题之我见

2010年是安徽省实施新课程高考的第二年，又是自2006年自主命题以来的第五次高考.怎样的高考试题才能更好地诠释“稳中有新、稳中有变”的命题精神，人们对2010年安徽高考试题寄予了太多的期待.纵观2010年安徽高考数学试卷，细心品味，颇有感触.

1 整体感知

2010年安徽高考数学试卷基本保持了2009年安徽卷的风格.试题古朴典雅，清新隽永.选择、填空、解答三大题型，题量及分值比例保持不变.客观题降低起点，放缓坡度，控制难度.解答题难易适中，方便作答.既考查了基础知识、新增内容，又突出了对重点内容、主干知识的考查；既关注了数学的基本方法和技能，又注重了应用意识、探究能力的考查和思维品质的提升. 整卷以传统、常规问题为主体，尊重文理差异，贴近生活和学生实际，体现工具作用，注重学科本原，具有较高的信度、效度和适当的区分度，很好地诠释了新课程改革与继承的辩证关系，可谓“传统创新融一体，稳定改革总相宜”.

值得一提的是，考生考完数学后，没有往年常有的困惑、迷惘与沮丧，平日的努力在考场得到了回报. 他们正常发挥应有水准，各得其所.

2 特色分析

2.1 解法灵活多样，横看成岭侧成峰

试题多有思考入口宽、空间大，解法灵活多样的特点，以方便各种能力层面的考生可以选择恰当的审题视角，确定适宜的探究思路，从而构建出仁者见仁、智者见智的解题方案.

例如，文理共用的立体几何题的第一、二问，学生既有利用传统的综合方法灵活处理的，也有借助坐标向量来程序化操作的，且每种方法中又有多种求解方案（注：第三问为理科生做，同样如此）.

又如，同样是文理共用的解析几何题的第二问，考生提供的常见的基本解法中，既有利用点到直线距离公式的解析法，也有利用相关平面几何性质的平几法，既可以利用三角知识来处理，还可以利用平面向量来求解，呈现了“横看成岭侧成峰，远近高低各不同”的喜人景象.

需要提及的是，若考生能按照新课程的要求，“阅读与思考”了现行数学教材选修（1-1）或选修（2-1）中《阅读与思考》栏目里的“圆锥曲线的光学性质及其应用”这一专题的内容，即知椭圆的光学性质，如图.

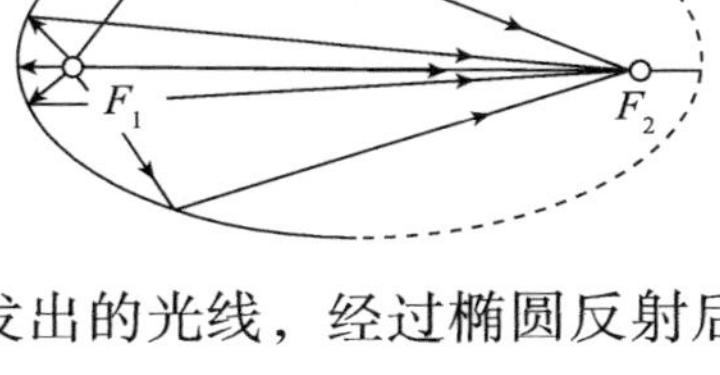

从椭圆的一个焦点发出的光线，经过椭圆反射后，反射光线交于椭圆的

另一焦点.

据其可得到如下又一别致的解答：

记$\overrightarrow{F_1A}$为入射光线，则$\overrightarrow{AF_2}$为反射光线.

由入射角等于反射角，知l为法线.

设过点A（2，3）的切线方程为$y-3=k(x-2)$，代入$\frac{x^2}{16}+\frac{y^2}{12}=1$，得

$(4k^2+3)x^2-(16k^2-24k)x+16k^2-48k-12=0$，

由$\Delta=0$，得$k=-\frac{1}{2}$，故$k_l=2$.

$\therefore$直线l的方程为$y-3=2(x-2)$，即$2x-y-1=0$.

据其方法，还可将本题推广为：

若点$A(x_0, y_0)$为椭圆$\frac{x^2}{a^2}+\frac{y^2}{b^2}=1$上的点，焦点$F_1$，$F_2$在$x$轴上，则$\angle F_1AF_2$的角平分线所在直线方程为$\frac{a^2}{x_0}x-\frac{b^2}{y_0}y=a^2-b^2$.

类似，还可获取双曲线的相关结果，不赘述.

2.2 关乎国计民生，话说“生活中的数学”

应用问题的考查，总是高考数学试题中的一个视点. 如何既“贴近生活、背景公平、控制难度”，又能闪现亮点呢？

2010年安徽的应用性试题依照既定的“试题典型，立意新颖，突出新材料、新情境，凸显试题的开放性、探究性和实践性”准则做了有益的尝试. 居民住房、空气质量等关乎国计民生的热点话题成为高考数学的素材，寓教育于试题之中. 而答案的开放性，数学地、开放有度地评判，又给试题平添了理智和灵性. “学数学有用，学有用的数学”是时代的呼唤！

而作为在高考试题中少有的用概率统计问题作为理科压轴题，则引起了社会更多的关注. 这一以“品酒师的酒味鉴别功能测试评判”的问题为背景，有意“考查离散型随机变量及其分布列，考查在复杂场合下进行计数的能力. 通过设置密切贴近生产、生活实际的问题情境，考查概率思想在现实生活中的应用，考查抽象概括能力、应用与创新意识”.

从考生的答题情况来看，该题应有的区分度和得分率，足以说明概率统计问题作为最后一题是可以压住阵脚的. 从中也可以看出命题专家对概率统计问题的驾轻就熟、居高临下，和对现实生活中的数学现象的关注以及对问题逐层递进地设置的匠心独运. 概率统计问题进入高考压轴题视角似乎是安徽卷的一个传承!

2.3 体现工具作用，老树亦可发新芽

纵观全卷，不难发现：试题中多数问题朴实无华、注重问题本原，平实之中见内蕴，稳中有新. 强调导数和向量等新增知识和方法解决传统数学问题的工具性价值，推陈出新，使得一些原本传统的“陈题”赋予了新的背景、新的内涵和新的求解思路，老树又发新芽.

例如，文科最后一题的第二问，除了可用传统的错位相减法外，还可以借助导数给出新解，简化运算：

由 $r_n = 3^{n-1}$，则 $\dfrac{n}{r_n} = n\cdot\left(\dfrac{1}{3}\right)^{n-1}$.

$$\text{记} S_n = \frac{1}{r_1} + \frac{2}{r_2} + \cdots + \frac{n}{r_n}$$

$$= 1 + 2\cdot\left(\frac{1}{3}\right)^1 + 3\cdot\left(\frac{1}{3}\right)^2 + \cdots + n\cdot\left(\frac{1}{3}\right)^{n-1}$$

$$= \left(\sum_{k=1}^{n} kx^{k-1}\right)_{x=\frac{1}{3}} = \left(\sum_{k=1}^{n} x^k\right)'\Bigg|_{x=\frac{1}{3}}$$

$$= \left[\frac{x(1-x^n)}{1-x}\right]'\Bigg|_{x=\frac{1}{3}}$$

$$= \left[\frac{1-(n+1)x^n}{1-x} + \frac{x-x^{n+1}}{(1-x)^2}\right]'\Bigg|_{x=\frac{1}{3}}$$

$$= \frac{9-(2n+3)\cdot 3^{1-n}}{4}$$

又如，对于前述利用光学性质求解的解析几何问题，若再借助“导数”这一工具，上述斜率 k 还可这样获取：

椭圆在第一象限的曲线方程为：$y=\frac{\sqrt{3}}{2}\cdot\sqrt{16-x^2}$，则 $y'=-\frac{\sqrt{3}}{2}\cdot\frac{x}{\sqrt{16-x^2}}$，$\therefore\ k=y'\big|_{x=2}=-\frac{1}{2}$.

如若借助隐函数求导，则可更便捷地求出k值：

由$\frac{x^2}{16}+\frac{y^2}{12}=1$，得$\frac{x}{8}+\frac{yy'}{6}=0$，则过点$A$（2，3）的切线斜率$k=-\frac{1}{2}$.

再如，上述的立体几何题，还可以借助“纯”向量所具有的推理和运算的“双栖”功能，不建立坐标系而将第一、二问一气呵成地求出.

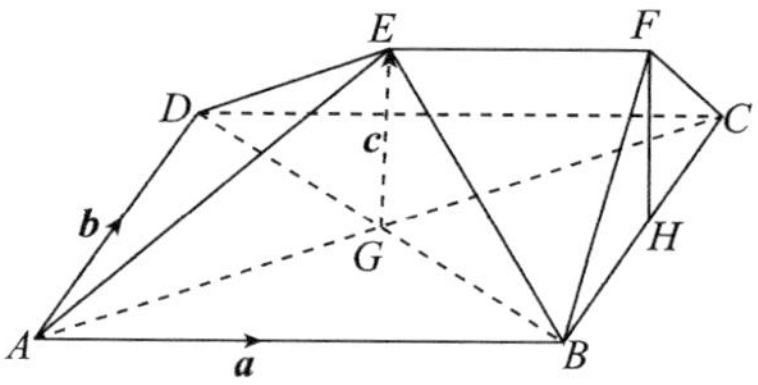

连接AC，BD交于点G，连接GE，设$\overrightarrow{AB}=2\boldsymbol{a}$，$\overrightarrow{AD}=2\boldsymbol{b}$，$\overrightarrow{GE}=\boldsymbol{c}$.

$\because\ ABCD$是正方形，H是BC中点，

$\therefore\ \boldsymbol{a}\cdot\boldsymbol{b}=0$，$\overrightarrow{AG}=\boldsymbol{a}+\boldsymbol{b}$，$\overrightarrow{BH}=\boldsymbol{b}$.

又$EF//AB$，$EF=\frac{1}{2}AB$，$\therefore\ \overrightarrow{EF}=\boldsymbol{a}$.

$\overrightarrow{HF}=(\overrightarrow{AG}+\overrightarrow{GE}+\overrightarrow{EF})-(\overrightarrow{AB}+\overrightarrow{BH})=\boldsymbol{c}$.

$\overrightarrow{EF}\perp\overrightarrow{BF}\Rightarrow\boldsymbol{a}\cdot(\boldsymbol{b}+\boldsymbol{c})=0\Rightarrow\boldsymbol{a}\cdot\boldsymbol{c}=0$.

又$\overrightarrow{FC}\perp\overrightarrow{BF}\Rightarrow(\boldsymbol{b}-\boldsymbol{c})\cdot(\boldsymbol{b}+\boldsymbol{c})=0\Rightarrow|\boldsymbol{c}|=|\boldsymbol{b}|$.

由$|\overrightarrow{BF}|=|\overrightarrow{FC}|\Rightarrow(\boldsymbol{b}+\boldsymbol{c})\cdot(\boldsymbol{b}+\boldsymbol{c})=(\boldsymbol{b}-\boldsymbol{c})\cdot(\boldsymbol{b}-\boldsymbol{c})\Rightarrow\boldsymbol{b}\cdot\boldsymbol{c}=0$.

（1）$\because\ \overrightarrow{HF}=\overrightarrow{GE}=\boldsymbol{c}$，则$HF//GE$.

又$GE\subset$平面EDB，FH不在平面EDB内，则$FH//$平面EDB.

（2）$\because\ \overrightarrow{AG}\cdot\overrightarrow{GE}=(\boldsymbol{a}+\boldsymbol{b})\cdot\boldsymbol{c}=\boldsymbol{a}\cdot\boldsymbol{c}+\boldsymbol{b}\cdot\boldsymbol{c}=0$，$\therefore\ \overrightarrow{AG}\perp\overrightarrow{GE}$.

又$\overrightarrow{AG}\perp\overrightarrow{BD}$，$GE\cap BD=G$，$\therefore\ AC\perp$平面$EDB$.

3 命题商讨

命题是个遗憾的工程. 没有最好，只有更好. 就2010年的试题而言，确

实亮点多多，但也有值得商榷之处.

比如，数列解答题.理科题让人有“似曾相识”之感.而文科最后一题第一问，多数考生无从下手；对于第二问，不少考生似乎知道可以利用错位相减法来处理，但又苦于无法“借步作答”.本题得分率之低是近年之最，失去了应有的选拔、甄别功能.如这一解析几何背景下的实则要用到更多的平面几何知识的数列问题，若能让考生经历从特殊到一般的实验探究，进而归纳猜想，这一“合情推理”的探索过程，既可以提高这一“传统”问题的开放度，又可大大降低门槛；或将第一问设置成“求证：$r_n = 3^{n-1}$”，则既可以“承前”，又可以“启后”.

又如，前述的文科统计解答题，意在考查运用统计知识解决简单实际问题的能力、数据处理能力和应用意识.从“应用”的角度，或就回答问题（3）而言，题中的（1）（2）问并无实质性区别.再者，就本题来讲，与2009年文科的统计题一样，多有定性分析，少有定量处理.因为统计是要用“数据”说话的，是要借助数学手段进行理性推断的，这些都略感不足.

4 教学建议

4.1 依照考试说明备考不能抛开教材

考试说明是高考命题的依据，学生依照考试说明备考无可厚非.但考试说明所规定的考查知识点只是一个纲或一个目.每一个知识点包含若干具体的知识要素，每一个知识点与若干知识点之间有关联，每一知识要素与若干知识要素之间也有内在联系.而教材是把这些抽象的规定加以具体化的.因此，只有把考试说明和教材结合起来，才能使考试说明所规定的知识点得到具体的落实.有道是：高考试题是“题在书外，理在书中”.如若抛开教材，则很难把握住“度”，极易找不着“北”.

例如，对于理科解答题第一题中的第一小问，命题者意在考查两角和与差的正弦公式、同角三角函数的基本关系、特殊角的三角函数值等有关知识.不少考生给出了如下的解答：

$$\sin^2 A=\sin\left(\frac{\pi}{3}+B\right)\cdot\sin\left(\frac{\pi}{3}-B\right)+\sin^2 B=\sin^2\frac{\pi}{3}-\sin^2 B+\sin^2 B$$
$$=\sin^2\frac{\pi}{3}，\cdots$$

这里是误用了平方差公式$(a+b)(a-b)=a^2-b^2$，“歪打正着”得到的？还是运用了所谓$\sin(\alpha+\beta)\sin(\alpha-\beta)=\sin^2\alpha-\sin^2\beta$这一可能在某一教辅资料中出现过的习题，但在现行教材中根本就不复存在的“公式”呢？而本题的命制意图就是重在推导这一过程.如此作答，自然是要付出代价的.

4.2 高三复习要尊重教材的知识体系，不能按照模块顺序

现行高中数学新授课是按照教材先必修模块后选修模块进行教学的.从基础性和同步性的角度出发，很多综合问题在新课教学中是不便出现，也是不能出现的.而高考题则是注重模块（专题）知识间的融合，强调各部分知识间的联系和纵向发展，往往在知识的交汇处命题.

例如，2010年解析几何试题中的第一问系选修2-1中“圆锥曲线与方程”中的内容，而第二问考查的则是必修2中平面解析几何初步中“直线和圆”的相关内容.又如理科压轴题所考查的既有必修3的“概率与统计”，更有选修2-3中的“计数原理”等概率统计的内容.

因此，在高三复习时建议按知识体系进行教学，即以知识板块为链把相关知识连接，让学生整体感知，系统把握，以使知识体系构建得更加条理化、有序化和网络化.

4.3 加强高考真题研究以把握试题特点，做好“拾遗补缺”工作

但凡组织过高三复习工作的老师都会有这样的体会，高考真题是真的值得品味，而相关教辅资料中所谓“自编”的“创新题”往往经不起推敲.因此，做精高考题，选择部分试题作为例题来剖析，虽然这些题目决不会原封不动地在高考试卷中再现，但它的背后所涉及的概念、公式、定理、数学思想方法、题型特征及其变化规律等是不会变的.

比如上述文科压轴题，绝大多数考生所用的错位相减法是安徽高考卷所一直青睐的.当然，考生如若还想再简化运算的话，还可以先借助熟知的待

定系数法，再裂项来处理.如：

由 $\frac{n}{r_n}=3n\cdot\left(\frac{1}{3}\right)^n$，

可令 $3n\cdot\left(\frac{1}{3}\right)^n=(An+B)\cdot\left(\frac{1}{3}\right)^{n+1}-[A(n-1)+B]\cdot\left(\frac{1}{3}\right)^n$，

即 $3n\cdot\left(\frac{1}{3}\right)^n=\left(-\frac{2}{3}An+A-\frac{2}{3}B\right)\cdot\left(\frac{1}{3}\right)^n$，

比较系数，得

$$\begin{cases}-\frac{2}{3}A=3,\\ A-\frac{2}{3}B=0,\end{cases}\quad 则\begin{cases}A=-\frac{9}{2},\\ B=-\frac{27}{4}.\end{cases}$$

故 $3n\cdot\left(\frac{1}{3}\right)^n=\left(-\frac{9}{2}n-\frac{27}{4}\right)\cdot\left(\frac{1}{3}\right)^{n+1}-\left[-\frac{9}{2}(n-1)-\frac{27}{4}\right]\cdot\left(\frac{1}{3}\right)^n$，

$$则\ S_n=\sum_{k=1}^{n}\left\{\left(-\frac{9}{2}k-\frac{27}{4}\right)\cdot\left(\frac{1}{3}\right)^{k+1}-\left[-\frac{9}{2}(k-1)-\frac{27}{4}\right]\cdot\left(\frac{1}{3}\right)^k\right\}$$

$$=\left(-\frac{9}{2}n-\frac{27}{4}\right)\cdot\left(\frac{1}{3}\right)^{n+1}+\frac{9}{4}$$

通过研究试题，我们还可以明晰地看到，多数试题均有多种解法，其中不乏借用初中知识来处理的.比如上述的解析几何问题，不少考生利用三角形内角平分线性质定理、或借助直角三角形内切圆半径求解公式等均可为本题的求解打开方便之门.

因此，通过试题找问题，可以更好地查找初、高中“衔接”中尚需补救的必备的数式变形知识和相似形及圆的相关内容，并适时做好有关“盲点”和薄弱环节的弥补工作，不失为一备考良策.

（原文载于《中学数学教学》2010年第4期）

初数探微：思入风云“变态”中

关于欧拉不等式的研究综述

《中学数学教学》编者按：设$\triangle ABC$外接圆的半径为R，内切圆的半径为r，则有$R \geqslant 2r$. 此即欧拉不等式. 近十多年来，我国数学教育界对此不等式进行了广泛和深入的研究，给以多种加强和推广. 但从已发表的文章和来稿中，也发现有不少重复劳动. 究其原因，主要是对这方面的科研进展，尚无较为系统的归纳整理.

最近我们又相继收到杨晋（芜湖市十三中，241002）、孙建斌（福建永春县科委，362600）、吴泉福（广州肇庆一中，526040）、庞如兰（蒙城县李寨中学，233521）、周甫林（江苏盐城师范，224001）等关于此问题研究的来稿. 现请马林同志就欧拉不等式的研究写了这篇综述，其中也包括上述各位和作者本人的研究成果.

为便于行文，以下约定r，R分别表示$\triangle ABC$内切圆和外接圆的半径，a，

b，c为$\triangle ABC$的三边长，“$\dashv$”表示“其中等式成立的充要条件是……”

1 欧拉不等式的加强

1.1 欧拉不等式的加强

宋庆在《Euler不等式的两个加强》一文中给出欧拉不等式的一个加强：

$$\frac{2r}{9}(a+b+c)\left(\frac{1}{a}+\frac{1}{b}+\frac{1}{c}\right)\leqslant R \quad (\dashv \text{正}\triangle).$$

我和韦晔在《欧拉不等式又一个加强》中给出欧拉不等式的再加强：

$$\frac{2r(a+b+c)^2}{27abc}\leqslant R \quad (\dashv \text{正}\triangle).$$

庞如兰又把上式加强为：

$$\frac{2r}{9abc}(a+b+c)(a^2+b^2+c^2)\leqslant R \quad (\dashv \text{正}\triangle). \quad ①$$

原文证明较繁，改证如下：

由$S_{\triangle ABC}=\dfrac{abc}{4R}=\dfrac{r}{2}(a+b+c)$，及Neuberg不等式：$a^2+b^2+c^2\leqslant 9R^2$，得

$$2r=\frac{abc}{R(a+b+c)}=\frac{abcR}{(a+b+c)R^2}\leqslant\frac{9abcR}{(a+b+c)(a^2+b^2+c^2)},$$

$$\therefore \frac{2r}{9abc}(a+b+c)(a^2+b^2+c^2)\leqslant R.$$

由此，可得如下的不等式链：

$$2r\leqslant\frac{2r}{9}(a+b+c)\left(\frac{1}{a}+\frac{1}{b}+\frac{1}{c}\right)\leqslant\frac{2r(a+b+c)^3}{27abc}\leqslant\frac{2r}{9abc}(a+b+c)(a^2+b^2+c^2)\leqslant R. \quad ②$$

此外也还有一些加强式不在上述链式内.如周甫林给出了加强式：

$$2r\left(\frac{a^2+b^2+c^2}{ab+bc+ca}\right)\leqslant R \quad (\dashv \text{正}\triangle). \quad ③$$

但原文证明较繁.其实由①立知③成立：

$$\frac{(a+b+c)(a^2+b^2+c^2)}{9abc}\geqslant\frac{a^2+b^2+c^2}{ab+bc+ca}\Leftrightarrow(a+b+c)\left(\frac{1}{a}+\frac{1}{b}+\frac{1}{c}\right)\geqslant 9.$$

1.2 欧拉不等式的隔离

我和韦晔在《欧拉不等式又一个加强》中给出了欧拉不等式的一个隔离：

$$2r \leqslant \frac{3\sqrt{3}\,abc}{(a+b+c)^2} \leqslant \frac{\sqrt{3}}{9}(a+b+c) \leqslant R \quad (\dashv \text{正}\triangle). \quad ④$$

庞如兰又由①的证明得到：

$$2r \leqslant \frac{3abc}{(a+b+c)\sqrt{a^2+b^2+c^2}} \leqslant \frac{\sqrt{a^2+b^2+c^2}}{3} \leqslant R \quad (\dashv \text{正}\triangle). \quad ⑤$$

我和杨晋给出了一个更好的隔离如下：

$$2r \leqslant \frac{3abc}{(a+b+c)\sqrt{a^2+b^2+c^2}} \leqslant \frac{3\sqrt{3}\,abc}{(a+b+c)^2} \leqslant \frac{\sqrt{3}\,(abc)^{\frac{2}{3}}}{a+b+c}$$

$$\leqslant \sqrt{\frac{abc}{a+b+c}} \leqslant \frac{1}{3}\sqrt{ab+bc+ca} \leqslant \frac{\sqrt{3}}{9}(a+b+c)$$

$$\leqslant \frac{\sqrt{a^2+b^2+c^2}}{3} \leqslant R \quad (\dashv \text{正}\triangle). \quad ⑥$$

且此隔离式又加强了，T.R.Curry于1966年给出了如下不等式：

$$S_{\triangle ABC} \leqslant \frac{3\sqrt{3}\,abc}{4(a+b+c)} \leqslant \frac{\sqrt{3}}{4}(abc)^{\frac{2}{3}}. \quad ⑦$$

事实上，

$$\text{式⑦} \Leftrightarrow \frac{r}{2}(a+b+c) \leqslant \frac{3\sqrt{3}\,abc}{4(a+b+c)} \leqslant \frac{\sqrt{3}}{4}(abc)^{\frac{2}{3}}$$

$$\Leftrightarrow 2r \leqslant \frac{3\sqrt{3}\,abc}{(a+b+c)^2} \leqslant \frac{\sqrt{3}\,(abc)^{\frac{2}{3}}}{a+b+c}.$$

1.3 与相关圆半径有关的隔离

设$\triangle ABC$的旁切圆半径分别为r_a，r_b，r_c，半外切圆半径分别为R_a，R_b，R_c，半内切圆分别为R_A，R_B，R_C，近切圆（与$\triangle ABC$两边延长线及内切圆均相切的圆）的半径分别为r_A，r_B，r_C，周界中点$\triangle A'B'C'$的外接圆、内切圆半径分别为R'，r'，以及Fermat点F相关三角形（$\triangle FBC$，$\triangle FCA$，$\triangle FAB$）的

外接圆半径分别为r'_a，r'_b，r'_c，则：

（1）$4r' \leqslant 2r \leqslant \frac{2}{3}\sqrt[3]{r_A r_B r_C} \leqslant \frac{3}{2}\sqrt[3]{R_A R_B R_C} \leqslant \frac{2}{3}\sqrt[3]{r_a r_b r_c}$

$\leqslant \frac{1}{2}\sqrt[3]{R_a R_b R_c} \leqslant R \leqslant 2R'$. ⑧

（2）$4r' \leqslant 2r \leqslant \sqrt[3]{r'_a r'_b r'_c} \leqslant \frac{1}{2}\sqrt[3]{R_a R_b R_c} \leqslant R \leqslant 2R'$. ⑨

欲证（1）成立，由孙建斌的《关于三角形远切圆不等式》和孙建斌、洪一彬的《三角形远切圆不等式》知

$$2r \leqslant \frac{2}{3}\sqrt[3]{r_a r_b r_c} \leqslant \frac{1}{2}\sqrt[3]{R_a R_b R_c} \leqslant R.$$

李平龙在《一个与外半切圆有关的不等式链》中给出：

$$2r \leqslant \frac{2}{3}\sqrt[3]{r_A r_B r_C} \leqslant \frac{3}{2}\sqrt[3]{R_A R_B R_C} \leqslant \frac{1}{2}\sqrt[3]{R_a R_b R_c} \leqslant R.$$

张善立在《三角形的周界中点三角形的性质》中给出：$2r' \leqslant r$，$R \leqslant 2R'$，故只须指出下式成立即可：

$$\frac{3}{2}\sqrt[3]{R_A R_B R_C} \leqslant \frac{2}{3}\sqrt[3]{r_a r_b r_c}. \quad ⑩$$

孙建斌、吴泉福给出了如下证明：

由孙建斌的《包含r，r_a，r_b，r_c的几何计算》和熊光汉的《三角形的半内切圆及其性质》及$r = 4R\sin\frac{A}{2}\sin\frac{B}{2}\sin\frac{C}{2}$，得

$$r_a = 4R\sin\frac{A}{2}\cos\frac{B}{2}\cos\frac{C}{2}，R_A = 4R\tan^2\frac{A}{2}\cdot\frac{\sin\frac{B}{2}\sin\frac{C}{2}}{\sin\frac{A}{2}}等.$$

又由半角定理$\left[记 p = \frac{1}{2}(a+b+c)\right]$：$\cos\frac{A}{2} = \sqrt{\frac{p(p-a)}{bc}}$，$\cot\frac{A}{2} = \sqrt{\frac{p(p-a)}{(p-b)(p-c)}}$等，得

$$\frac{r_ar_br_c}{R_AR_BR_C}=\left(\cot\frac{A}{2}\cdot\cot\frac{B}{2}\cdot\cot\frac{C}{2}\right)^2\cdot\left(\cos\frac{A}{2}\cdot\cos\frac{B}{2}\cdot\cos\frac{C}{2}\right)^2$$

$$=\frac{p(p-a)}{(p-b)(p-c)}\cdot\frac{p(p-b)}{(p-a)(p-c)}\cdot\frac{p(p-c)}{(p-a)(p-b)}\cdot\frac{p(p-a)}{bc}\cdot\frac{p(p-b)}{ac}\cdot\frac{p(p-c)}{ab}$$

$$=\frac{p^6}{(abc)^2}=\frac{\left[\frac{1}{2}(a+b+c)\right]^6}{(abc)^2}\geqslant\frac{(3\sqrt[3]{abc})^6}{2^6(abc)^2}=\left(\frac{9}{4}\right)^3.$$

即式⑩成立.

关于（2），我和杨晋指出：

据（1）和周才凯的《欧拉不等式的两种新隔离》得 $2r\leqslant\sqrt[3]{r'_ar'_br'_c}$，故只须证 $\sqrt[3]{r'_ar'_br'_c}\leqslant\frac{1}{2}\sqrt[3]{R_aR_bR_c}$.　⑪

事实上：由周才凯的《欧拉不等式的两种新隔离》和熊光汉的《半外切圆及其性质》可知

$$r'_a=\frac{a}{\sqrt{3}},\quad R_a=4R\tan^2\frac{A}{2}\cdot\frac{\cos\frac{B}{2}\cos\frac{C}{2}}{\sin\frac{A}{2}}\text{等}.$$

又由常庚哲著的《高中数学竞赛教程》知 $\cos\frac{A}{2}\cos\frac{B}{2}\cos\frac{C}{2}\leqslant\frac{3}{8}\sqrt{3}$，

$$\therefore\ \frac{\sqrt[3]{R_aR_bR_c}}{2\sqrt[3]{r'_ar'_br'_c}}=\frac{1}{2}\sqrt[3]{\frac{(4R)^2\left(\tan\frac{A}{2}\tan\frac{B}{2}\tan\frac{C}{2}\cos\frac{A}{2}\cos\frac{B}{2}\cos\frac{C}{2}\right)^2}{\sin\frac{A}{2}\sin\frac{B}{2}\sin\frac{C}{2}(abc\cdot3\sqrt{3})}}$$

$$=\sqrt[3]{\frac{3\sqrt{3}\sin\frac{A}{2}\sin\frac{B}{2}\sin\frac{C}{2}}{\sin A\sin B\sin C}}=\sqrt[3]{\frac{3\sqrt{3}}{8}\cdot\frac{1}{\cos\frac{A}{2}\cos\frac{B}{2}\cos\frac{C}{2}}}$$

$$\geqslant\sqrt[3]{\frac{3\sqrt{3}}{8}\cdot\frac{8}{3\sqrt{3}}}=1.$$

读者还不难把该性质推广、延拓，或引入其他相关圆半径，如与 Brocard点、与Morley定理有关的圆半径等，请见胡炳生的《布罗卡和布罗卡问题》和姜卫东、华云的《与F·Morley定理演变有关的一个不等式》.

此外还有其他的一些隔离式，如冯华、王志亮的《欧拉不等式一更好的隔离》所述：

设r_1，r_2，r_3分别为$\triangle ABC$外接圆中截去$\triangle ABC$后所得三个弓形的最大内切圆半径，h_1，h_2，h_3分别为$\triangle ABC$外心到三边之距离，则

$$2r \leqslant 4\sqrt[3]{r_1r_2r_3} \leqslant \frac{2}{3}\sqrt[6]{216(h_1+h_2+h_3)^3r_1r_2r_3} \leqslant 2\sqrt[6]{R^3r_1r_2r_3} \leqslant \frac{2}{3}(h_1+h_2+h_3) \leqslant R.$$

另外，与三边上的高、三边上的中线，甚至是三个内角的正弦联系起来的隔离式等，见张沛和的《欧拉不等式的加强及各种变形》.

2 欧拉不等式的推广

2.1 推广到n边形

设双圆n边形（既有内切圆、又有外接圆）的外接圆、内切圆半径分别为R，r，则苏化朋在《一个数学问题的推广》中给出：

$$R \geqslant r\sec\frac{\pi}{n}. \quad ⑫$$

王振在《猜想不等式$R^2 \geqslant r^2\sec^2\frac{\pi}{n}+\overrightarrow{IO}^2$的证明》中，给出进一步的加强式：

设凸n边形的覆盖圆O的半径为R，内含圆I的半径为r，则有$R^2 \geqslant r^2\sec^2\frac{\pi}{n}+\overrightarrow{IO}^2$.

Henderson于1990年猜测有更强的不等式：$R^2 \geqslant rR\sec\frac{\pi}{n}+\overrightarrow{IO}^2$，并证明了$n=3$，4的情形.

式⑫的隔离式有：设双圆多边形的外接圆半径、内切圆半径、周长、面积分别为R，r，p，S，外接圆的圆心到各边的距离分别为h_1，h_2，…，h_n，则

(1) $2nR\cdot\sin\frac{\pi}{n}\geqslant p\geqslant 2\sqrt{nS\tan\frac{\pi}{n}}\geqslant 2nr\cdot\tan\frac{\pi}{n}$;

(2) $R\cos\frac{\pi}{n}\geqslant\frac{h_1+h_2+\cdots+h_n}{n}\geqslant r.$

具体证明过程见苏化明的《双圆多边形的不等式链及其应用》和邵祖德、李世杰的《欧拉不等式一般推广的隔离》.

2.2 推广到四面体

若四面体的外接球和内切球半径分别为R和r，则杨世国在《四面体Euler不等式的几个推广》一文中有

$R\geqslant 3r$（⫤ 正四面体）.

其加强式为：

四面体外接球O与内切球I的半径分别为R、r，重心为G，则

$R^2\geqslant(3r)^2+\overrightarrow{IO}^2$，$R^2\geqslant(3r)^2+\overrightarrow{OG}^2$，$R^2\geqslant(3r)^2+\frac{1}{2}\left(\overrightarrow{IO}+\overrightarrow{OG}\right)^2$，

$R^2\geqslant(3r)^2+\frac{1}{4}\overrightarrow{IG}^2$，$R\geqslant\csc^{\frac{1}{24}}\theta_i\cdot(3r)\quad(i=1,2,3,4).$

其中$0<\theta_i=\frac{1}{2}\left(\alpha_i+\beta_i+\gamma_i\right)<\pi$，$\alpha_i$，$\beta_i$，$\gamma_i$为二面角$A_i$的三个面角.

2.3 推广到正n棱锥

设正n棱锥的内切球和外接球的半径分别为r和R，则张必华在《欧拉不等式的推广》一文中有

$R\geqslant\left(1+\sec\frac{\pi}{n}\right)\cdot r.$

（原文载于《中学数学教学》1996年第6期）

关于三角形角平分线积的不等式研究综述

《中学数学教学》编者按：1997年9月份以来，先后收到浙江李康海、

新疆吴勤文、甘肃张赟、重庆杨定华等多篇关于三角形角平分线积的不等式的讨论文章.现请马林同志结合自己的研究结果，作一综述.

设t_a，t_b，t_c分别表示$\triangle ABC$的三边a，b，c所对的内角平分线的长，若$\triangle ABC$的面积、半周长、外接圆半径、内切圆半径分别记为$\triangle$，S，R，r.

张晗方在《从一个猜想谈起》一文中给出如下不等式：

$$\frac{2\triangle^2}{R} \leqslant t_a t_b t_c \leqslant \frac{\triangle^2}{r}. \quad ①$$

姜卫东在《关于角平分线的一个不等式的加强》一文中给出上式左端的加强：

$$t_a t_b t_c \geqslant \frac{27}{2} R r^2. \quad ②$$

上述问题引起了不等式爱好者的关注：

李康海、吴勤文均给出下列加强形式：

$$14(R - r) r^2 \leqslant t_a t_b t_c \leqslant (16R - 5r) r^2. \quad ③$$

张赟给出了如下一个加强式：

$$t_a t_b t_c \leqslant \frac{8RrS^2}{9R - 2r}. \quad ④$$

杨定华又给出了下述不等式：

$$t_a t_b t_c \leqslant 16R^2 r\left(\cos\frac{A}{2}\cos\frac{B}{2}\cos\frac{C}{2}\right)^2 \leqslant \frac{27}{4} R^2 r. \quad ⑤$$

但⑤中的$16R^2 r\left(\cos\frac{A}{2}\cos\frac{B}{2}\cos\frac{C}{2}\right)^2$，即①式的右端$\frac{\triangle^2}{r}$.这是因为：

$$\frac{S^2 r^2}{r} = 16R^2 r\left(\cos\frac{A}{2}\cos\frac{B}{2}\cos\frac{C}{2}\right)^2 \Leftrightarrow S = 4R\cos\frac{A}{2}\cos\frac{B}{2}\cos\frac{C}{2}.$$

而由熟知的三角恒等式$\sin A + \sin B + \sin C = 4\cos\frac{A}{2}\cos\frac{B}{2}\cos\frac{C}{2}$及正弦定理，得

$$4R\cos\frac{A}{2}\cos\frac{B}{2}\cos\frac{C}{2} = R(\sin A + \sin B + \sin C) = \frac{1}{2}(a + b + c) = S.$$

陈能茂、曹其根在《一个三角形不等式猜想的修正》中所给不等式也易

证是①式左端的加强式：

$t_a t_b t_c \geqslant 3\sqrt{3}\, r\triangle$. ⑥

最近，贝嘉禄在《关于三角形平分线的一个不等式的再加强》中也给出了①②式的再加强：

$\frac{128}{9}R^2 r - \frac{13}{9}r^3 \leqslant t_a t_b t_c \leqslant (16R - 5r)r^2$. ⑦

以上各式当且仅当$\triangle ABC$为正三角形时取等号.

但贝嘉禄的证明较繁琐，且后一部分所证⑦式强于①式有误.

为此，本文先给出⑦式较简洁的证明：

$$\because t_a = \frac{2bc\cos\frac{A}{2}}{b+c} = \frac{2\triangle}{(b+c)\sin\frac{A}{2}} = \frac{2Sr}{(2S-a)\sin\frac{A}{2}}.$$

同理，得

$$t_b = \frac{2Sr}{(2S-b)\sin\frac{B}{2}},\ t_c = \frac{2Sr}{(2S-c)\sin\frac{c}{2}}.$$

又$\sin\frac{A}{2}\sin\frac{B}{2}\sin\frac{C}{2} = \frac{r}{4R}$，

$$\therefore\ t_a t_b t_c = \frac{32Rr^2S^3}{(2S-a)(2S-b)(2S-c)}.$$

再由恒等式$ab + bc + ac = S^2 + 4Rr + r^2$及$abc = 4RrS$［（或由$(a+b)(b+c)(a+c) = 2S(S^2 + 2Rr + r^2)$更方便］可得

$t_a t_b t_c = \frac{16Rr^2S^2}{S^2 + 2Rr + r^2}$. $(*)$

这样，欲证⑦式左端成立

$$\Leftrightarrow \frac{16Rr^2S^2}{S^2 + 2Rr + r^2} \geqslant \frac{128}{9}R^2 r - \frac{13}{9}r^3$$

$$\Leftrightarrow (16R + 13r)S^2 \geqslant r(128R - 13r)(2R + r).$$

这由Gerretsen不等式$S^2 \geqslant 16Rr - Sr^2$和Euler不等式$R \geqslant 2r$，即可证得.

对于⑦式右端，只需证

$$\frac{16Rr^2S^2}{S^2+2Rr+r^2}\leqslant 16Rr^2-5r^2 \Leftrightarrow 5S^2\leqslant(2R+r)(16R-5r),$$

由 Gerretsen 不等式 $S^2\leqslant 4R^2+4Rr+3r^2$ 知，只需证

$$5(4R^2+4Rr+3r^2)\leqslant 32R^2+6Rr-5r^2 \Leftrightarrow (R-2r)(6R+5r)\geqslant 0,$$

而由 Euler 不等式 $R\geqslant 2r$ 即知成立.

综合以上各式，我们现给出简洁而有趣的不等式链（当然也就说明了⑦式强于①式）：

$$(1)\ \frac{2\triangle^2}{R}\underset{(a)}{\leqslant}3\sqrt{3}\,r\triangle\underset{(b)}{\leqslant}\frac{27}{2}Rr^2\underset{(c)}{\leqslant}(14R-r)r^2\underset{(d)}{\leqslant}\frac{128Rr^2-13r^3}{9}$$

$$\leqslant t_at_bt_c\leqslant(16R-5r)r^2\underset{(e)}{\leqslant}\frac{\triangle^2}{r}\underset{(f)}{\leqslant}\frac{27}{4}R^2r\ ;$$

$$(2)\ \frac{2\triangle^2}{R}\leqslant 3\sqrt{3}\,r\triangle\leqslant\frac{27}{2}Rr^2\leqslant(14R-r)r^2\leqslant\frac{128Rr^2-13r^3}{9}$$

$$\leqslant t_at_bt_c\underset{(g)}{\leqslant}\frac{8R}{9R-2r}\cdot\frac{\triangle^2}{r}\underset{(h)}{\leqslant}\frac{\triangle^2}{r}\leqslant\frac{27}{4}R^2r.$$

下面只需证明(a)—(b)各式成立，略证如下：

$$(a)、(b)、(f)\Leftrightarrow \triangle\leqslant\frac{3\sqrt{3}}{2}Rr,$$

$$又\ \triangle=Sr\Leftrightarrow S\leqslant\frac{3\sqrt{3}}{2}R\Leftrightarrow a+b+c\leqslant 3\sqrt{3}R,$$

这里我在《关于欧拉不等式的研究综述》一文中有论述.

(c)、(d)、(h)式可由 Euler 不等式 $R\geqslant 2r$ 易证.

(e)式可由 Gerretsen 不等式 $S^2\geqslant 16Rr-5r^2$ 推得.

(g)式由 *Recent Advances In Geometric Inequalities* 文中的下式推得：

$$(a+b)(b+c)(a+c)\geqslant 4Sr(9R-2r).\quad(**)$$

事实上：(**)式为 Gerretsen 不等式 $S^2\geqslant 16Rr-5r^2$ 的一个等价形式，可由$(a+b)(b+c)(a+c)=2S(S^2+2Rr+r^2)$容易推出.

$$\therefore t_at_bt_c\leqslant\frac{32SR\triangle^2}{4Sr(9R-2r)}=\frac{8R}{9R-2r}\cdot\frac{\triangle^2}{r},$$

此即④式.

最后，我们给出下列问题，请有兴趣的读者思考：

证明或否定$\dfrac{8RrS^2}{9R-2r} \geqslant (16R-5r)r^2$，

即 Gerretsen 不等式 $S^2 \geqslant 16Rr-5r^2$ 又可否加强为 $S^2 \geqslant \dfrac{9R-2r}{8R} \cdot (16Rr-5r^2)$.

（原文载于《中学数学教学》1998年第6期）

一个推广命题的立体化

——兼论一道猜想题

命题 如图，设P为$\angle xOy$内任一点，A，B分别为Ox，Oy上的点，则A，P，B三点共线的充要条件是$\dfrac{\sin\alpha}{OA}+\dfrac{\sin\beta}{OB}=\dfrac{\sin(\alpha+\beta)}{OP}$.

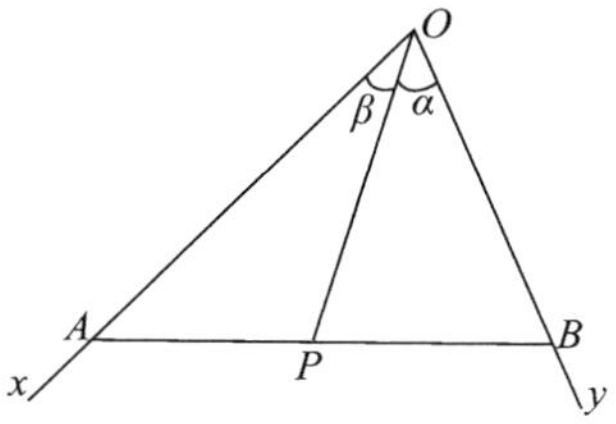

本文用类比的方法将其作空间推广.

定理 如图，若P为四面体A-BCD中棱AB上一点，二面角B-CD-P，A-CD-P分别记为α，β，则A，P，B三点共线的充要条件是

$$\frac{\sin\alpha}{S_{\triangle ACD}}+\frac{\sin\beta}{S_{\triangle BCD}}=\frac{\sin(\alpha+\beta)}{S_{\triangle PCD}}.$$

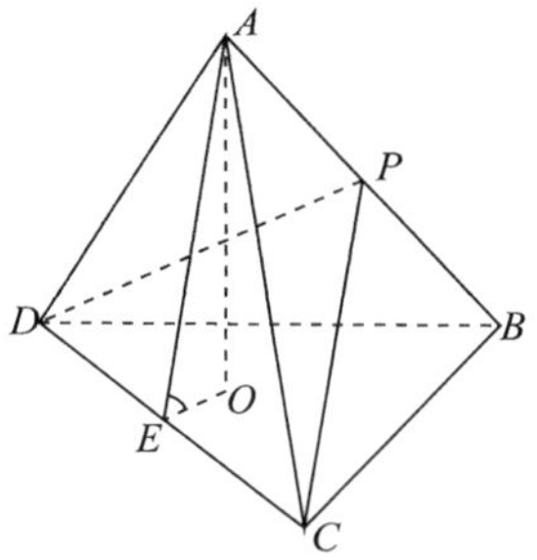

证明 作 $AO\perp$ 平面 BCD 于点 O，作 $OE\perp CD$ 于点 E，连接 AE，则 $\angle AED=\alpha+\beta$.

$$\begin{aligned}\therefore\ V_{A-BCD}&=\frac{1}{3}S_{\Delta BCD}\cdot AO=\frac{1}{3}S_{\Delta BCD}\cdot AE\cdot\sin(\alpha+\beta)\\&=\frac{1}{3}S_{\Delta BCD}\cdot\frac{2}{CD}\cdot\frac{1}{2}AE\cdot CD\cdot\sin(\alpha+\beta)\\&=\frac{2}{3CD}S_{\Delta BCD}\cdot S_{\Delta ACD}\cdot\sin(\alpha+\beta).\end{aligned}$$

同理可证：

$$V_{A-PCD}=\frac{2}{3CD}S_{\Delta PCD}\cdot S_{\Delta ACD}\cdot\sin\beta;$$

$$V_{B-PCD}=\frac{2}{3CD}S_{\Delta PCD}\cdot S_{\Delta BCD}\cdot\sin\alpha.$$

若 A，P，B 三点共线 $\Leftrightarrow V_{A-PCD}+V_{B-PCD}=V_{A-BCD}$

$\Leftrightarrow S_{\Delta PCD}\cdot S_{\Delta ACD}\cdot\sin\beta+S_{\Delta PCD}\cdot S_{\Delta BCD}\cdot\sin\alpha=S_{\Delta BCD}\cdot S_{\Delta ACD}\cdot\sin(\alpha+\beta)$

$\Leftrightarrow\dfrac{\sin\beta}{S_{\Delta BCD}}+\dfrac{\sin\alpha}{S_{\Delta ACD}}=\dfrac{\sin(\alpha+\beta)}{S_{\Delta PCD}}.$

令 $\alpha=\beta=\theta$，则得推论1.

推论1 若 P 为四面体 $A\text{-}BCD$ 的棱 AB 上一点，且二面角 $A\text{-}CD\text{-}P$，$B\text{-}CD\text{-}P$ 相等记为 θ，则 $\dfrac{1}{S_{\Delta ACD}}+\dfrac{1}{S_{\Delta BCD}}=\dfrac{2\cos\theta}{S_{\Delta PCD}}.$

由推论1易得下面这一有趣结果：

推论2 在四面体 $A\text{-}BCD$ 中，P 为棱 AB 与二面角 $A\text{-}CD\text{-}B$ 的平分面的交点，过 P 作直线 MN 分别交平面 ACD，BCD 于 M，N 点，则

$$\frac{1}{S_{\Delta ACD}}+\frac{1}{S_{\Delta BCD}}=\frac{1}{S_{\Delta MCD}}+\frac{1}{S_{\Delta NCD}}.$$

作为应用，本文不打算占用更多的篇幅，只想以下面这道小有"背景"的命题为例予以说明.

例题 在四面体 $A\text{-}BCD$ 中，记 $S_{(CD)}$ 为二面角 $A\text{-}CD\text{-}B$ 的角平分面 PCD 的面积（P 为棱 AB 与二面角 $A\text{-}CD\text{-}B$ 的平分面的交点），则

$$\frac{1}{S_{(AB)}}+\frac{1}{S_{(AC)}}+\frac{1}{S_{(AD)}}+\frac{1}{S_{(BC)}}+\frac{1}{S_{(BD)}}+\frac{1}{S_{(CD)}}>\frac{3}{2}\left(\frac{1}{S_{\Delta ABC}}+\frac{1}{S_{\Delta ABD}}+\frac{1}{S_{\Delta ACD}}+\frac{1}{S_{\Delta BCD}}\right).$$

证明 由推论1得

$$\frac{1}{S_{\triangle ACD}}+\frac{1}{S_{\triangle BCD}}=\frac{2\cos\theta}{S_{(CD)}}<\frac{2}{S_{(CD)}}\left(0<\theta<\frac{\pi}{2}\right).$$

同理可得

$$\frac{1}{S_{\triangle ABC}}+\frac{1}{S_{\triangle BCD}}<\frac{2}{S_{(BC)}},$$

$$\frac{1}{S_{\triangle ABD}}+\frac{1}{S_{\triangle BCD}}<\frac{2}{S_{(BD)}},$$

$$\frac{1}{S_{\triangle ABC}}+\frac{1}{S_{\triangle ABD}}<\frac{2}{S_{(AB)}},$$

$$\frac{1}{S_{\triangle ABC}}+\frac{1}{S_{\triangle ACD}}<\frac{2}{S_{(AC)}},$$

$$\frac{1}{S_{\triangle ABD}}+\frac{1}{S_{\triangle ACD}}<\frac{2}{S_{(AD)}}.$$

以上各式相加并整理，得

$$\frac{1}{S_{(AB)}}+\frac{1}{S_{(AC)}}+\frac{1}{S_{(AD)}}+\frac{1}{S_{(BC)}}+\frac{1}{S_{(BD)}}+\frac{1}{S_{(CD)}}>\frac{3}{2}\left(\frac{1}{S_{\triangle ABC}}+\frac{1}{S_{\triangle ABD}}+\frac{1}{S_{\triangle ACD}}+\frac{1}{S_{\triangle BCD}}\right).$$

此即匡继昌在《常用不等式》一文的附录“100个未解决的问题”中第42个猜想题“在$\triangle ABC$中，三边a，b，c对应的角平分线为t_a，t_b，t_c，猜想：$\frac{1}{t_a}+\frac{1}{t_b}+\frac{1}{t_c}>\frac{1}{a}+\frac{1}{b}+\frac{1}{c}$”的空间推广.

（原文载于《河北理科教学研究》1996年第2期）

一个猜想的类比问题

猜想：$\frac{1}{a}+\frac{1}{b}+\frac{1}{c}=\frac{1}{a+b+c}\Leftrightarrow\frac{1}{a^{2n+1}}+\frac{1}{b^{2n+1}}+\frac{1}{c^{2n+1}}=\left(\frac{1}{a}+\frac{1}{b}+\frac{1}{c}\right)^{2n+1}$（$a$，$b$，$c\in\mathbf{R}$，$n\in\mathbf{N}_+$）.我们发现，借助新教材中增加的导数初步知识，即可较好地解决上述猜想及其类比问题.

事实上，由$\frac{1}{a}+\frac{1}{b}+\frac{1}{c}=\frac{1}{a+b+c}$，得

$a^2b+ab^2+a^2c+ac^2+b^2c+bc^2+2abc=0$，

$(a+b)(b+c)(c+a)=0$，

则非零实数a，b，c中至少有两个互为相反数.

故只需证明命题.

命题1　若$n\in\mathbf{N}_+$，实数x，y，z均不为零，则$x^{2n+1}+y^{2n+1}+z^{2n+1}=(x+y+z)^{2n+1}\Leftrightarrow x$，$y$，$z$中至少有两个互为相反数.

证明　充分性显然.现证必要性：

记$f(x)=(x+y+z)^{2n+1}-x^{2n+1}-y^{2n+1}-z^{2n+1}$.

若$y+z=0$，则命题获证；

若$y+z\neq 0$，不妨设$y+z>0$.

因为$\frac{f'(x)}{2n+1}=(x+y+z)^{2n}-x^{2n}$，又因为$(x+y+z)^{2n}-x^{2n}$与$(x+y+z)^2-x^2$同号，

所以$f'(x)$与$u(x)=(x+y+z)^2-x^2$同号.

由$u(x)=(y+z)(2x+y+z)$，知

$x<-\frac{y+z}{2}$时，$u(x)<0$，则$f'(x)<0$；

$x>-\frac{y+z}{2}$时，$u(x)>0$，则$f'(x)>0$.

所以$x<-\frac{y+z}{2}$时，$f(x)$递减；$x>-\frac{y+z}{2}$时，$f(x)$递增.

又$-y$，$-z$是$f(x)=0$的两个根，则$f(x)=0$仅有两个根.

所以$x=-y$，或$x=-z$.

故命题1获证.

在命题1中，令$x=\frac{1}{a}$，$y=\frac{1}{b}$，$z=\frac{1}{c}$，即知该猜想正确.

类似可得命题2.

命题2　若$n\in\mathbf{N}_+$，实数x，y，z均不为零，则$\frac{1}{x^{2n+1}}+\frac{1}{y^{2n+1}}+\frac{1}{z^{2n+1}}=$

$(\frac{1}{x}+\frac{1}{y}+\frac{1}{z})^{2n+1}$的充要条件是$x$，$y$，$z$中至少有两个互为相反数.

证明 充分性显然.下证必要性.

因为x，y，z异号（若不然，不妨设$x>0$，$y>0$，$z>0$，则式子左边大于右边，矛盾），不妨设$x>0$，$y>0$，$z<0$.记$y=-z+m$，代入上式并整理，得

$$\frac{1}{x^{2n+1}}-\frac{1}{(x+m)^{2n+1}}+\frac{1}{(-z+m)^{2n+1}}+\frac{1}{z^{2n+1}}=0.$$

记上式等号左边为$f(x)$，则

$$f'(x)=(2n+1)\frac{1}{(x+m)^{2n+2}}-\frac{1}{x^{2n+2}}.$$

当$m=0$时，$y=-z$，则命题2获证.

当$m>0$时，$\frac{1}{(x+m)^{2n+2}}-\frac{1}{x^{2n+2}}<0$;

当$m<0$时，$\frac{1}{(x+m)^{2n+2}}-\frac{1}{x^{2n+2}}>0$.

因此，$f(x)$为单调函数.

又$-z$是$f(x)=0$的一个根，则$f(x)=0$仅有此唯一根.

所以，$x=-z$.

故命题2获证.

（原文载于《数学通报》2005年第2期）

“由学生发问引发的数学探究”的补白

问题：“按照下面各数之间的规律填空：0，1，3，8，21，__，__.”并据其从三个方面进行探究，读后颇受启迪.但文中所述“原题两空应分别为55，144”，其通项公式为“$a_n=\frac{3\sqrt{5}-5}{10}\left(\frac{3+\sqrt{5}}{2}\right)^n-\frac{3\sqrt{5}+5}{10}\left(\frac{3-\sqrt{5}}{2}\right)^n$

$(n \in \mathbf{N}^{+})$” 似欠完善. 我认为：该结果仅是无数个答案中的一个. 因此，有必要做一补白.

1 任何两个数都满足题设要求

数列$\{a_n\}$可以看成是定义域为正整数集或其有限子集 $\{1, 2, \cdots, n\}$ 的函数当自变量从小到大依次取值的对应的一列函数值. 若给出一个数列的前若干项，欲求其通项公式，我们自然可以考虑利用关于n的一个整式函数$a_n = f(n)$来表示.

对于刘翀在《由学生发问引发的数学探究》一文中所述数列来说，已知其前五项，即知其对应的函数$a_n = f(n)$图象过（1，0），（2，1），（3，3），（4，8），（5，21）五点.

若设$a_n = f(n) = An^4 + Bn^3 + Cn^2 + Dn + E$，则

$$\begin{cases} A + B + C + D + E = 0, \\ 16A + 8B + 4C + 2D + E = 1, \\ 81A + 27B + 9C + 3D + E = 3, \\ 256A + 64B + 16C + 4D + E = 8, \\ 625A + 125B = 25C + 5D + E = 21. \end{cases}$$

利用消元法可求得A，B，C，D，E的值依次为：$\frac{1}{8}$，$-\frac{11}{12}$，$\frac{23}{8}$，$-\frac{37}{12}$，1.所以

$$a_n = \frac{1}{8}n^4 - \frac{11}{12}n^3 + \frac{23}{8}n^2 - \frac{37}{12}n + 1. \quad ①$$

故$a_6 = 50$，$a_7 = 106$.

这样，原题两空分别填50，106当然也满足题设.

如若我们任取两个值a，b，对于数列：0，1，3，8，21，a，b，仿上由待定系数法可求出其通项公式：

$$a_n = An^6 + Bn^5 + Cn^4 + Dn^3 + En^2 + Fn + G, \quad ②$$

则该数列满足上述规律，故任意两个实数a，b均符合题设.

2 任何有穷数列都有通项公式

由上可知，任意给定一个数列的前k项，由待定系数法可求出其通项公式为：

$a_n = \lambda_1 n^{k-1} + \lambda_2 n^{k-2} + \cdots + \lambda_{k-1} n + \lambda_k$. ③

此即说明，任意给定一个数列的前有限项，其数列通项公式一定存在．从而有结论：任何有穷数列都有通项公式．

该求解过程提供了一种求数列通项公式的方法．特别是当我们由数列的前n项一时难以找出其构成规律时，不妨用此法一试．

当然，熟知《高等代数》中拉格朗日（Lagrange）插值公式的也可类似解决，这里不赘述．

3 已知数列前k项的通项公式有无数个

在通项公式③中，若令

$b_n = a_n + t(n-1)(n-2)\cdots(n-k)$，$t \in \mathbf{R}$， ④

则其数列前k项满足题设，而第$k+1$项的值则随着t的变化而变化．由于t可为任意实数，故此数列有无穷多个通项公式．

4 矫正几个流行问题的认识偏差

在日常教学中，类似上述的误解时有发生．

例如，最近在一次考评课活动中，我惊愕地听到不止一位执教者称全日制普通高级中学教科书（必修本）数学第一册（上）中“从1984年到2000年，我国体育健儿共参加了五次奥运会，获得的金牌数排成一列数：15，5，16，16，28”这一引例没有通项公式．

又如，某电视节目曾出现过这样一个问题：已知数列$\{a_n\}$的前五项分别为0，4，18，48，100，请问第六项是几？选手通过电话求助，回答答案为180．这当然是正确的．这是因为：上述数列前五项可写成$1^2\times 0, 2^2\times 1, 3^2\times 2, 4^2\times 3, 5^2\times 4$．从而获知，该数列的一个通项公式为$a_n = n^2(n-1)$，故

$a_6 = 6^2 \times 5 = 180$.试想，如果该选手当时回答的不是上述“标准答案”，不知主持人会如何评判.

再如，案头的一本辅导资料上有这样一个问题：“已知数列的前三项是2，4，8，试写出它的第四项、第五项和第 n 项”.所给“标准答案”为“$a_4 = 16$，$a_5 = 32$，$a_n = 2^n$”.显然，编撰者已将其人为地限定在等比数列的范畴内，但是题设并非如此.试想，如若学生填的不是上述结果，我们该怎样评判呢？

这几个问题的答案通过本文不言自明.

（原文载于《河北理科教学研究》2007年第4期）

一类三角恒等式的“特值验证法”

命题 若 $f(x) = A\sin x + B\cos x$ 满足 $f(x_1) = f(x_2) = 0$，且 $x_1 - x_2 \neq k\pi$ $(k \in \mathbf{Z})$，则 $f(x) \equiv 0$.

证明 由题易知 $\begin{cases} A\sin x_1 + B\cos x_1 = 0, \\ A\sin x_2 + B\cos x_2 = 0, \end{cases}$ ①

而 $D = \begin{vmatrix} \sin x_1 & \cos x_1 \\ \sin x_2 & \cos x_2 \end{vmatrix} = \sin x_1 \cos x_2 - \cos x_1 \sin x_2 = \sin(x_1 - x_2) \neq 0$ （$\because x_1 - x_2 \neq k\pi$，$k \in \mathbf{Z}$），

故关于 A，B 的齐次线性方程组①只有零解 $A=B=0$，则 $f(x) \equiv 0$.

据此命题可知：对于某些三角恒等式证明题，若能转化为 $\sin x$，$\cos x$ 的一次齐次式 $f(x) = A\sin x + B\cos x$，只需取特殊值 x_1，x_2($x_1 - x_2 \neq k\pi$，$k \in \mathbf{Z}$)，验证 $f(x_1) = f(x_2) = 0$，即可断言命题成立.利用这种“特值验证法”解题，简洁、独特，现举例说明.

例 1 求证：$\cos(\alpha + \beta + \gamma) + \cos(\beta + \gamma - \alpha) + \cos(\alpha + \gamma - \beta) + \cos(\alpha + \beta - \gamma) = 4\cos\alpha\cos\beta\cos\gamma$.

证 明 设 $f(x)=\cos(x+\beta+\gamma)+\cos(\beta+\gamma-x)+\cos(x+\gamma-\beta)+\cos(x+\beta-\gamma)-4\cos x\cos\beta\cos\gamma$，则$f(x)$为$\sin x$，$\cos x$的一次齐次式，

又$f(0^\circ)=2\cos(\beta+\gamma)+2\cos(\beta-\gamma)-4\cos\beta\cos\gamma=0$，

$f(90^\circ)=-\sin(\beta+\gamma)+\sin(\beta+\gamma)+\sin(\beta-\gamma)-\sin(\beta-\gamma)=0$，

由命题知$f(x)\equiv 0$，故原命题成立．

例 2 求证：$\sin(\alpha-\beta)\sin(\delta-\gamma)+\sin(\beta-\gamma)\sin(\delta-\alpha)+\sin(\gamma-\alpha)\cdot\sin(\delta-\beta)=0$.

证明 设$f(x)=\sin(\alpha-\beta)\sin(x-\gamma)+\sin(\beta-\gamma)\sin(x-\alpha)+\sin(\gamma-\alpha)\cdot\sin(x-\beta)$，则$f(x)$为$\sin x$，$\cos x$的一次齐次式，又

$f(\alpha)=\sin(\alpha-\beta)\sin(\alpha-\gamma)+\sin(\gamma-\alpha)\sin(\alpha-\beta)=0$，

$f(\beta)=\sin(\alpha-\beta)\sin(\beta-\gamma)+\sin(\beta-\gamma)\sin(\beta-\alpha)=0$，

若$\alpha=k\pi+\beta\ (k\in\mathbf{Z})$，则

$f(x)=\sin(\beta-\gamma)\sin(x-\beta)+\sin(\gamma-\beta)\sin(x-\beta)=0$；

若$\alpha\neq k\pi+\beta\ (k\in\mathbf{Z})$，由命题知$f(x)\equiv 0$，故原命题成立．

例 3（1978 年重庆市数学竞赛题）求证：$\cos^2\alpha+\cos^2(\alpha+120^\circ)+\cos^2(\alpha-120^\circ)=\frac{3}{2}$.

证明 由题易知$\cos^2\alpha+\cos^2(\alpha+120^\circ)+\cos^2(\alpha-120^\circ)-\frac{3}{2}=\frac{1}{2}[\cos2\alpha+\cos(2\alpha+240^\circ)+\cos(2\alpha-240^\circ)]$.

设 $f(x)=\frac{1}{2}[\cos x+\cos(x+240^\circ)+\cos(x-240^\circ)]$，则 $f(x)$ 为 $\sin x$，$\cos x$的一次齐次式，又

$f(0^\circ)=\frac{1}{2}[\cos0^\circ+\cos240^\circ+\cos(-240^\circ)]=0$，

$f(90^\circ)=\frac{1}{2}[\cos90^\circ+\cos330^\circ+\cos(-150^\circ)]=0$，

由命题知$f(x)\equiv 0$，故原命题成立．

例 4（第 11 届国际数学竞赛题）设a_1，a_2，…，a_n为实常数，x为实变

数，且$f(x)=\cos\left(x+a_1\right)+\frac{1}{2}\cos\left(x+a_2\right)+\frac{1}{2^2}\cos(x+a_3)+\cdots+\frac{1}{2^{n-1}}\cos(x+a_n)$.求证：从$f\left(x_1\right)=f\left(x_2\right)=0$，总可推出$x_1-x_2=m\pi$，$m\in\mathbf{Z}$.

证明 假设$f\left(x_1\right)=f\left(x_2\right)=0$且有$x_1-x_2\neq m\pi$，$m\in\mathbf{Z}$.又$f(x)$为$\sin x$，$\cos x$的一次齐次式，由命题知$f(x)\equiv 0$，而

$$f\left(-a_1\right)=1+\frac{1}{2}\cos\left(a_2-a_1\right)+\frac{1}{2^2}\cos(a_3-a_1)+\cdots+\frac{1}{2^{n-1}}\cos(a_n-a_1)$$

$$\geqslant 1-\frac{1}{2}-\frac{1}{2^2}-\cdots-\frac{1}{2^{n-1}}=1-\frac{\frac{1}{2}\left(1-\frac{1}{2^{n-1}}\right)}{1-\frac{1}{2}}=\frac{1}{2^{n-1}}>0\text{，矛盾！}$$

故原命题成立.

（原文载于《数学通讯》2001年第17期）

一道全国数学试验班试题的再推广

命题1（1993年原国家教委数学试验班试题）已知α，β为正数，且$\alpha+\beta\leqslant\pi$，求证：$\frac{1}{\sin^2\alpha}+\frac{1}{\sin^2\beta}\geqslant\frac{2}{\sin^2\frac{\alpha+\beta}{2}}$.

原文证明较繁，宋庆在《一道数学试验班试题的简证》一文中首先给出简证，张永红在《一道数学试题的指数推广》和陈友才在《一道数学试验班试题的推广》中又各自独立地将其推广为如下命题.

命题2 若α，β，n均为正数，且$\alpha+\beta\leqslant\pi$，则$\frac{1}{\sin^n\alpha}+\frac{1}{\sin^n\beta}\geqslant\frac{2}{\sin^n\frac{\alpha+\beta}{2}}$.

本文借助平均值不等式和Jensen不等式给出上式以再推广，并将题设条件予以放宽.

命题3 若a_1，a_2，$\cdots$，a_m，$n\in\mathbf{R}^+$，$m\in\mathbf{N}^+$，且a_1，a_2，$\cdots$，$a_m\in(0,\pi)$，则

$$\frac{a_1}{\sin^n a_1}+\frac{a_2}{\sin^n a_2}+\cdots+\frac{a_m}{\sin^n a_m}\geqslant\frac{m(a_1a_2\cdots a_m)^{\frac{1}{m}}}{\sin^n\frac{a_1+a_2+\cdots+a_m}{m}}.$$

证明 由题设知 $\sin^n a_i>0$ $(i=1,2,\cdots,m)$，

又 $y=\sin x$ 为区间 $[0,\pi]$ 上严格上凸函数.

则 $\sin\frac{a_1+a_2+\cdots+a_m}{m}\geqslant\frac{1}{m}(\sin a_1+\sin a_2+\cdots+\sin a_m)$.

故 $\frac{a_1}{\sin^n a_1}+\frac{a_2}{\sin^n a_2}+\cdots+\frac{a_m}{\sin^n a_m}$

$$\geqslant\frac{m(a_1a_2\cdots a_m)^{\frac{1}{m}}}{(\sin^n a_1\cdot\sin^n a_2\cdot\cdots\cdot\sin^n a_m)^{\frac{1}{m}}}=\frac{m(a_1a_2\cdots a_m)^{\frac{1}{m}}}{\left[(\sin a_1\cdot\sin a_2\cdot\cdots\cdot\sin a_m)^{\frac{1}{m}}\right]^n}$$

$$\geqslant\frac{m(a_1a_2\cdots a_m)^{\frac{1}{m}}}{\left(\frac{\sin a_1+\sin a_2+\cdots+\sin a_m}{m}\right)^n}$$

$$\geqslant\frac{m(a_1a_2\cdots a_m)^{\frac{1}{m}}}{\sin^n\frac{a_1+a_2+\cdots+a_m}{m}}.$$

故命题3成立.

至此，我们自然会联想该函数的余函数是否有类似结果呢？

命题1′ 若 $-\frac{\pi}{2}<\alpha<\frac{\pi}{2}$，$-\frac{\pi}{2}<\beta<\frac{\pi}{2}$，则 $\frac{1}{\cos^n\alpha}+\frac{1}{\cos^n\beta}\geqslant\frac{2}{\cos^n\frac{\alpha+\beta}{2}}$.

证明 由题设可知 $\cos^n\alpha>0$，$\cos^n\beta>0$.

由平均值不等式，得

$$\frac{1}{\cos^2\alpha}+\frac{1}{\cos^2\beta}\geqslant\frac{2}{\cos\alpha\cos\beta}\geqslant\frac{8}{(\cos\alpha+\cos\beta)^2}=\frac{8}{\left(2\cos\frac{\alpha+\beta}{2}\cos\frac{\alpha-\beta}{2}\right)^2}$$

$$\geqslant\frac{2}{\cos^2\frac{\alpha+\beta}{2}}.$$

故命题1′成立.

将上述不等式进行推广，可得命题2′.

命题2′ 若$-\frac{\pi}{2}<\alpha<\frac{\pi}{2}$，$-\frac{\pi}{2}<\beta<\frac{\pi}{2}$，$n$为正实数，则

$$\frac{1}{\cos^n\alpha}+\frac{1}{\cos^n\beta}\geqslant\frac{2}{\cos^n\frac{\alpha+\beta}{2}}.$$

证明 由题设可知$\cos^n\alpha>0$，$\cos^n\beta>0$.

利用平均值不等式，得

$$\begin{aligned}\frac{1}{\cos^2\alpha}+\frac{1}{\cos^2\beta}&\geqslant 2\cdot\sqrt{\frac{1}{\cos^n\alpha\cos^n\beta}}=2\cdot\left(\sqrt{\frac{1}{\cos\alpha\cos\beta}}\right)^n\\&\geqslant 2\cdot\left(\frac{2}{\cos\alpha\cos\beta}\right)^n=\frac{2^{n+1}}{\left(2\cos\frac{\alpha+\beta}{2}\cos\frac{\alpha-\beta}{2}\right)^n}\\&\geqslant\frac{2}{\cos^n\frac{\alpha+\beta}{2}}.\end{aligned}$$

故命题2′成立.

类比命题3′，可得：

命题3′ 若$-\frac{\pi}{2}<a_i<\frac{\pi}{2}(i=1, 2, \cdots, m, m\in\mathbf{N}^+)$，$n$为正实数，则

$$\frac{a_1}{\cos^n a_1}+\frac{a_2}{\cos^n a_2}+\cdots+\frac{a_m}{\cos^n a_m}\geqslant\frac{m(a_1a_2\cdots a_m)^{\frac{1}{m}}}{\cos^n\frac{a_1+a_2+\cdots+a_m}{m}}.$$

展开联想，可得下面更一般的结果：

命题4 若连续函数$f(x)$在(a, b)上严格上凸且恒为正，a_1，a_2，$\cdots$，a_m，$n\in\mathbf{R}^+$，$m\in\mathbf{N}^+$，x_1，x_2，$\cdots$，$x_n\in(a, b)$，则

$$\frac{a_1}{f^n(x_1)}+\frac{a_2}{f^n(x_2)}+\cdots+\frac{a_m}{f^n(x_m)}\geqslant\frac{m(a_1a_2\cdots a_m)^{\frac{1}{m}}}{f^n\left(\frac{x_1+x_2+\cdots+x_m}{m}\right)}.$$

（原文载于《河北理科教学研究》1997年第2期）

一道高考压轴题的溯源、新证及推广

问题（2008年安徽省高考理科数学压轴题） 设椭圆$C:\frac{x^2}{a^2}+\frac{y^2}{b^2}=1(a>b>0)$过点$M(\sqrt{2},1)$，且左焦点为$F_1(-\sqrt{2},0)$.

（Ⅰ）求椭圆C的方程；

（Ⅱ）当过点$P(4,1)$的动直线l与椭圆C相交于两不同点A，B时，在线段AB上取点Q，满足$|\overrightarrow{AP}|\cdot|\overrightarrow{QB}|=|\overrightarrow{AQ}|\cdot|\overrightarrow{PB}|$. 证明：点$Q$总在某定直线上.

命题者意在通过本题主要考查直线、椭圆的方程及几何性质、线段的定比分点公式等基础知识、基本方法和分析问题、解决问题的能力.我们在对该题的第（Ⅱ）小题探寻新的求解思路时发现，其具有很大的研讨空间，值得关注.

1 溯源

命题1 过⊙O外一点P引圆的割线PAB，若弦AB上存在一点Q，则点Q必在点P对应的切点弦上的充分必要条件是$|AP|\cdot|QB|=|AQ|\cdot|PB|$.

证明 必要性：如图，若点Q在切点弦CD上，为方便，记$|PA|=a$，$|AQ|=b$，$|QB|=c$，$|CQ|=m$，$|QD|=n$，$|PC|=|PD|=l$，$\angle PQC=\theta$，则$mn=bc$，$l^2=a(a+b+c)$.

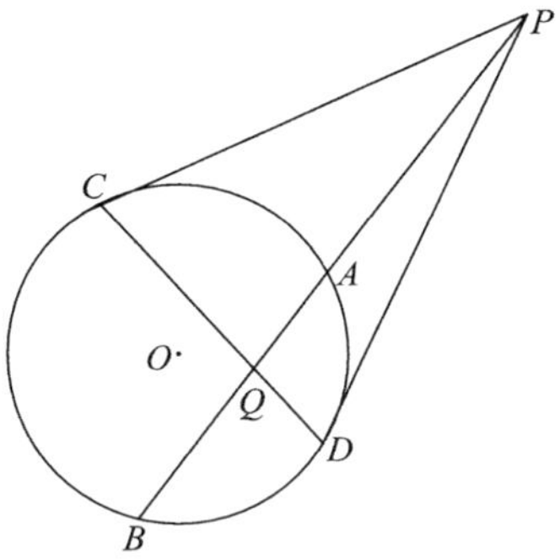

又$l^2=m^2+(a+b)^2-2m(a+b)\cos\theta$，　①

$l^2 = n^2 + (a+b)^2 + 2n(a+b)\cos\theta$， ②

由①②得 $\cos\theta = \dfrac{m-n}{2(a+b)}$. ③

把③代入①，得 $l^2 = (a+b)^2 + mn$，

所以 $a(a+b+c) = (a+b)^2 + bc$，则 $ac = b(a+b+c)$，即 $|PA|\cdot|QB| = |AQ|\cdot|PB|$.

充分性：（反证法）假设点 Q 不在切点弦上，记 AB，CD 交点为 Q'.

不妨设点 Q 在线段 AQ' 内，则 $|AQ| < |AQ'|$，$|QB| < |Q'B|$，又 $|PA|\cdot|Q'B| = |AQ'|\cdot|PB|$，

所以 $|PA|\cdot|QB| > |AQ|\cdot|PB|$ 与题设矛盾！

故点 Q 在切点弦上.

对于必要性，我们还可以给出如下一个几何证明：

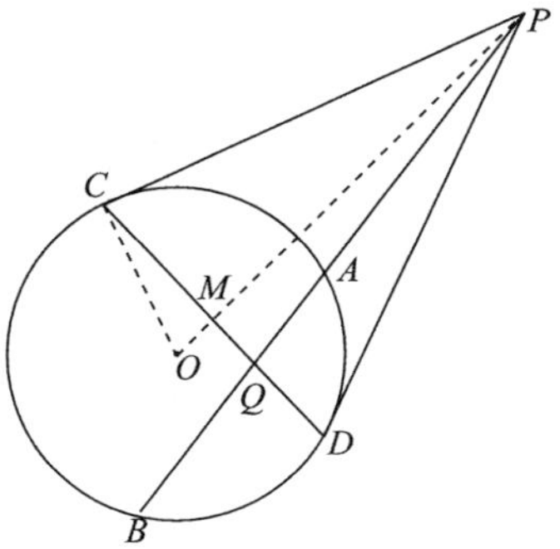

如图，若点 Q 在切点弦 CD 上，连 PO 交 CD 于 M 点，则

$$QA\cdot QB = CQ\cdot DQ = \left(\frac{1}{2}CD + MQ\right)\left(\frac{1}{2}CD - MQ\right) = \frac{1}{4}CD^2 - MQ^2,$$

$$\begin{aligned}\text{故} PA\cdot PB - QA\cdot QB &= PD^2 + MQ^2 - \frac{1}{4}CD^2 = (PD^2 - DM^2) + MQ^2\\ &= PM^2 + MQ^2 = PQ^2 = (PB - QB)(PA + AQ)\\ &= PA\cdot PB + PB\cdot AQ - PA\cdot QB - AQ\cdot QB.\end{aligned}$$

$\therefore\ PA\cdot QB = AQ\cdot PB$.

2 新证

命题组给出了两种解法，这里再从如下几个不同视角给出新解.

证法一（投影法）记点 Q，A，B 的坐标分别为 (x, y)，(x_1, y_1)，(x_2, y_2).

设直线 l 方程为：$y-1=k(x-4)$，　①

代入椭圆方程 $\frac{x^2}{4}+\frac{y^2}{2}=1$，并整理得

$(1+2k^2)x^2+4k(1-4k)x+2(1-4k)^2-4=0$，

则 $x_1+x_2=\frac{4k(4k-1)}{1+2k^2}$，$x_1x_2=\frac{2(1-4k)^2-4}{1+2k^2}$.　②

又 $\frac{|\overrightarrow{PA}|}{|\overrightarrow{PB}|}=\frac{|\overrightarrow{AQ}|}{|\overrightarrow{QB}|}$，得 $\frac{|4-x_1|}{|4-x_2|}=\frac{|x-x_1|}{|x_2-x|}$，

则 $\frac{4-x_1}{4-x_2}=\frac{x_1-x}{x-x_2}$，

故 $8x-(x_1+x_2)(4+x)+2x_1x_2=0$，　③

将②代入③，并整理得 $k(x-4)=1-2x$，　④

由①④得 $2x+y-2=0$，

故点 $Q(x, y)$ 总在定直线 $2x+y-2=0$ 上.

证法二（韦达定理法）记点 Q，A，B 坐标分别为 (x, y)，(x_1, y_1)，(x_2, y_2).

并设 $\overrightarrow{PA}=\lambda_1\overrightarrow{AQ}$，$\overrightarrow{PB}=\lambda_2\overrightarrow{BQ}$，则

$x_1=\frac{4+\lambda_1 x}{1+\lambda_1}$，$y_1=\frac{4+\lambda_1 y}{1+\lambda_1}$，或 $x_2=\frac{4+\lambda_2 x}{1+\lambda_2}$，$y_2=\frac{4+\lambda_2 y}{1+\lambda_2}$，

代入椭圆方程，得

$$\frac{1}{4}\left(\frac{4+\lambda_i x}{1+\lambda_2}\right)^2+\frac{1}{2}\left(\frac{1+\lambda_i x}{1+\lambda_i}\right)^2=1.$$

其中 $\lambda_i(i=1, 2)$ 为下述关于 λ 的方程的两个根.

整理，得 $(x^2+2y^2-4)\lambda^2+4(2x+y-2)\lambda+14=0$.

由 $|\overrightarrow{AP}|\cdot|\overrightarrow{QB}|=|\overrightarrow{AQ}|\cdot|\overrightarrow{PB}|$，得 $\lambda_1+\lambda_2=0$，

由韦达定理，得$2x+y-2=0$.

即点Q在直线$2x+y-2=0$上.

证法三（参数方程法） 设直线l方程为：

$\begin{cases} x=4+t\cos\alpha, \\ y=1+t\sin\alpha \end{cases}$ （其中t为参数，α为倾斜角），

代入椭圆方程$\frac{x^2}{4}+\frac{y^2}{2}=1$，得

$(1+\sin^2\alpha)t^2+4(2\cos\alpha+\sin\alpha)t+14=0$.

$\therefore\ t_1+t_2=\frac{-4(2\cos\alpha+\sin\alpha)}{1+\sin^2\alpha}$，$t_1t_2=\frac{14}{1+\sin^2\alpha}$.

由$\left|\overrightarrow{AP}\right|\cdot\left|\overrightarrow{QB}\right|=\left|\overrightarrow{AQ}\right|\cdot\left|\overrightarrow{PB}\right|$，则$t_1(t_2-t)=(t-t_1)\cdot t_2$，

$\therefore\ t=\frac{2t_1t_2}{t_1+t_2}=\frac{-7}{2\cos\alpha+\sin\alpha}$，

$$\therefore\ \begin{cases} x=4-\dfrac{7\cos\alpha}{2\cos\alpha+\sin\alpha}, \\ y=1-\dfrac{7\cos\alpha}{2\cos\alpha+\sin\alpha}, \end{cases}$$

$\therefore\ 2x+y=9-\frac{7(2\cos\alpha+\sin\alpha)}{2\cos\alpha+\sin\alpha}=2$，即$2x+y-2=0$，

故点$Q(x,\ y)$总在定直线$2x+y-2=0$上.

证法四（伸缩变换法） 设$\begin{cases} x=2x', \\ y=\sqrt{2}\,y', \end{cases}$ 则在新直角坐标系$x'oy'$下，

椭圆$\frac{x^2}{4}+\frac{y^2}{2}=1$变形为单位圆：$x'^2+y'^2=1$. ①

P，Q点对应的坐标分别为$P'\left(2,\ \frac{\sqrt{2}}{2}\right)$，$Q'(x',\ y')$.

又以OP'为直径的圆的方程为：$(x'-1)^2+\left(y'-\frac{\sqrt{2}}{4}\right)^2=\frac{9}{8}$. ②

将②–①，整理得，过点P作$\odot O$的切线的切点弦所在直线方程为：$4x'+\sqrt{2}\,y'-2=0$. ③

由命题1知，点Q'必在此直线上.

又 $x=2x'$，$y=\sqrt{2}y'$，则在原坐标系下，方程③对应的方程为线性方程 $2x+y-2=0$. 故点 Q 在定直线 $2x+y-2=0$ 上.

又过点 P（4，1）向椭圆 $C:\frac{x^2}{4}+\frac{y^2}{2}=1$ 作切线，其切点弦所在直线方程为 $\frac{4x}{4}+\frac{1\cdot y}{2}=1$，即 $2x+y-2=0$，

则知点 Q 总在切点弦上.

3 推广

我们不难将上述问题作如下推广：

命题2 设椭圆 $C:\frac{x^2}{a^2}+\frac{y^2}{b^2}=1$，过定点 $P(x_0, y_0)$（在椭圆外）引椭圆的割线 PAB，线段 AB 上点 Q 满足 $|\overrightarrow{AP}|\cdot|\overrightarrow{QB}|=|\overrightarrow{AQ}|\cdot|\overrightarrow{PB}|$，则点 Q 总在定直线 $\frac{x_0x}{a^2}+\frac{y_0y}{b^2}=1$ 上.

类似地，该结论可以拓展到双曲线及抛物线中：

命题3 设双曲线 $C:\frac{x^2}{a^2}-\frac{y^2}{b^2}=1$，过定点 $P(x_0, y_0)$（双曲线开口所含区域外）的点，引双曲线 C 的割线 PAB，线段 AB 上点 Q 满足 $|\overrightarrow{AP}|\cdot|\overrightarrow{QB}|=|\overrightarrow{AQ}|\cdot|\overrightarrow{PB}|$，则点 Q 总在定直线 $\frac{x_0x}{a^2}-\frac{y_0y}{b^2}$ 上.

命题4 设抛物线 C：$y^2=2px$，过定点 $P(x_0, y_0)$（抛物线开口所含区域外的点）引抛物线 C 的割线 PAB，线段 AB 上点 Q 满足 $|\overrightarrow{AP}|\cdot|\overrightarrow{QB}|=|\overrightarrow{AQ}|\cdot|\overrightarrow{PB}|$，则点 Q 总在定直线 $y_0y=p(x+x_0)$ 上.

展开联想，可得更一般的结论：

命题5 设二次曲线 C：$Ax^2+By^2+Cx+Dy+E=0$ 为非退化曲线. 过定点 $P(x_0, y_0)$ 作曲线 C 的割线 PAB，线段 AB 上点 Q 满足 $|\overrightarrow{AP}|\cdot|\overrightarrow{QB}|=|\overrightarrow{AQ}|\cdot|\overrightarrow{PB}|$，则点 Q 总在定直线 $Ax_0x+By_0y+C\cdot\frac{x+x_0}{2}+D\cdot$

$\frac{x+x_0}{2}+E=0$上.

上述各命题证明类似，这里仅证命题5.

证明 记点Q，A，B坐标分别为(x, y)，(x_1, y_1)，(x_2, y_2)，$\overrightarrow{PA}=\lambda_1\overrightarrow{AQ}$，$\overrightarrow{PB}=\lambda_2\overrightarrow{BQ}$，则

$$x_1=\frac{x_0+\lambda_1 x}{1+\lambda_1},\ y_1=\frac{y_0+\lambda_1 y}{1+\lambda_1},\ \text{或}\ x_2=\frac{x_0+\lambda_2 x}{1+\lambda_2},\ y_2=\frac{y_0+\lambda_2 y}{1+\lambda_2},$$

代入二次曲线C的方程，得

$$A\left(\frac{x_0+\lambda_i x}{1+\lambda_i}\right)^2+B\left(\frac{y_0+\lambda_i y}{1+\lambda_i}\right)^2+C\left(\frac{x_0+\lambda_i x}{1+\lambda_i}\right)^2+D\left(\frac{y_0+\lambda_i y}{1+\lambda_i}\right)^2+E=0,$$

其中，则$\lambda_i(i=1, 2)$是下述关于λ的方程的两个根：

$$(Ax^2+By^2+Cx+Dy+E)\lambda^2+[2Ax_0x+2By_0y+C(x+x_0)+D(y+y_0)+2E]\lambda+(Ax_0^2+By_0^2+Cx_0+Dy_0+E)=0.$$

又$\left|\overrightarrow{AP}\right|\cdot\left|\overrightarrow{QB}\right|=\left|\overrightarrow{AQ}\right|\cdot\left|\overrightarrow{PB}\right|$，$\therefore\ \lambda_1+\lambda_2=0$，

由韦达定理，得$2Ax_0x+2By_0y+C(x+x_0)+D(y+y_0)+2E=0$.

$\therefore$点Q在直线$(2Ax_0+C)x+(2By_0+D)y+(Cx_0+Dy_0+2E)=0$，

即$Ax_0x+By_0y+C\cdot\frac{x+x_0}{2}+D\cdot\frac{y+y_0}{2}+E=0$上.

由上述求解过程，我们自然还可以收获如下一组“副产品”：

命题2—5中所述直线方程即为过曲线外一定点作曲线两条切线所得切点弦所在直线的方程. 限于篇幅，不再一一罗列.

（原文载于《上海中学数学》2009年第4期）

问题解决：此日中流自在行

几何不等式代数化的一个变换

如图，若$\triangle ABC$的内切圆切三边于点D，E，F，记$AE=AF=x$，$BD=BF=y$，$CD=CE=z$，则

$$\begin{cases}a=y+z,\\ b=z+x,\\ c=x+y.\end{cases}\qquad (*)$$

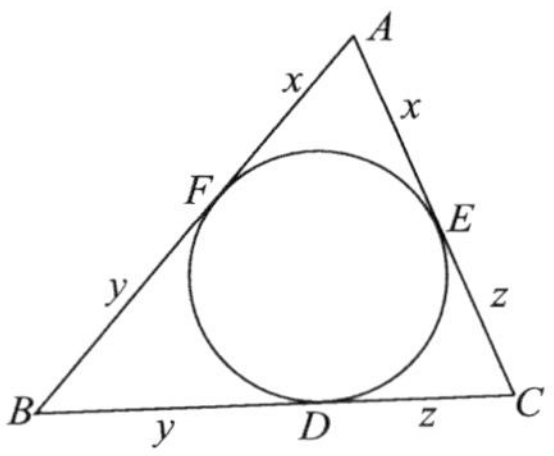

由于三角形由三边完全确定，则三角形中的所有元素都可以用x，y，z表示．如：

半周长$p=\frac{1}{2}(a+b+c)=x+y+z$，

面积$S_{\triangle}=\sqrt{p(p-a)(p-b)(p-c)}=\sqrt{xyz(x+y+z)}$，

内切圆半径$r=\frac{S_{\triangle}}{p}=\sqrt{\frac{xyz}{x+y+z}}$，

外接圆半径$R=\frac{abc}{4S_{\triangle}}=\frac{(x+y)(y+z)(z+x)}{4\sqrt{xyz(x+y+z)}}$.

这样，借助（*）式这一变换，即可将关于三角形元素间的几何不等式转化成关于正数x，y，z的代数不等式，从而使某些几何不等式简洁而又程序化地解决.

例1 设a，b，c是三角形三边长，求证：

$$abc\geqslant(b+c-a)(c+a-b)(a+b-c).$$

证明 由（*）式知，原不等式$\Leftrightarrow(y+z)(z+x)(x+y)\geqslant 8xyz$.

由x，y，$z\in\mathbf{R}^{+}$，得$y+z\geqslant2\sqrt{yz}$，$z+x\geqslant2\sqrt{zx}$，$x+y\geqslant2\sqrt{xy}$.

以上三式相乘立得.

例2 （第16届全俄数学竞赛题）设三角形的三边长为a，b，c，半周长为p，求证：

$$\sqrt{p-a}+\sqrt{p-b}+\sqrt{p-c}\leqslant\sqrt{3p}.$$

证明 由（*）式知，原不等式

$\Leftrightarrow\sqrt{x}+\sqrt{y}+\sqrt{z}\leqslant\sqrt{3(x+y+z)}$

$\Leftrightarrow x+y+z+2(\sqrt{xy}+\sqrt{yz}+\sqrt{zx})\leqslant3(x+y+z)$

$\Leftrightarrow(\sqrt{x}-\sqrt{y})^2+(\sqrt{y}-\sqrt{z})^2+(\sqrt{z}-\sqrt{x})^2\geqslant0$.

故原不等式成立.

例3 （第6届IMO试题）在$\triangle ABC$中，求证：

$$a^2(b+c-a)+b^2(c+a-b)+c^2(a+b-c)\leqslant3abc.$$

证明 由（*）式知，原不等式

$\Leftrightarrow2x(y+z)^2+2y(z+x)^2+2z(x+y)^2\leqslant3(y+z)(z+x)(x+y)$

$\Leftrightarrow xy(x+y)+yz(y+z)+zx(z+x)\geqslant 6xyz$

$\Leftrightarrow \dfrac{x+y}{z}+\dfrac{x+z}{y}+\dfrac{y+z}{x}\geqslant 6$

$\Leftrightarrow \left(\sqrt{\dfrac{x}{z}}-\sqrt{\dfrac{z}{x}}\right)^2+\left(\sqrt{\dfrac{y}{z}}-\sqrt{\dfrac{z}{y}}\right)^2+\left(\sqrt{\dfrac{y}{x}}-\sqrt{\dfrac{x}{y}}\right)^2\geqslant 0.$

故原不等式成立.

例4 (第27届美国数学奥林匹克竞赛题)在$\triangle ABC$中,求证:

$$\frac{1}{(p-a)^2}+\frac{1}{(p-b)^2}+\frac{1}{(p-c)^2}\geqslant\frac{1}{r^2}.$$

证明 由(*)知,原不等式

$\Leftrightarrow \dfrac{1}{x^2}+\dfrac{1}{y^2}+\dfrac{1}{z^2}\geqslant\dfrac{x+y+z}{xyz}$

$\Leftrightarrow \left(\dfrac{1}{x}-\dfrac{1}{y}\right)^2+\left(\dfrac{1}{y}-\dfrac{1}{z}\right)^2+\left(\dfrac{1}{z}-\dfrac{1}{x}\right)^2\geqslant 0.$

故原不等式成立.

例5 (第24届IMO试题)在$\triangle ABC$中,求证:

$$b^2c(b-c)-c^2a(c-a)+a^2b(a-b)\geqslant 0,$$

并说明等号何时成立.

证明 由(*)式知,原不等式

$\Leftrightarrow xy^3+yz^3+zx^3\geqslant xyz(x+y+z)$

$\Leftrightarrow \dfrac{y^2}{z}+\dfrac{z^2}{x}+\dfrac{x^2}{y}\geqslant x+y+z$

$\Leftrightarrow \left(\dfrac{y^2}{z}+\dfrac{z^2}{x}+\dfrac{x^2}{y}\right)(z+x+y)\geqslant(x+y+z)^2.$

由Cauchy不等式知,上式成立,

且当$x=y=z$,即$a=b=c$时取等号.

例6 在$\triangle ABC$中,求证:$\cot^3\dfrac{A}{2}+\cot^3\dfrac{B}{2}+\cot^3\dfrac{C}{2}\geqslant 9\sqrt{3}$.

证明 由(*)式知,$\cot\dfrac{A}{2}=\dfrac{x}{r}$,$\cot\dfrac{B}{2}=\dfrac{y}{r}$,$\cot\dfrac{C}{2}=\dfrac{z}{r}$,则

原不等式$\Leftrightarrow x^3+y^3+z^3\geqslant 9\sqrt{3}\,r^3$，

又$9\sqrt{3}\,r^3=9\sqrt{3}\sqrt{\left(\dfrac{xyz}{x+y+z}\right)^3}\leqslant 9\sqrt{3}\sqrt{\dfrac{(xyz)^3}{27xyz}}=3xyz\leqslant x^3+y^3+z^3$.

故原不等式成立.

例7 （第3届IMO试题）在$\triangle ABC$中，求证：$a^2+b^2+c^2\geqslant 4\sqrt{3}\,S_{\triangle}$.

证明 由(*)式知，原不等式

$\Leftrightarrow (y+z)^2+(z+x)^2+(x+y)^2\geqslant 4\sqrt{3xyz(x+y+z)}$.

又$(y+z)^2+(z+x)^2+(x+y)^2\geqslant 4(yz+zx+xy)$，

只需证

$yz+zx+xy\geqslant\sqrt{3xyz(x+y+z)}\Leftrightarrow(yz+zx+xy)^2\geqslant 3xyz(x+y+z)$

$\Leftrightarrow(yz-xz)^2+(yz-xy)^2+(xz-xy)^2\geqslant 0$.

故原不等式成立.

例8 若R，r分别为$\triangle ABC$的外接圆和内切圆半径，求证：$R\geqslant 2r$.

证明 由（*）式知，原不等式

$$\Leftrightarrow\frac{(x+y)(y+z)(z+x)}{4\sqrt{xyz(x+y+z)}}\geqslant 2\sqrt{\frac{xyz}{x+y+z}}$$

$\Leftrightarrow(x+y)(y+z)(z+x)\geqslant 8xyz$.

故原不等式成立.

从以上数例的解答可以看出，貌似平凡的变换（*），就像是一座沟通几何不等式与代数不等式的“桥”.通过它，可以将关于三角形元素间的几何不等式转化为代数不等式，从而获得代数化的解答.

（原文载于《中学数学研究》2000年第3期）

相等之中求不等的一个关系

1 问题提出

一次习题课中，我选讲了如下习题：

（1999年全国高考题）若正数a，b满足$ab=a+b+3$，则ab的取值范围是______.

求解的基本思路是：

由$ab=a+b+3\geqslant 2\sqrt{ab}+3$，

得$(\sqrt{ab}-3)(\sqrt{ab}+1)\geqslant 0$，

又$\sqrt{ab}+1\geqslant 0$，

易得$ab\geqslant 9$.

我为了强调基本不等式的使用条件，指出a，b必须是正数.

未承想到，一位同学马上指出，a，b为实数，这题也能做，并给出了如下方法：

构造方程$ax^2+(3-ab)x+b=0$，

$\because$ 1是该方程的根，

$\therefore$ $\Delta=(3-ab)^2-4ab\geqslant 0$，即$(ab)^2-10ab+9\geqslant 0$，

$\therefore$ $ab\leqslant 1$或$ab\geqslant 9$，

故所求ab的范围是$(-\infty, 1]\cup[9, +\infty)$.

显然，这是一个很好的发现.不过，这里a未必非零，解法有漏洞！

2 解法提炼

注意上述解答，猜测：

由$a+b+c=0$，是否有$b^2-4ac\geqslant 0$呢？

$\because$ $b^2-4ac=[-(a+c)]^2-4ac=(a-c)^2\geqslant 0$.

因此，我们意外得到了如下命题：

若$a+b+c=0$，则$b^2 \geqslant 4ac$.

至此，我们自然会想到：在日常求解的问题中，有一类问题是依据等式求取值范围或不等关系的，我们何尝不可以此作为“桥梁”来使用呢？

3 应用举例

例1（1991年“曙光杯”初中数学竞赛题）已知三个实数a，b，c满足$\begin{cases} a+b+c=0, & ① \\ abc=1, & ② \end{cases}$求证：$a$，$b$，$c$中至少有一个大于$\frac{3}{2}$.

证明 由①②知a，b，c中有一个正数，两个负数. 不妨设$c>0$，

由①得$c^3 \geqslant 4abc = 4$，$\therefore\ c \geqslant \sqrt[3]{4} > \sqrt[3]{\frac{27}{8}} = \frac{3}{2}$，

故a，b，c中至少有一个大于$\frac{3}{2}$.

例2（1993年全国高中数学竞赛题）实数x，y满足$4x^2-5xy+4y^2=5$，设$S=x^2+y^2$，求$\frac{1}{S_{\max}}+\frac{1}{S_{\min}}$的值.

解 $\because\ x^2+y^2-S=0$，$\therefore (-S)^2 \geqslant 4x^2y^2$. 又$xy=\frac{4}{5}S-1$，

$\therefore (-S)^2 \geqslant 4\left(\frac{4}{5}S-1\right)^2$，得$\frac{10}{13} \leqslant S \leqslant \frac{10}{3}$，$\therefore\ \frac{1}{S_{\max}}+\frac{1}{S_{\min}}=\frac{8}{5}$.

例3（第21届全苏奥林匹克数学竞赛题） 正数a，b，c，x，y，z满足条件$a+x=b+y=c+z=k$. 求证：$ax+by+cz<k^2$.

证明 $\because\ a+x-k=0$，$\therefore (-k)^2 \geqslant 4ax$，即$ax \leqslant \frac{1}{4}k^2$.

同理$by \leqslant \frac{1}{4}k^2$，$cz \leqslant \frac{1}{4}k^2$.

$\therefore\ ax+by+cz \leqslant \frac{3}{4}k^2 < k^2$.

例4（第31届IMO国家集训队试题） 已知实数x，y，z满足$\begin{cases} x+y=z-1, \\ xy=z^2-7z+14. \end{cases}$问$x^2+y^2$的最大值是什么？在$z$为何值时$x^2+y^2$取得最大值？

解 由已知得 $x+(1-z)+y=0$, $\therefore (1-z)^2 \geqslant 4xy$,

$\therefore (1-z)^2 \geqslant 4(z^2-7z+14)$,解得 $\frac{11}{3} \leqslant z \leqslant 5$.

又 $x^2+y^2=(x+y)^2-2xy=(z-1)^2-2(z^2-7z+14)=-(z-6)^2+9$,

故当 $z=5$ 时,$(x^2+y^2)_{max}=8$.

例5(1986年全国高考题,1991年湖北黄冈市初中、1995年吉林初中数学竞赛题) 设实数 a,b,c 满足 $a^2-bc-8a+7=0$ 和 $b^2+c^2+bc-6a+6=0$,试求 a 的取值范围.

解 两式相减,得 $(b+c)^2=(a-1)^2$,即 $b+c\pm(a-1)=0$,

$\therefore (a-1)^2 \geqslant 4bc$. 又 $bc=a^2-8a+7$,

$\therefore (a-1)^2 \geqslant 4(a^2-8a+7)$, $\therefore 1 \leqslant a \leqslant 9$.

例6(1998年湖北黄冈市初中数学竞赛题)已知实数 a,b 满足 $a^2+ab+b^2=1$,求 a^2-ab+b^2 的范围.

解 设 $a^2-ab+b^2=t$,又 $a^2+ab+b^2=1$,

得 $ab=\frac{1-t}{2}$,$a^2+b^2=\frac{1+t}{2}$.

由 $a^2+b^2-\frac{1+t}{2}=0$,得 $\left(\frac{1+t}{2}\right)^2 \geqslant 4a^2b^2$,

$\therefore \left(\frac{1+t}{2}\right)^2 \geqslant 4\left(\frac{1-t}{2}\right)^2$,即 $\frac{1}{3} \leqslant t \leqslant 3$,

故 $\frac{1}{3} \leqslant a^2-ab+b^2 \leqslant 3$.

例7(第3届苏奥尔德莱尼基市数学竞赛题)已知 $x+y+z=1$,求证:$x^2+y^2+z^2 \geqslant \frac{1}{3}$.

证明 $\because x+y+(z-1)=0$, $\therefore (z-1)^2 \geqslant 4xy$. 又 $x+y+z=1$,

$$\begin{aligned} \therefore x^2+y^2+z^2 &= 1-2xy-2yz-2xz=1-2xy-2z(x+y) \\ &= 1-2xy-2z(1-z) \geqslant 1-\frac{1}{2}(z-1)^2-2z(1-z) \\ &= \frac{3}{2}(z-1)^2+\frac{1}{3} \geqslant \frac{1}{3}. \end{aligned}$$

(原文载于《中学数学》2001年第8期)

一个“平凡”命题的非凡功效

命题　在$\triangle ABC$中，$\angle A > \angle B \Leftrightarrow \sin A > \sin B$.

证明 在$\triangle ABC$中，$\angle A > \angle B \Leftrightarrow a > b \Leftrightarrow 2R\sin A \Leftrightarrow 2R\sin B \Leftrightarrow \sin A > \sin B$.

这个貌似平凡的命题却有着非凡的功效，据此解决一些数学问题，常能出奇制胜，化繁为简，化难为易.

例1（1983年全国高中数学联赛题）在$\triangle ABC$中，$\sin A = \frac{3}{5}$，$\cos B = \frac{5}{13}$，则$\cos C$的值等于______.

该题曾广为书刊和各类考试选用.但所见解答或提示均是分$\angle A$为锐角、钝角两种情况进行讨论的.若用上述命题，则可回避这一繁杂的过程.

解 在$\triangle ABC$中，$\cos B = \frac{5}{13}$，则$\sin B = \frac{12}{13}$，又$\sin A = \frac{3}{5}$，

$\therefore \sin B > \sin A$，则$\angle B > \angle A$，$\therefore \angle A$为锐角，

故$\cos A = \frac{4}{5}$.

$\therefore \cos C = \cos\left[\pi - (A + B)\right] = \sin A\sin B - \cos A\cos B = \frac{16}{65}$.

例2 已知α，β都是锐角，且$\cos\alpha = \frac{1}{7}$，$\sin(\alpha + \beta) = \frac{11}{14}$，求$\cos\beta$的值.

解 $\because \alpha$，β都是锐角，

$\therefore \alpha$，$\pi - (\alpha + \beta)$，β可作为某一个三角形的三个内角.

由$\cos\alpha = \frac{1}{7}$，得 $\sin\alpha = \frac{4}{7}\sqrt{3}$，

又$\sin\left[\pi - (\alpha + \beta)\right] = \sin(\alpha + \beta) = \frac{11}{14}$，

$\therefore \sin\left[\pi - (\alpha + \beta)\right] < \sin\alpha$，

则$\pi - (\alpha + \beta) < \alpha$.

$\therefore \pi - (\alpha + \beta)$为锐角，即$\alpha + \beta$为钝角，

$\therefore\ \cos(\alpha+\beta)=-\dfrac{5}{14}\sqrt{3}$,

$\therefore\ \cos\beta=\cos\left[(\alpha+\beta)-\alpha\right]=\cos(\alpha+\beta)\cos\alpha+\sin(\alpha+\beta)\sin\alpha=\dfrac{39}{98}\sqrt{3}$.

例3（匈牙利奥林匹克数学题）假设α，β，γ是任一锐角三角形的三个内角．证明：如果$\alpha<\beta<\gamma$，那么$\sin 2\alpha>\sin 2\beta>\sin 2\gamma$.

证明 由于α，β，γ是锐角三角形的三个内角，则$\pi-2\alpha$、$\pi-2\beta$、$\pi-2\gamma$可视为某一个三角形的三个内角．

$\because\ \alpha<\beta<\gamma$，$\therefore\ \pi-2\alpha>\pi-2\beta>\pi-2\gamma$,

$\therefore\ \sin(\pi-2\alpha)>\sin(\pi-2\beta)>\sin(\pi-2\gamma)$,

$\therefore\ \sin 2\alpha>\sin 2\beta>\sin 2\gamma$.

例4（第11届全俄数学竞赛题）正数α，β，a，b满足下列不等式$\alpha<\beta$，$\alpha+\beta<\pi$，$a+b<\pi$，$\dfrac{\sin a}{\sin b}\leqslant\dfrac{\sin\alpha}{\sin\beta}$. 求证：$a<b$.

证明 根据题意，α，β与a，b可分别为两个三角形的内角，且正弦值均为正．

$\because\ \alpha<\beta$，$\therefore\ \sin\alpha<\sin\beta$，则$\dfrac{\sin\alpha}{\sin\beta}<1$.

又$\dfrac{\sin a}{\sin b}\leqslant\dfrac{\sin\alpha}{\sin\beta}$，$\therefore\ \dfrac{\sin a}{\sin b}<1$.

$\therefore\ \sin a<\sin b$，$\therefore a<b$.

例5（1963年上海市数学竞赛题）证明：$\cos(\sin x)>\sin(\cos x)$.

证明 若$\cos x\leqslant 0$，则$\sin(\cos x)\leqslant 0$.

由$0<\dfrac{\pi}{2}-\sin x<\pi$，知$\sin\left(\dfrac{\pi}{2}-\sin x\right)>0$,

则$\cos(\sin x)>0$，故$\cos(\sin x)>\sin(\cos x)$.

若$\cos x>0$，又$-\sqrt{2}\leqslant\cos x\pm\sin x\leqslant\sqrt{2}$,

则$\cos x+\left(\dfrac{\pi}{2}-\sin x\right)\leqslant\dfrac{\pi}{2}+\sqrt{2}<\pi$,

$\therefore\ \cos x$，$\dfrac{\pi}{2}-\sin x$可看作某一个三角形的两个内角，

又 $\cos x \leqslant \sqrt{2} - \sin x < \dfrac{\pi}{2} - \sin x$，

$\therefore\ \sin(\cos x) < \sin\left(\dfrac{\pi}{2} - \sin x\right)$，$\therefore\ \sin(\cos x) < \cos(\sin x)$.

例6（第22届全苏奥林匹克数学竞赛题）设 α，β，γ 是任意三角形的三个内角，证明：$2\left(\dfrac{\sin\alpha}{\alpha} + \dfrac{\sin\beta}{\beta} + \dfrac{\sin\gamma}{\gamma}\right) \leqslant \left(\dfrac{1}{\beta} + \dfrac{1}{\gamma}\right)\sin\alpha + \left(\dfrac{1}{\gamma} + \dfrac{1}{\alpha}\right)\sin\beta + \left(\dfrac{1}{\alpha} + \dfrac{1}{\beta}\right)\sin\gamma$.

证明 只需证

$$(\sin\alpha - \sin\beta)\left(\frac{1}{\beta} - \frac{1}{\alpha}\right) + (\sin\beta - \sin\gamma)\left(\frac{1}{\gamma} - \frac{1}{\beta}\right) + (\sin\gamma - \sin\alpha)\left(\frac{1}{\alpha} - \frac{1}{\gamma}\right) \geqslant 0.$$

由命题知 $(\alpha - \beta)(\sin\alpha - \sin\beta) \geqslant 0$，

不等式两边同除以 $\alpha\beta$，得 $\left(\dfrac{1}{\beta} - \dfrac{1}{\alpha}\right)(\sin\alpha - \sin\beta) \geqslant 0$.

同理 $\left(\dfrac{1}{\gamma} - \dfrac{1}{\beta}\right)(\sin\beta - \sin\gamma) \geqslant 0$，$\left(\dfrac{1}{\alpha} - \dfrac{1}{\gamma}\right)(\sin\gamma - \sin\alpha) \geqslant 0$.

三式相加立得结论.

例7（第31届IMO预选题）设 l 是经过点 C 且平行于 $\triangle ABC$ 的边 AB 的直线，$\angle A$ 的内角平分线交边 BC 于点 D，交 l 于点 E；$\angle B$ 的内角平分线交边 AC 于点 F，交 l 于点 G. 如果 $GF = DE$，试证：$AC = BC$.

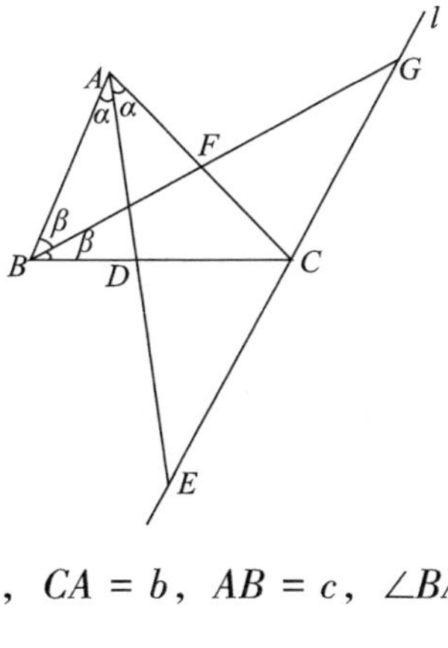

证明 如图，设 $BC = a$，$CA = b$，$AB = c$，$\angle BAC = 2\alpha$，$\angle ABC = 2\beta$.

$\because BF$ 平分 $\angle ABC$，则 $\dfrac{CF}{FA}=\dfrac{CF}{b-CF}=\dfrac{a}{c}$，

$\therefore\ CF=\dfrac{ab}{a+c}$.

同理可得 $CD=\dfrac{ab}{b+c}$.

$\because l /\!/ AB$，

$\therefore\ \angle CGF=\beta$，$\angle FCG=2\alpha$.

在 $\triangle CFG$ 中，由正弦定理得 $GF=\dfrac{CF\sin2\alpha}{\sin\beta}=\dfrac{ab\sin2\alpha}{(a+c)\sin\beta}$.

同理可得 $ED=\dfrac{CD\sin2\beta}{\sin\alpha}=\dfrac{ab\sin2\beta}{(b+c)\sin\alpha}$.

由 $GF=DE$，得

$(b+c)\sin\alpha\sin2\alpha=(a+c)\sin\beta\sin2\beta$. ①

在 $\triangle ABC$ 中，由正弦定理得 $\dfrac{b}{\sin2\beta}=\dfrac{a}{\sin2\alpha}$，

$\therefore\ b\sin2\alpha=a\sin2\beta$. ②

代入①得

$c(\sin\alpha\sin2\alpha-\sin\beta\sin2\beta)+a\sin2\beta(\sin\alpha-\sin\beta)=0$. ③

若 $\alpha>\beta$，则 $\sin\alpha>\sin\beta>0$，$\sin2\alpha>\sin2\beta>0$.

则③式左边两项均大于0，矛盾！

同理可得，若 $\alpha<\beta$，③式也不成立，则 $\alpha=\beta$，故 $\angle BAC=\angle ABC$.

$\therefore\ AC=BC$.

（原文载于《中学数学》1995年第1期）

构造方程解三角题的思考途径

在处理某些三角问题时，根据题目的结构特征，可构想出一个方程，借助方程知识常可使问题巧妙获解.本文试图对其构思途径做一探究.

1 视等式中某一字母（或数）为未知数构造方程

例1（第5届奥林匹克数学竞赛题） 求证：$\cos\frac{\pi}{7}-\cos\frac{2\pi}{7}+\cos\frac{3\pi}{7}=\frac{1}{2}$.

证明 作方程$x=\cos\frac{\pi}{7}-\cos\frac{2\pi}{7}+\cos\frac{3\pi}{7}$,

两边平方、降次、积化和差，得$x^2=\frac{3}{2}-\frac{5}{2}x$.

解之，得$x=\frac{1}{2}$，或$x=-3$(舍).

$\therefore\ \cos\frac{\pi}{7}-\cos\frac{2\pi}{7}+\cos\frac{3\pi}{7}=\frac{1}{2}$.

例2 若a，$b\in\mathbf{R}^+$，且$\frac{\sin^4x}{a}+\frac{\cos^4x}{b}=\frac{1}{a+b}$，则$\frac{\sin^8x}{a^3}+\frac{\cos^8x}{b^3}=\frac{1}{(a+b)^3}$.

证明 由已知得$a^2\cos^4x+b(\sin^4x+\cos^4x-1)a+b^2\sin^4x=0$，视$a$为未知数，则

$$\begin{aligned}\Delta&=[b(\sin^4x+\cos^4x-1)]^2-4b^2\cos^4x\sin^4x\\&=[b(-2\sin^2x\cdot\cos^2x)]^2-4b^2\cos^4x\sin^4x=0.\end{aligned}$$

$$\therefore\ a=\frac{-b(\sin^4x+\cos^4x-1)}{2\cos^4x}=\frac{\sin^2x}{\cos^2x}b,$$

$$\therefore\ \sin^2x=\frac{a}{a+b},\ \cos^2x=\frac{b}{a+b}.$$

$$\therefore\ \frac{\sin^8x}{a^3}+\frac{\cos^8x}{b^3}=\frac{\left(\frac{a}{a+b}\right)^4}{a^3}+\frac{\left(\frac{b}{a+b}\right)^4}{b^3}=\frac{1}{(a+b)^3}.$$

2 视不等式（或等式）为判别式构造二次方程

例3 已知$25\cos A+5\sin B+\tan C=0$，$\sin^2B-4\cos A\tan C=0$，求证：$\tan C=25\cos A$.

证明 当$\cos A=0$时，结论显然成立；

当$\cos A\neq0$时，则5是二次方程$x^2\cos A+x\sin B+\tan C=0$ ① 的根.

又$\Delta=\sin^2B-4\cos A\tan C=0$，$\therefore$ 5是方程①的二重根.

由韦达定理，得$5^2=\dfrac{\tan C}{\cos A}$，则$\tan C=25\cos A$.

例4 已知α，β，$\beta\in\left(-\dfrac{\pi}{2},\ \dfrac{\pi}{2}\right)$，求证：$(\tan\alpha-\tan\beta)^2\geqslant(\tan\gamma-2\tan\alpha)(2\tan\beta-\tan\gamma)$.

分析 不等式等价于$[2(\tan\alpha-\tan\beta)]^2-4(\tan\gamma-2\tan\alpha)(2\tan\beta-\tan\gamma)\geqslant 0$，此与一元二次方程的根的判别式类似，故可考虑构造依次以$\tan\gamma-2\tan\alpha$，$2(\tan\alpha-\tan\beta)$，$2\tan\beta-\tan\gamma$为系数的一元二次方程.

证明 当$\tan\gamma-2\tan\alpha=0$时，结论显然成立.

当$\tan\gamma-2\tan\alpha\neq 0$时，构造如下二次方程

$(\tan\gamma-2\tan\alpha)x^2+2(\tan\alpha-\tan\beta)x+(2\tan\beta-\tan\gamma)=0$.

因为方程各项系数之和为0，所以1是此方程的一个根.

$\therefore\ \Delta=4(\tan\alpha-\tan\beta)^2-4(\tan\gamma-2\tan\alpha)(2\tan\beta-\tan\gamma)\geqslant 0$,

故$(\tan\alpha-\tan\beta)^2\geqslant(\tan\gamma-2\tan\alpha)(2\tan\beta-\tan\gamma)$.

3 依韦达定理的逆定理构造方程

例5 已知$\triangle ABC$三内角A，B，C的大小成等差数列，且$\tan A\tan C=2+\sqrt{3}$，求A，B，C.

解 $\because A$，B，C成等差数列，$\therefore\ B=60^\circ$，$A+C=120^\circ$.

$\therefore\ \tan A+\tan C=\tan(A+C)(1-\tan A\tan C)=3+\sqrt{3}$,

又$\tan A\tan C=2+\sqrt{3}$,

$\therefore\ \tan A$，$\tan C$是方程$x^2-(3+\sqrt{3})x+2+\sqrt{3}=0$的两根.

$\therefore\ \tan A=1$，$\tan C=2+\sqrt{3}$或$\tan A=2+\sqrt{3}$，$\tan C=1$.

$\therefore A$，B，C依次是45°，60°，75°或75°，60°，45°.

例6 求$\sin 18^\circ$和$\cos 36^\circ$的值.

解 $\because\ \sin 18^\circ\cos 36^\circ=\dfrac{4\sin 18^\circ\cos 18^\circ\cos 36^\circ}{4\cos 18^\circ}=\dfrac{\sin 72^\circ}{4\cos 18^\circ}=\dfrac{1}{4}$,

$-\sin 18^\circ+\cos 36^\circ=\sin 54^\circ-\sin 18^\circ=2\cos 36^\circ\sin 18^\circ=\dfrac{1}{2}$,

$\therefore -\sin 18^\circ$，$\cos 36^\circ$是方程$x^2-\dfrac{1}{2}x-\dfrac{1}{4}=0$的两根.

又$x=\dfrac{1\pm\sqrt{5}}{4}$及$-\sin 18^\circ<\cos 36^\circ$，

故$\sin 18^\circ=\dfrac{\sqrt{5}-1}{4}$，$\cos 36^\circ=\dfrac{\sqrt{5}+1}{4}$.

4 依根的定义构造方程

例7 若斜$\triangle ABC$三内角A，B，C成等差数列，且$\dfrac{\cos A+p}{\cos C}=\dfrac{\cos C+p}{\cos A}=\dfrac{-q}{\cos A\cos C}$，则$p^2-q=\dfrac{3}{4}$.

证明 $\because A$，B，C成等差数列，$\therefore B=60^\circ$，$A+C=120^\circ$.

又$\cos^2 A+p\cos A+q=0$，$\cos^2 C+p\cos C+q=0$，

$\therefore \cos A$，$\cos C$是方程$x^2+px+q=0$的两根，

$\therefore \cos A+\cos C=-p$，$\cos A\cos C=q$，

$$\begin{aligned}\therefore p^2-q&=(\cos A+\cos C)^2-\cos A\cos C\\&=\left(2\cos\frac{A+C}{2}\cos\frac{A-C}{2}\right)^2-\frac{1}{2}[\cos(A+C)+\cos(A-C)]\\&=\left(2\cos 60^\circ\cos\frac{A-C}{2}\right)^2-\frac{1}{2}\left(\cos 120^\circ+2\cos^2\frac{A-C}{2}-1\right)=\frac{3}{4}.\end{aligned}$$

5 依公式恒等式构造方程

例8 设$\cos\dfrac{\theta}{5}=\dfrac{\sqrt{3}}{3}$，$\sin\dfrac{\theta}{5}=\dfrac{\sqrt{6}}{3}$，求角$\theta$所在的象限.

解 由已知构造复方程$\cos\dfrac{\theta}{5}+\mathrm{i}\sin\dfrac{\theta}{5}=\dfrac{1+\sqrt{2}\,\mathrm{i}}{\sqrt{3}}$，由棣莫佛定理知$\cos\theta+\mathrm{i}\sin\theta=\dfrac{1-11\sqrt{2}\,\mathrm{i}}{9\sqrt{3}}$，则$\cos\theta>0$，$\sin\theta<0$，故角$\theta$在第四象限.

6 把某式转化为方程

例9 求函数$y=\dfrac{\sec^2x-\tan x}{\sec^2x+\tan x}$的值域.

解 $y=\dfrac{\tan^2x-\tan x+1}{\tan^2x+\tan x+1}$化为关于$\tan x$的方程：

$(y-1)\tan^2x+(1+y)\tan x+(y-1)=0$,

则$\begin{cases}y\neq 0,\\ \Delta=(1+y)^2-4(y-1)^2\geqslant 0,\end{cases}$

解得$\dfrac{1}{3}\leqslant y\leqslant 3$，故所求值域为$\left[\dfrac{1}{3},\ 3\right]$.

例10 把$\sin^2\alpha+\sin^2\beta-\sin^2\gamma-2\sin\alpha\sin\beta\cos\gamma$化为积的形式.

解 令$\sin^2\alpha+\sin^2\beta-\sin^2\gamma-2\sin\alpha\sin\beta\cos\gamma=0$，视其为关于$\sin\alpha$的方程，即

$\sin^2\alpha-2\sin\beta\cos\gamma\sin\alpha+\sin^2\beta-\sin^2\gamma=0$,

$\because\ \Delta=4\sin^2\beta\cos^2\gamma-4(\sin^2\beta-\sin^2\gamma)=4\cos^2\beta\sin^2\gamma$,

$\therefore$方程的根为$\sin(\beta\pm\gamma)$,

$\therefore$原式$=[\sin\alpha-\sin(\beta+\gamma)][\sin\alpha-\sin(\beta-\gamma)]$

$$=4\cos\frac{\alpha+\beta+\gamma}{2}\sin\frac{\alpha-\beta-\gamma}{2}\cos\frac{\alpha+\beta-\gamma}{2}\sin\frac{\alpha-\beta+\gamma}{2}.$$

（原文载于《数学教学研究》1995年第2期）

构造二项平方和函数证不等式

对于某些不等式证明题，我们可根据其条件和结论，结合判别式的结构特征，构造二项平方和函数：

$f(x)=(a_1x-b_1)^2+(a_2x-b_2)^2+\cdots+(a_nx-b_n)^2$,

由$f(x)\geqslant 0$，得$\Delta\leqslant 0$，可以使一些用一般方法处理较繁的问题，获得简洁、

明快的证明.

例1（第2届“友谊杯”国际数学邀请赛题）已知a，b，$c\in\mathbf{R}^{+}$，求证：

$$\frac{a^2}{b+c}+\frac{b^2}{c+a}+\frac{c^2}{a+b}\geqslant\frac{a+b+c}{2}.$$

证明 构造函数

$$f(x)=\left(\frac{a}{\sqrt{b+c}}x-\sqrt{b+c}\right)^2+\left(\frac{b}{\sqrt{c+a}}x-\sqrt{c+a}\right)^2+\left(\frac{c}{\sqrt{a+b}}x-\sqrt{a+b}\right)^2$$

$$=\left(\frac{a^2}{b+c}+\frac{b^2}{c+a}+\frac{c^2}{a+b}\right)x^2-2(a+b+c)x+2(a+b+c).$$

$\because f(x)\geqslant 0$，$\therefore \Delta\leqslant 0$，即

$$4(a+b+c)^2-4\left(\frac{a^2}{b+c}+\frac{b^2}{c+a}+\frac{c^2}{a+b}\right)\cdot 2(a+b+c)\leqslant 0.$$

又a，b，$c\in\mathbf{R}^{+}$，

$$\therefore \frac{a^2}{b+c}+\frac{b^2}{c+a}+\frac{c^2}{a+b}\geqslant\frac{a+b+c}{2}.$$

例2（1980年列宁格勒数学竞赛题）设a，b，$c\in\mathbf{R}^{+}$，且$a+b+c+d=1$，求证：

$$\sqrt{4a+1}+\sqrt{4b+1}+\sqrt{4c+1}+\sqrt{4d+1}<6.$$

证明 构造函数

$$f(x)=(\sqrt{4a+1}\,x-1)^2+(\sqrt{4b+1}\,x-1)^2+(\sqrt{4c+1}\,x-1)^2+(\sqrt{4d+1}\,x-1)^2$$

$$=8x^2-2(\sqrt{4a+1}+\sqrt{4b+1}+\sqrt{4c+1}+\sqrt{4d+1})x+4.$$

$\because f(x)\geqslant 0$，

$$\therefore \Delta=4(\sqrt{4a+1}+\sqrt{4b+1}+\sqrt{4c+1}+\sqrt{4d+1})^2-4\times8\times4\leqslant 0,$$

$$\therefore \sqrt{4a+1}+\sqrt{4b+1}+\sqrt{4c+1}+\sqrt{4d+1}\leqslant 4\sqrt{2}<6.$$

例3（1990年IMO日本第一轮选拔赛试题）设a，b，$c\in\mathbf{R}^{+}$，且$a+b+c=1$.求$\frac{1}{a}+\frac{4}{b}+\frac{9}{c}$的最小值.

解 构造函数

$$f(x)=\left(\frac{1}{\sqrt{a}}x-\sqrt{a}\right)^2+\left(\frac{2}{\sqrt{b}}x-\sqrt{b}\right)+\left(\frac{3}{\sqrt{c}}x-\sqrt{c}\right)^2$$
$$=\left(\frac{1}{a}+\frac{4}{b}+\frac{9}{c}\right)x^2-12x+1.$$

$\because f(x)\geqslant 0$（当且仅当$a=\frac{1}{6}$，$b=\frac{1}{3}$，$c=\frac{1}{2}$时取等号），

$\therefore \Delta=144-4\left(\frac{1}{a}+\frac{4}{b}+\frac{9}{c}\right)\leqslant 0$，

$\therefore \frac{1}{a}+\frac{4}{b}+\frac{9}{c}\geqslant 36$，

故当$a=\frac{1}{6}$，$b=\frac{1}{3}$，$c=\frac{1}{2}$时，$\left(\frac{1}{a}+\frac{4}{b}+\frac{9}{c}\right)_{\min}=36.$

例4（1979年全国数学竞赛题）已知a，$\theta\neq\frac{k\pi}{2}$，$k\in\mathbf{Z}$，求证：

$$\frac{1}{\sin^2\theta}+\frac{1}{\cos^2\theta\sin^2 a\cos^2 a}\geqslant 9.$$

证明 原不等式$\Leftrightarrow \frac{1}{\sin^2\theta}+\frac{\sin^2 a+\cos^2 a}{\cos^2\theta\sin^2 a\cos^2 a}\geqslant 9$

$\Leftrightarrow \frac{1}{\sin^2\theta}+\frac{1}{\cos^2\theta\cos^2 a}+\frac{1}{\cos^2\theta\sin^2 a}\geqslant 9.$

记 $f(x)=\left(\frac{1}{\sin\theta}x-\sin\theta\right)^2+\left(\frac{1}{\cos\theta\cos a}x-\cos\theta\cos a\right)^2+\left(\frac{1}{\cos\theta\sin a}x-\cos\theta\sin a\right)^2$

$$=\left(\frac{1}{\sin^2\theta}+\frac{1}{\cos^2\theta\cos^2 a}+\frac{1}{\cos^2\theta\sin^2 a}\right)x^2-6x+1.$$

$\because f(x)\geqslant 0$，

$\therefore \Delta=36-4\left(\frac{1}{\sin^2\theta}+\frac{1}{\cos^2\theta\cos^2 a}+\frac{1}{\cos^2\theta\sin^2 a}\right)\leqslant 0$，

$\therefore \frac{1}{\sin^2\theta}+\frac{1}{\cos^2\theta\cos^2 a}+\frac{1}{\cos^2\theta\sin^2 a}\geqslant 9.$

例5（第1届“希望杯”数学竞赛备选题）已知a，b，$c\in\mathbf{R}^+$，且$\frac{a^2}{1+a^2}+\frac{b^2}{1+b^2}+\frac{c^2}{1+c^2}=2$. 求证：$\frac{a}{1+a^2}+\frac{b}{1+b^2}+\frac{c}{1+c^2}\leqslant\sqrt{2}$.

证明 构造函数

$$f(x)=\left(\frac{a}{\sqrt{1+a^2}}x-\frac{1}{\sqrt{1+a^2}}\right)^2+\left(\frac{b}{\sqrt{1+b^2}}x-\frac{1}{\sqrt{1+b^2}}\right)^2+\left(\frac{c}{\sqrt{1+c^2}}x-\frac{1}{\sqrt{1+c^2}}\right)^2$$

$$=2x^2-2\left(\frac{a}{1+a^2}+\frac{b}{1+b^2}+\frac{c}{1+c^2}\right)x+\frac{1}{1+a^2}+\frac{1}{1+b^2}+\frac{1}{1+c^2},$$

$\because \frac{a^2}{1+a^2}+\frac{b^2}{1+b^2}+\frac{c^2}{1+c^2}=2$，又 $\frac{1}{1+a^2}=1-\frac{a^2}{1+a^2}$，

$\therefore \frac{1}{1+a^2}+\frac{1}{1+b^2}+\frac{1}{1+c^2}=1.$

$\because f(x)\geqslant 0,$

$\therefore \Delta=4\left(\frac{a}{1+a^2}+\frac{b}{1+b^2}+\frac{c}{1+c^2}\right)^2-8\leqslant 0,$

$\therefore \frac{a}{1+a^2}+\frac{b}{1+b^2}+\frac{c}{1+c^2}\leqslant\sqrt{2}.$

例 6 设 a，b，$c\in\mathbf{R}^+$，且 $a+b+c=1$. 求证：$\left(a+\frac{1}{a}\right)^2+\left(b+\frac{1}{b}\right)^2+\left(c+\frac{1}{c}\right)^2\geqslant\frac{100}{3}.$

证明 构造函数

$$f(x)=\left[\left(a+\frac{1}{a}\right)x-1\right]^2+\left[\left(b+\frac{1}{b}\right)x-1\right]^2+\left[\left(c+\frac{1}{c}\right)x-1\right]^2$$

$$=\left[\left(a+\frac{1}{a}\right)^2+\left(b+\frac{1}{b}\right)^2+\left(c+\frac{1}{c}\right)^2\right]x^2-2\left(1+\frac{1}{a}+\frac{1}{b}+\frac{1}{c}\right)x+3.$$

$\because f(x)\geqslant 0$，$\therefore \Delta\leqslant 0$，即

$$4\left(1+\frac{1}{a}+\frac{1}{b}+\frac{1}{c}\right)^2-4\left[\left(a+\frac{1}{a}\right)^2+\left(b+\frac{1}{b}\right)^2+\left(c+\frac{1}{c}\right)^2\right]\cdot 3\leqslant 0,$$

$$\therefore \left(a+\frac{1}{a}\right)^2+\left(b+\frac{1}{b}\right)^2+\left(c+\frac{1}{c}\right)^2\geqslant\frac{1}{3}\left(1+\frac{1}{a}+\frac{1}{b}+\frac{1}{c}\right)^2.$$

又$\frac{1}{a}+\frac{1}{b}+\frac{1}{c}=(a+b+c)\left(\frac{1}{a}+\frac{1}{b}+\frac{1}{c}\right)\geqslant 9$,

$\therefore \left(a+\frac{1}{a}\right)^2+\left(b+\frac{1}{b}\right)^2+\left(c+\frac{1}{c}\right)^2\geqslant \frac{1}{3}(1+9)^2=\frac{100}{3}$.

例7(《数学通报》1995年8月问题969)已知a,b,$c\in\mathbf{R}^+$,且$a+b+c=1$.求证:$\sqrt{1-3a^2}+\sqrt{1-3b^2}+\sqrt{1-3c^2}\leqslant\sqrt{6}$.

证明 构造函数

$$f(x)=(\sqrt{1-3a^2}x-1)^2+(\sqrt{1-3b^2}x-1)^2+(\sqrt{1-3c^2}x-1)^2$$
$$=[3-3(a^2+b^2+c^2)]x^2-2(\sqrt{1-3a^2}+\sqrt{1-3b^2}+\sqrt{1-3c^2})x+3.$$

$\because f(x)\geqslant 0$,$\therefore \Delta\leqslant 0$,即

$$4(\sqrt{1-3a^2}+\sqrt{1-3b^2}+\sqrt{1-3c^2})^2-4[3-3(a^2+b^2+c^2)]\cdot 3\leqslant 0,$$

$$\therefore (\sqrt{1-3a^2}+\sqrt{1-3b^2}+\sqrt{1-3c^2})^2\leqslant 9-9(a^2+b^2+c^2).$$

又$\sqrt{\frac{a^2+b^2+c^2}{3}}\geqslant\frac{a+b+c}{3}$,

$\therefore a^2+b^2+c^2\geqslant\frac{(a+b+c)^2}{3}=\frac{1}{3}$.

故$\sqrt{1-3a^2}+\sqrt{1-3b^2}+\sqrt{1-3c^2}\leqslant\sqrt{6}$.

例8(第36届IMO试题)设a,b,$c\in\mathbf{R}^+$,且$abc=1$,求证:

$$\frac{1}{a^3(b+c)}+\frac{1}{b^3(b+c)}+\frac{1}{c^3(b+c)}\geqslant\frac{3}{2}.$$

证明 原不等式$\Leftrightarrow\frac{b^2c^2}{ab+ac}+\frac{c^2a^2}{bc+ab}+\frac{a^2b^2}{ac+bc}\geqslant\frac{3}{2}$.

记$f(x)=\left(\frac{bc}{\sqrt{ab+ac}}x-\sqrt{ab+ac}\right)^2+\left(\frac{ac}{\sqrt{bc+ab}}x-\sqrt{bc+ab}\right)^2+\left(\frac{ab}{\sqrt{ac+bc}}x-\sqrt{ac+bc}\right)^2$

$$=\left(\frac{b^2c^2}{ab+ac}+\frac{c^2a^2}{bc+ab}+\frac{a^2b^2}{ac+bc}\right)x^2-2(ab+bc+ac)x+2(ab+bc+ac).$$

$\because f(x) \geqslant 0$，$\therefore \Delta \leqslant 0$，即

$$4(ab+bc+ac)^2-8\left(\frac{b^2c^2}{ab+ac}+\frac{c^2a^2}{bc+ab}+\frac{a^2b^2}{ac+bc}\right)(ab+bc+ac) \leqslant 0.$$

$$\therefore \frac{b^2c^2}{ab+ac}+\frac{c^2a^2}{bc+ab}+\frac{a^2b^2}{ac+bc} \geqslant \frac{1}{2}(ab+bc+ac) \geqslant \frac{1}{2}\cdot 3\sqrt[3]{(abc)^2}=\frac{3}{2}.$$

故原不等式成立.

类似可以证明：

（1）（《中学数学教学》1996年第5期题4）设$\triangle ABC$的三边长为a，b，c，且$a+b+c=2$. 求证：$\dfrac{a^2}{1-b}+\dfrac{b^2}{1-c}+\dfrac{c^2}{1-a} \geqslant 4$.

（2）（第16届全俄IMO试题）设三角形三边长为a，b，c，且$a+b+c=2p$. 求证：$\sqrt{p-a}+\sqrt{p-b}+\sqrt{p-c} \leqslant \sqrt{3}\,p$.

（3）（第24届全苏初中数学竞赛题）已知a_1，a_2，…，$a_n \in \mathbf{R}^+$，且$a_1+a_2+\cdots+a_n=1$. 求证：$\dfrac{a_1^2}{a_1+a_2}+\dfrac{a_2^2}{a_2+a_3}+\cdots+\dfrac{a_n^2}{a_n+a_1} \geqslant \dfrac{1}{2}$.

（4）（1991年亚太地区数学竞赛题）设a_i，$b_i \in \mathbf{R}^+(i=1,2,\cdots,n)$，且$\sum\limits_{i=1}^{n}a_i=\sum\limits_{i=1}^{n}b_i$. 求证：$\sum\limits_{i=1}^{n}\dfrac{a_1^2}{a_i+b_i} \geqslant \dfrac{1}{2}\sum\limits_{i=1}^{n}a_i$.

（原文载于《数学通讯》1999年第8期）

更正两道流行题的传统解法

如下两道流行题及其传统解法散见于各类书刊，常被老师作为典型问题介绍给学生. 殊不知，其答案有错误. 因此，必须予以更正.

例1 在数列$\{a_n\}$中，若$2\sqrt{S_n}=a_n+1$，求a_n.

书刊中给出的解答为：

由已知得$4S_n=(a_n+1)^2$，则$4S_{n+1}=(a_{n+1}+1)^2$，

$\therefore\ 4\left(S_{n+1}-S_n\right)=\left(a_{n+1}+1\right)^2-\left(a_n+1\right)^2$,

即 $4a_{n+1}=\left(a_{n+1}+1\right)^2-\left(a_n+1\right)^2$,

$\left(a_{n+1}+a_n\right)\left(a_{n+1}-a_n-2\right)=0$,

得 $a_{n+1}+a_n=0$ 或 $a_{n+1}-a_n=2$.

又 $2\sqrt{S_1}=a_1+1$，得 $a_1=1$.

故当 $a_{n+1}+a_n=0$ 时，该数列是首项为 $a_1=1$，公比是 $q=-1$ 的等比数列，所以 $a_n=(-1)^{n-1}$;

当 $a_{n+1}-a_n=2$ 时，该数列是首项为 $a_1=1$，公差是 $d=-2$ 的等差数列，所以 $a_n=2n-1$.

据此，知所求数列为：1，−1，1，−1，…，$(-1)^{n-1}$，…；或1，3，5，7，…，$2n-1$，….

然而，对于数列1，−1，1，3，5，7，9，…我们发现其也满足题设条件 $2\sqrt{S_n}=a_n+1$.

事实上，由 $a_1=1$，$S_1=1$，得 $2\sqrt{S_1}=a_1+1$；

由 $a_2=-1$，$S_2=0$，得 $2\sqrt{S_2}=a_2+1$；

由 $a_3=1$，$S_3=1$，得 $2\sqrt{S_3}=a_3+1$.

假设当 $n=k(k\geqslant 3)$ 时，有 $2\sqrt{S_k}=a_k+1$，则当 $n=k+1$ 时，有 $2\sqrt{S_k}=a_k+1$，得 $S_k=\left(\dfrac{a_k+1}{2}\right)^2$. 又 $a_{k+1}=a_k+2>0(k\geqslant 3)$,

$$\therefore\ 2\sqrt{S_{k+1}}=2\sqrt{S_k+a_{k+1}}=2\sqrt{\left(\frac{a_k+1}{2}\right)^2+a_{k+1}}=\sqrt{\left(\frac{a_{k+1}-1}{2}\right)^2+a_{k+1}}=$$

$2\sqrt{\left(\dfrac{a_{k+1}+1}{2}\right)^2}=a_{k+1}+1$，即当 $n=k+1$ 时，也满足 $2\sqrt{S_{k+1}}=a_{k+1}+1$.

故该数列满足题设条件，因此，原答案有误.

为什么会多出这样一个解呢？由上不难发现该数列有如下特征：其前三

项满足$a_{n+1}+a_n=0$，而从第三项始以后各项均满足$a_{n+1}-a_n=2$.

据此特征，我们发现：满足题设的数列可以由$a_{n+1}+a_n=0$，或$a_{n+1}-a_n=2$这两个条件之一来确定；也可以是数列中的若干项满足条件之一，而其余各项满足条件之二；当然还可以交替满足这两个条件.如此，满足题设的数列自然应有无数个.

如上所述外，还可有：1，-1，1，-1，1，3，5，7，9，…；1，-1，1，3，5，7，9，-9，11，13，15，…；等等.

例2 各项均为实数的等比数列$\{a_n\}$的前n项和为S_n，若$S_{10}=10$，$S_{30}=70$，求S_{40}的值.

很多资料多用“若数列$\{a_n\}$为等比数列，则S_n，$S_{2n}-S_n$，$S_{3n}-S_{2n}$也成等比数列”这一性质来求解本题.

解 设$A_1=S_{10}=a_1+a_2+\cdots+a_{10}$，$A_2=S_{20}-S_{10}=a_{11}+a_{12}+\cdots+a_{20}$，

$A_3=S_{30}-S_{20}=a_{21}+a_{22}+\cdots+a_{30}$，…

由于数列$\{a_n\}$为等比数列，则A_1，A_2，A_3，…也成为等比数列，所以$A_2^2=A_1A_3$，即$(S_{20}-S_{10})^2=S_{10}(S_{30}-S_{20})$，

$\therefore (S_{20}-10)^2=S_{10}(70-S_{20})$，即$S_{20}^2-10S_{20}-600=0$，

故有$S_{20}=-20$或$S_{20}=30$.

（1）当$S_{20}=-20$时，$A_2=S_{20}-S_{10}=-30$，则得数列$\{A_n\}$的公比$Q=\dfrac{A_2}{A_1}=\dfrac{-30}{10}=-3$.

从而$A_4=A_1Q^3=10\times(-3)^3=-270$，即$S_{40}-S_{30}=-270$，

$\therefore\ S_{40}=S_{30}-270=70-270=-200$；

（2）当$S_{20}=30$时，$A_2=S_{20}-S_{10}=30-10=20$，则得数列$\{A_n\}$的公比$Q=\dfrac{A_2}{A_1}=\dfrac{20}{10}=2$，

从而$A_4=A_1Q^3=10\times2^3=80$，即$S_{40}-S_{30}=80$，

$\therefore\ S_{40}=S_{30}+80=70+80=150$.

上述求解过程看似严谨规范，无可厚非．然而，它也是一个错误的解答．如果我们运用基本的求和公式，借助方程思想，可轻松获解．

由 $S_{10}=10$，$S_{30}=70$，知 $\frac{S_{10}}{S_{30}}\neq\frac{1}{3}$，故 $q\neq1$，则

$$\frac{a_1(1-q^{10})}{1-q}=10,\quad ①$$

$$\frac{a_1(1-q^{30})}{1-q}=70,\quad ②$$

两式相除，得 $1+q^{10}+q^{20}=7$，即 $q^{20}+q^{10}-6=0$，

解得 $q^{10}=2$，或 $q^{10}=-3$.

因该数列是实数列，故 $q^{10}=-3$ 不合题意，舍去．

将 $q^{10}=2$ 代入①，得 $\frac{a_1}{1-q}=-10$，

$$S_{40}=\frac{a_1(1-q^{40})}{1-q}=-10\times(1-2^4)=150.$$

据此，我们不难发现上述"巧解"的"破绽"：因为实数列中，$q^{10}=-3$ 不合题意，则由 $Q=q^{10}=-3$，得出 $S_{40}=-200$ 自然不复存在的．

因此，我们在运用一些性质解题时，一定要注意其成立的前提条件，切不可滥用性质，而误入"歧途"．

由上可知，上述问题的误解之所以流传好长时间，是因为它的隐蔽性极强．乍一看，解题思路和陈述过程都无可厚非．故基于此，非常有必要予以纠正，以免造成以讹传讹．这也警示我们，对于传统解法，应理性对待，切不可盲目效仿．

（原文载于《数学教学研究》2005年第5期）

零数列与一类求和恒等式新证

对于与自然数 n 有关的一类求和恒等式 $f(n)=g(n)$ 的证明题，如果我们

构造数列$\{a_n\}$，其中$a_n = f(n) - g(n)$，能证明$a_{n+1} - a_n = 0$，即$a_{n+1} = a_n$，再验证$a_1 = 0$，那么立得$a_n = 0$，从而有$f(n) = g(n)$. 这种通过构造“零数列”来证题的方法，新颖别致、操作简便，现举例说明如下.

例 1（高中必修本《代数》下册封面上的等式）求证：$1^2 + 2^2 + \cdots + n^2 = \frac{1}{6}n(n+1)(2n+1)(n \in \mathbf{N}_+)$.

证明 构造数列$\{a_n\}$，其中

$$a_n = 1^2 + 2^2 + \cdots + n^2 - \frac{1}{6}n(n+1)(2n+1),$$

$$\text{则} a_{n+1} - a_n = (n+1)^2 - \frac{1}{6}(n+1)(n+2)(2n+3) + \frac{1}{6}n(n+1)(2n+1)$$
$$= (n+1)^2 - \frac{1}{6}(n+1)[(2n^2+7n+6) - (2n^2+n)] = 0,$$

$\therefore a_{n+1} = a_n$.

又 $a_1 = 1^2 - \frac{1}{6} \times 1 \times 2 \times 3 = 0$,

$\therefore a_n = 0$.

故 $1^2 + 2^2 + \cdots + n^2 = \frac{1}{6}n(n+1)(2n+1)\ (n \in \mathbf{N}_+)$.

例 2（1989 年全国高考试题）求证：$(1 \cdot 2^2 - 2 \cdot 3^2) + (3 \cdot 4^2 - 4 \cdot 5^2) + \cdots + [(2n-1)(2n)^2 - 2n(2n+1)^2] = -n(n+1)(4n+3)\ (n \in \mathbf{N}_+)$.

证明 构造数列$\{a_n\}$，其中

$a_n = (1 \cdot 2^2 - 2 \cdot 3^2) + (3 \cdot 4^2 - 4 \cdot 5^2) + \cdots + [(2n-1)(2n)^2 - 2n(2n+1)^2] + n(n+1)(4n+3)$,

$$\text{则} a_{n+1} - a_n = [(2n+1)(2n+2)^2 - 2(n+1)(2n+3)^2] + (n+1)(n+2)(4n+7) - n(n+1)(4n+3)$$
$$= (2n+2)[(2n+1)(2n+2) - (2n+3)^2] + (n+1)[(n+2)(4n+7) - n(4n+3)]$$
$$= (2n+2)(-6n-7) + (n+1)(12n+14) = 0,$$

$\therefore a_{n+1} = a_n$.

又 $a_1 = (1 \times 2^2 - 2 \times 3^2) + 1 \times 2 \times 7 = 0$,

$\therefore\ a_n = 0.$

故原式成立.

例3（1993年全国高考试题）已知数列$\frac{8\cdot 1}{1^2\cdot 3^2},\frac{8\cdot 2}{3^2\cdot 5^2},\cdots,\frac{8n}{(2n-1)^2(2n+1)^2},\cdots$. S_n为其前n项和，计算得$S_1=\frac{8}{9}$，$S_2=\frac{24}{25}$，$S_3=\frac{48}{49}$，$S_4=\frac{80}{81}$. 观察上述结果推测出计算S_n的公式，并加以证明.

分析 易推测$S_n=\frac{(2n+1)^2-1}{(2n+1)^2}\ (n\in \mathbf{N}_+)$,

从而归纳为证明恒等式：

$$\frac{8\cdot 1}{1^2\cdot 3^2}+\frac{8\cdot 2}{3^2\cdot 5^2}+\cdots+\frac{8n}{(2n-1)^2(2n+1)^2}=\frac{(2n+1)^2-1}{(2n+1)^2}.$$

证明 构造数列$\{a_n\}$，其中

$$a_n=\frac{8\cdot 1}{1^2\cdot 3^2}+\frac{8\cdot 2}{3^2\cdot 5^2}+\cdots+\frac{8n}{(2n-1)^2(2n+1)^2}-\frac{(2n+1)^2-1}{(2n+1)^2},$$

$$\text{则} a_{n+1}-a_n=\frac{8(n+1)}{(2n+1)^2(2n+3)^2}-\frac{(2n+3)^2-1}{(2n+3)^2}+\frac{(2n+1)^2-1}{(2n+1)^2}$$

$$=\frac{8(n+1)}{(2n+1)^2(2n+3)^2}+\frac{(2n+1)^2-(2n+3)^2}{(2n+1)^2(2n+3)^2}=0,$$

$\therefore\ a_{n+1}=a_n.$

又$a_1=\frac{8\cdot 1}{1^2\cdot 3^2}-\frac{3^2-1}{3^2}=0$,

$\therefore\ a_n=0$，故原式成立.

例4（第8届国际数学奥林匹克试题）求证：对任意自然数n和任意实数$x\left(x\neq \frac{mk}{2^k}, k=0,1,2,\cdots,n, m\text{是整数}\right)$，有$\frac{1}{\sin 2x}+\frac{1}{\sin 4x}+\cdots+\frac{1}{\sin 2^n x}=\cot x-\cot 2^n x$.

证明 构造数列$\{a_n\}$，其中

$$a_n=\frac{1}{\sin 2x}+\frac{1}{\sin 4x}+\cdots+\frac{1}{\sin 2^n x}-\cot x+\cot 2^n x,$$

则$a_{n+1}-a_n=\dfrac{1}{\sin 2^{n+1}x}+\cot 2^{n+1}x-\cot 2^n x$

$$=\frac{1}{\sin 2^{n+1}x}+\frac{\cos 2^{n+1}x}{\sin 2^{n+1}x}-\frac{1+\cos 2^{n+1}x}{\sin 2^{n+1}x}=0,$$

$\therefore\ a_{n+1}=a_n.$

又$a_1=\dfrac{1}{\sin 2x}-\cot x+\cot 2x=\dfrac{1}{\sin 2x}-\dfrac{1+\cos 2x}{\sin 2x}+\dfrac{\cos 2x}{\sin 2x}=0,$

$\therefore\ a_n=0$，故原式成立.

例5（1990年匈牙利数学奥林匹克试题）证明：

$$\sin^3\frac{a}{3}+\sin^3\frac{a}{3^2}+\cdots+3^{n-1}\sin^3\frac{a}{3^n}=\frac{1}{4}\left(3^n\sin\frac{a}{3^n}-\sin a\right).$$

证明 构造数列$\{a_n\}$，其中

$$a_n=\sin^3\frac{a}{3}+3\sin^3\frac{a}{3^2}+\cdots+3^{n-1}\sin^3\frac{a}{3^n}-\frac{1}{4}\left(3^n\sin\frac{a}{3^n}-\sin a\right),$$

则$a_{n+1}-a_n=3^n\sin^3\dfrac{a}{3^{n+1}}-\dfrac{1}{4}\left(3^{n+1}\sin\dfrac{a}{3^{n+1}}-3^n\sin\dfrac{a}{3^n}\right)$

$$=\frac{3^n}{4}\left(4\sin^3\frac{a}{3^{n+1}}-3\sin\frac{a}{3^{n+1}}+\sin\frac{a}{3^n}\right)$$

$$=-\frac{3^n}{4}\left(3\sin\frac{a}{3^{n+1}}-4\sin^3\frac{a}{3^{n+1}}-\sin\frac{a}{3^n}\right)$$

$$=-\frac{3^n}{4}\left(\sin 3\cdot\frac{a}{3^{n+1}}-\sin\frac{a}{3^n}\right)=0,$$

$\therefore\ a_{n+1}=a_n,$

又$a_1=\sin^3\dfrac{a}{3}-\dfrac{1}{4}\left(3\sin\dfrac{a}{3}-\sin a\right)$

$$=-\frac{1}{4}\left[\left(3\sin\frac{a}{3}-4\sin^3\frac{a}{3}\right)-\sin a\right]$$

$$=-\frac{1}{4}\left(\sin 3\cdot\frac{a}{3}-\sin a\right)=0,$$

$\therefore\ a_n=0$. 故原式成立.

至此，我们自然要问：如若$f(n)=g(n)$为求积形式的恒等式，有无类似的办法呢？回答是肯定的：我们只需构造各项为1的新数列$\{b_n\}$.

其求解的基本思路是：构造商数列$\{b_n\}$，其中$b_n=\dfrac{f(n)}{g(n)}$，先证明$\dfrac{b_{n+1}}{b_n}=1$，即$b_{n+1}=b_n$，再验证$b_1=1$，立得$b_n=1$，从而$f(n)=g(n)$. 为节省篇幅，这里仅给出两题，请有兴趣的读者自己证明：

（1）求证：$(n+1)(n+2)\cdots(n+n)=2^n\cdot 1\cdot 3\cdot 5\cdot\cdots\cdot(2n-1)$.

（2）求证：$\cos\dfrac{x}{2}\cos\dfrac{x}{2^2}\cdot\cdots\cdot\cos\dfrac{x}{2^n}=\dfrac{\sin x}{2^n\sin\dfrac{x}{2^n}}$.

（原文载于《中学数学》2002年第6期）

函数$y=x+\dfrac{p}{x}(p>0)$三角化的一座“桥”

对于求形如函数$y=x+\dfrac{p}{x}(p>0)$型的最值问题，如果我们能形似联想到三角公式$\tan\alpha+\dfrac{1}{\tan\alpha}=\dfrac{2}{\sin 2\alpha}$，便会考虑实施三角代换$x=\sqrt{p}\tan\alpha$，使其转化成三角函数问题. 该代换架设了这类函数三角化的一座“桥”，从而为该问题的求解提供了又一解题新通途.

例1 求函数$y=\dfrac{x^2+7}{\sqrt{x^2+4}}$的最小值.

解 因为$y=\sqrt{x^2+4}+\dfrac{3}{\sqrt{x^2+4}}$，$\sqrt{x^2+4}\geqslant 2$，

所以可设$\sqrt{x^2+4}=\sqrt{3}\tan\alpha\left(\arctan\dfrac{2\sqrt{3}}{3}\leqslant\alpha<\dfrac{\pi}{2}\right)$，

所以$y=\sqrt{3}\tan\alpha+\dfrac{\sqrt{3}}{\tan\alpha}=\dfrac{2\sqrt{3}}{\sin 2\alpha}$.

因为$\dfrac{\pi}{2}<2\arctan\dfrac{2\sqrt{3}}{3}\leqslant 2\alpha<\pi$，

所以$0 < \sin 2\alpha \leqslant \sin\left(2\arctan\frac{2\sqrt{3}}{3}\right)$,

即$0 < \sin 2\alpha \leqslant \dfrac{2\times\frac{2\sqrt{3}}{3}}{1+\left(\frac{2\sqrt{3}}{3}\right)^2} = \dfrac{4}{7}\sqrt{3}$,

故函数$y = \dfrac{x^2+7}{\sqrt{x^2+4}}$的最小值为$\dfrac{7}{2}$.

例2 若$0 < x < \pi$，求$y = 2\sin x + \dfrac{3}{\sin x}$的值域.

解 因为$y = 2\left(\sin x + \dfrac{3}{2\sin x}\right)$,

所以可设$\sin x = \dfrac{\sqrt{6}}{2}\tan\alpha\left(0 < \alpha \leqslant \arctan\dfrac{\sqrt{6}}{3}\right)$,

所以$y = \sqrt{6}\left(\tan\alpha + \dfrac{1}{\tan\alpha}\right) = \dfrac{2\sqrt{6}}{\sin 2\alpha}$.

因为$0 < 2\alpha \leqslant 2\arctan\dfrac{\sqrt{6}}{3} < \dfrac{\pi}{2}$，所以$0 < \sin 2\alpha \leqslant \sin\left(2\arctan\dfrac{\sqrt{6}}{3}\right) = \dfrac{2}{5}\sqrt{6}$，故$y$的值域为$[5, +\infty)$.

例3 若正数a，b，c满足$a+b+c=1$，求证：$abc + \dfrac{1}{abc} \geqslant 27\dfrac{1}{27}$.

证明 因为$0 < abc \leqslant \left(\dfrac{a+b+c}{3}\right)^3 = \dfrac{1}{27}$,

所以可设$abc = \tan\alpha\left(0 < \alpha \leqslant \arctan\dfrac{1}{27}\right)$,

则$abc + \dfrac{1}{abc} = \tan\alpha + \dfrac{1}{\tan\alpha} = \dfrac{2}{\sin 2\alpha}$.

因为$0 < 2\alpha \leqslant 2\arctan\dfrac{1}{27} < \dfrac{\pi}{2}$，所以$0 < \sin 2\alpha \leqslant \sin\left(2\arctan\dfrac{1}{27}\right) = \dfrac{2\times 27}{1+27^2}$，所以$abc + \dfrac{1}{abc} \geqslant 27\dfrac{1}{27}$.

例4 正数x，y满足$x+y=1$，求证：$\left(x+\dfrac{1}{x}\right)\left(y+\dfrac{1}{y}\right)\geqslant\dfrac{25}{4}$.

证明 记$T=\left(x+\dfrac{1}{x}\right)\left(y+\dfrac{1}{y}\right)=xy+\dfrac{1}{xy}+\dfrac{(x+y)^2-2xy}{xy}=xy+\dfrac{2}{xy}-2$.

因为$0<xy\leqslant\left(\dfrac{x+y}{2}\right)^2=\dfrac{1}{4}$,

所以可设

$xy=\sqrt{2}\tan\alpha\left(0<\alpha\leqslant\arctan\dfrac{\sqrt{2}}{8}\right)$,

则$T=\sqrt{2}\tan\alpha+\dfrac{\sqrt{2}}{\tan\alpha}-2=\dfrac{2\sqrt{2}}{\sin2\alpha}-2$.

又$0<2\alpha\leqslant2\arctan\dfrac{\sqrt{2}}{8}<\dfrac{\pi}{2}$,

所以$0<\sin2\alpha\leqslant\sin\left(2\arctan\dfrac{\sqrt{2}}{8}\right)=\dfrac{8}{33}\sqrt{2}$,

所以$T\geqslant\dfrac{25}{4}$，故命题获证.

例5 若正数a_1，a_2，…，a_n满足$a_1+a_2+\cdots+a_n=1$，求证：

$$\left(a_1+\frac{1}{a_1}\right)^2+\left(a_2+\frac{1}{a_2}\right)^2+\cdots+\left(a_n+\frac{1}{a_n}\right)^2\geqslant\frac{(n^2+1)^2}{n}.$$

证明 左边$=a_1^2+a_2^2+\cdots+a_n^2+\left(\dfrac{1}{a_1^2}+\dfrac{1}{a_2^2}+\cdots+\dfrac{1}{a_n^2}\right)+2n$

$$\geqslant n\sqrt[n]{(a_1a_2\cdots a_n)^2}+n\sqrt[n]{\frac{1}{(a_1a_2\cdots a_n)^2}}+2n,$$

因为$0<\sqrt[n]{(a_1a_2\cdots a_n)^2}\leqslant\left(\dfrac{a_1+a_2+\cdots+a_n}{n}\right)^2=\dfrac{1}{n^2}\leqslant1$,

可设$\sqrt[n]{(a_1a_2\cdots a_n)^2}=\tan\alpha\left(0<\alpha\leqslant\arctan\dfrac{1}{n^2}\right)$,

则左边$\geqslant n\left(\tan\alpha+\dfrac{1}{\tan\alpha}\right)+2n=2n\left(\dfrac{1}{\sin2\alpha}+1\right)$.

因为 $0 < 2\alpha \leqslant 2\arctan\dfrac{1}{n^2} \leqslant 2 \times \dfrac{\pi}{4} = \dfrac{\pi}{2}$，

所以 $0 < \sin 2\alpha \leqslant \sin\left(2\arctan\dfrac{1}{n^2}\right) = \dfrac{2n^2}{n^4 + 1}$，

所以 $2n\left(\dfrac{1}{\sin 2\alpha} + 1\right) \geqslant 2n\left(\dfrac{n^4 + 1}{2n^2} + 1\right) = \dfrac{\left(n^2 + 1\right)^2}{n}$.

故原不等式成立.

至此，我们自然会想：对于求解形如 $y = x - \dfrac{p}{x}(p > 0)$ 型的最值问题，可否有类似的代换办法呢？

回答是肯定的. 只需实施代换 $x = \sqrt{p}\tan\alpha$，依 $\tan\alpha - \dfrac{1}{\tan\alpha} = -\dfrac{2}{\tan 2\alpha}$，便可将其转化成三角函数问题. 例如：

若 $\dfrac{\pi}{6} \leqslant x \leqslant \dfrac{\pi}{4}$，求 $y = 4\tan x - \cot x$ 的值域.

解 设 $2\tan x = \tan\alpha \left(\arctan\dfrac{2\sqrt{3}}{3} \leqslant \alpha \leqslant \arctan 2\right)$，

则 $y = 2\tan\alpha - 2\cot\alpha = -4\cot 2\alpha$.

因为 $2\arctan\dfrac{2\sqrt{3}}{3} \leqslant 2\alpha \leqslant 2\arctan 2$，所以 2α 是第三象限角.

所以 $\cot(2\arctan 2) \leqslant \cot 2\alpha \leqslant \cot\left(2\arctan\dfrac{2\sqrt{3}}{3}\right)$，

即 $-\dfrac{3}{4} \leqslant \cot 2\alpha \leqslant -\dfrac{1}{4\sqrt{3}}$，故 y 的值域为 $\left[\dfrac{\sqrt{3}}{3}, 3\right]$.

其实，如若注意到函数 $y_1 = 4\tan x$，$y_2 = -\cot x\left(\dfrac{\pi}{6} \leqslant x \leqslant \dfrac{\pi}{4}\right)$ 均为增函数，则其和函数 $f(x) = 4\tan x - \cot x\left(\dfrac{\pi}{6} \leqslant x \leqslant \dfrac{\pi}{4}\right)$ 亦为增函数，便知其值域为 $\left[f\left(\dfrac{\pi}{6}\right), f\left(\dfrac{\pi}{4}\right)\right]$，即 $\left[\dfrac{\sqrt{3}}{3}, 3\right]$.

（原文载于《中学数学》2004年第5期）

读刊札记：转益多师是汝师

一个并非"干扰""主干"知识传授的引申

读刘健的《谈变式教学中习题引申应注意的几个问题》，颇受启迪，但有一点不同看法，现提出如下：

把题"已知$x>0$，求$y=x+\frac{1}{x}$的最小值"引申为"求函数$y=\frac{x^2+3}{\sqrt{x^2+2}}$的最小值"，并非"'干扰'了本节课不等式应用这一'主干'知识的传授"，相反，如若能引领学生利用下述方法探究该引申，则既强化了正确使用定理"a，$b\in\mathbf{R}^+$，$\frac{a+b}{2}\geqslant\sqrt{ab}$（当且仅当$a=b$时取'='）成立的三个条件'一正、二定、三相等'"，又能为灵活地使用本定理提供一个很好的范例，其教学思路是：

先由$y=\sqrt{x^2+2}+\frac{1}{\sqrt{x^2+2}}\geqslant 2$，得$y_{\min}=2$.

让学生发现：不妥！

因为当且仅当$\sqrt{x^2+2}=\dfrac{1}{\sqrt{x^2+2}}$，即$x^2=-1$时取等号，不可能！

怎么办？

因为$\sqrt{x^2+2}\geqslant\sqrt{2}$，$\dfrac{1}{\sqrt{x^2+2}}\leqslant\dfrac{\sqrt{2}}{2}$，

所以$\sqrt{x^2+2}$，$\dfrac{1}{\sqrt{x^2+2}}$不可能相等.

注意到
$$y=\frac{\sqrt{x^2+2}}{2}+\frac{1}{\sqrt{x^2+2}}+\frac{\sqrt{x^2+2}}{2}$$
$$\geqslant 2\sqrt{\frac{\sqrt{x^2+2}}{2}\cdot\frac{1}{\sqrt{x^2+2}}}+\frac{\sqrt{x^2+2}}{2}$$
$$\geqslant\sqrt{2}+\frac{\sqrt{x^2+2}}{2}\geqslant\sqrt{2}+\frac{\sqrt{2}}{2}=\frac{3}{2}\sqrt{2},$$
当且仅当$x=0$时两等号同时成立.

所以$y_{\min}=\dfrac{3}{2}\sqrt{2}$.

至此，还可以组织学生探讨，或让学生课后思考“如何利用基本不等式求函数$y=\sqrt{x^2+a}+\dfrac{b}{\sqrt{x^2+a}}$$(a，b\in\mathbf{R}^+)$的最小值”，我认为是可行也是必要的.

当$a\leqslant b$时，
$$y=\sqrt{x^2+a}+\frac{b}{\sqrt{x^2+a}}\geqslant 2\sqrt{\sqrt{x^2+a}\cdot\frac{b}{\sqrt{x^2+a}}}=2\sqrt{b},$$
当且仅当$\sqrt{x^2+a}=\dfrac{b}{\sqrt{x^2+a}}$，即$x=\sqrt{b-a}$或$x=-\sqrt{b-a}$时两等号同时成立.

此时，$y_{\min}=2\sqrt{b}$.

当$a>b$时，

$$y=\sqrt{x^2+a}+\frac{b}{\sqrt{x^2+a}}=\frac{b}{a}\sqrt{x^2+a}+\frac{b}{\sqrt{x^2+a}}+\frac{a-b}{a}\sqrt{x^2+a}$$

$$\geqslant 2\sqrt{\frac{b}{a}\sqrt{x^2+a}\cdot\frac{b}{\sqrt{x^2+a}}}+\frac{a-b}{a}\sqrt{x^2+a}=\frac{2b}{\sqrt{a}}+\frac{a-b}{a}\sqrt{x^2+a}$$

$$\geqslant\frac{2b}{\sqrt{a}}+\frac{a-b}{a}\sqrt{a}=\frac{a+b}{a}\sqrt{a},$$

当且仅当 $\frac{b}{a}\sqrt{x^2+a}=\frac{b}{\sqrt{x^2+a}}$ 且 $x^2+a=a$，即 $x=0$ 时两等号同时成立.

此时，$y_{\min}=\frac{a+b}{a}\sqrt{a}$.

需要提及的是，在求解过程中尚需注意：多次使用“≤（或≥）”，容易忽视等号同时成立的条件.

因为此类错误在学生中多有发生，甚至一些书刊中也时常出错. 例如，一本被翻译过来的解题手册就给下面问题以错误的解答.

例 1 若 a，b，$c\in\mathbf{R}^+$，且 $a+b+c=1$，求 $y=\sqrt{4a+1}+\sqrt{4b+1}+\sqrt{4c+1}$ 的最大值.

原解 $\because\ \sqrt{4a+1}=\sqrt{(4a+1)\times 1}\leqslant\frac{4a+2}{2}$，　①

同理：$\sqrt{4b+1}\leqslant\frac{4b+2}{2}$，　②

$\sqrt{4c+1}\leqslant\frac{4c+2}{2}$，　③

$\therefore\ y\leqslant\frac{4(a+b+c)+6}{2}=\frac{4+6}{2}=5$，即 $y_{\max}=5$.

分析 ①②③式同时成立的条件是 $4a+1=1$，$4b+1=1$，$4c+1=1$，即 $a=b=c=0$，这与题设矛盾.

正解 显然 $y\geqslant 0$，

$$y^2=4(a+b+c)+3+2\sqrt{(4a+1)(4b+1)}+2\sqrt{(4b+1)(4c+1)}+$$
$$2\sqrt{(4c+1)(4a+1)}$$
$$\leqslant 7+(4a+4b+2)+(4b+4c+2)+(4c+4a+2)$$
$$=18+8(a+b+c)=21,$$

$\therefore$ 当 $4a+1=4b+1=4c+1$，$a+b+c=1$，即 $a=b=c=\dfrac{1}{3}$ 时，得 $y_{\max}=\sqrt{21}$.

例2 求 $y=\left(\sin^2x+\dfrac{1}{\sin^2x}\right)+\left(\cos^2x+\dfrac{1}{\cos^2x}\right)$ 的最小值.

错解 $\because$ $\sin^2x>0$，$\cos^2x>0$，

$\therefore$ $\sin^2x+\dfrac{1}{\sin^2x}\geqslant 2$，　①

$\cos^2x+\dfrac{1}{\cos^2x}\geqslant 2$，　②

$\therefore$ $y\geqslant 4$，即 $y_{\min}=4$.

分析 上述解法中，①式取等号的条件是 $\sin^2x=1$，②式取等号的条件是 $\cos^2x=1$，这与 $\sin^2x+\cos^2x=1$ 相矛盾. 因此，我们在求最值时，应尽量避免两次以上使用不等式. 若使用了，一定要注意两次使用时，其中的等号能同时成立的条件.

正解 $y=(\sin^2x+\cos^2x)+\left(\dfrac{1}{\sin^2x}+\dfrac{1}{\cos^2x}\right)=1+\dfrac{4}{\sin^2 2x}$，

当 $\sin 2x=\pm 1$ 时，得 $y_{\min}=5$.

（原文载于《数学通报》2004年第7期）

导数，让通法替代特技

——兼论一类值域问题的求解

刘建祖在《求一类无理函数的值域》一文中，对“求函数 $y=2x+3+4\sqrt{2-x^2}$ 的值域”这一问题给出了五种解法，读后颇受启迪.

但文中所述解法，除解法三外均为传统解法．而传统解法正如上文所述“其解法灵活多变且无统一的规律性，从而使学生在求解的过程中难以下手”．解法三是借助向量的数量积来处理的，技巧性很强，在实际操作中不便使用．

能否给出一个便于操作的“统一”办法替代上述“特技”呢？新教材中的导数为这类问题的求解提供了一个简便易行的“通法”．

$y' = 2 - \dfrac{4x}{\sqrt{2-x^2}}$.

令$y'=0$，得$x=\pm\dfrac{\sqrt{10}}{5}$.

又函数定义域为$[-\sqrt{2},\ \sqrt{2}\,]$，列表：

x	$-\sqrt{2}$	$(-\sqrt{2},\ -\frac{\sqrt{10}}{5})$	$-\frac{\sqrt{10}}{5}$	$(-\frac{\sqrt{10}}{5},\ \frac{\sqrt{10}}{5})$	$\frac{\sqrt{10}}{5}$	$(\frac{\sqrt{10}}{5},\sqrt{2})$	$\sqrt{2}$
y'		+	0	+	0	−	
y	$3-2\sqrt{2}$	↗		↗	极大值 $3+2\sqrt{10}$	↘	$3+2\sqrt{2}$

∴值域为$[3-2\sqrt{2},\ 3+2\sqrt{10}]$．

据其可知，利用新教材中的导数，其求解过程简洁明了，可程序化操作．其步骤是：(1) 求导数y'；(2) 令$y'=0$，求出根；(3) 列表，求得值域．

注：解方程$y'=0$后需对求得的解进行检验，以排除增根．

现就“求无理函数$y=mx+1+n\sqrt{ax^2+bx+c}$和$y=m\sqrt{f(x)}+n\sqrt{g(x)}$的值域”问题，再给几例，以显现其通解通法的功效．

例1 求函数$y=x+7-\sqrt{2x^2+12x+20}$的值域．

解 $y'=1-\dfrac{2x+6}{\sqrt{2x^2+12x+20}}$.

令$y'=0$，得$x=-2$或-4.

列表：

x	$(-\infty, -4)$	-4	$(-4, -2)$	-2	$(-2, +\infty)$
y'	+	0	+	0	−
y	↗		↗	极大值3	↘

∴值域为$(-\infty, 3]$.

例2 求函数$y=\sqrt{3x+6}+\sqrt{8-x}$的值域.

解 $y'=\dfrac{3}{2\sqrt{3x+6}}-\dfrac{1}{2\sqrt{8-x}}$.

令$y'=0$，得$x=\dfrac{11}{2}$.

又函数定义域为$[-2, 8]$，列表：

x	-2	$(-2, \frac{11}{2})$	$\frac{11}{2}$	$(\frac{11}{2}, 8)$	8
y'		+	0	−	
y	$\sqrt{10}$	↗	极大值$2\sqrt{10}$	↘	$\sqrt{30}$

∴值域为$[\sqrt{10}, 2\sqrt{10}]$.

例3 求函数$y=\sqrt{3x+7}-\sqrt{x+2}$的值域.

解 $y'=\dfrac{3}{2\sqrt{3x+7}}-\dfrac{1}{2\sqrt{x+2}}$,

令$y'=0$，得$x=-\dfrac{11}{6}$.

又函数定义域为$[-2, +\infty)$，列表：

x	-2	$(-2, -\frac{11}{6})$	$-\frac{11}{6}$	$(-\frac{11}{6}, +\infty)$
y'		−	0	+
y	1	↘	$\frac{\sqrt{6}}{3}$	↗

∴值域为$[\dfrac{\sqrt{6}}{3}, +\infty)$.

至此，笔者自然联想到曾借助“特技”求解过的两个问题，为何不借助导数来重新审视呢？

例4 求函数$y=\dfrac{x^2+3}{\sqrt{x^2+2}}$的最小值.

解 $\because\ y=\sqrt{x^2+2}+\dfrac{1}{\sqrt{x^2+2}}$，

$\therefore\ y'=\dfrac{x(x^2+1)}{(x^2+2)\sqrt{x^2+2}}$.

令 $y'=0$，得 $x=0$.

列表：

x	$(-\infty,0)$	0	$(0,+\infty)$
y'	$-$	0	$+$
y	↘	$\frac{3}{2}\sqrt{2}$	↗

$\therefore$ 当 $x=0$ 时，$y_{\min}=\dfrac{3}{2}\sqrt{2}$.

例5 求函数 $y=\sqrt{x^2+a}+\dfrac{b}{\sqrt{x^2+a}}$ $(a,\ b\in\mathbf{R}^+)$ 的最小值.

解 $y'=\dfrac{x[x^2+(a-b)]}{(x^2+a)\sqrt{x^2+a}}$.

当 $a\geqslant b$ 时，令 $y'=0$，得 $x=0$.

列表：

x	$(-\infty,0)$	0	$(0,+\infty)$
y'	$-$	0	$+$
y	↘	$\frac{a+b}{a}\sqrt{a}$	↗

$\therefore$ 当 $x=0$ 时，$y_{\min}=\dfrac{a+b}{a}\sqrt{a}$.

当 $a<b$ 时，令 $y'=0$，得 $x=0$ 或 $x=\pm\sqrt{b-a}$.

列表：

x	$(-\infty,-\sqrt{b-a})$	$-\sqrt{b-a}$	$(-\sqrt{b-a},0)$	0	$(0,\sqrt{b-a})$	$\sqrt{b-a}$	$(\sqrt{b-a},+\infty)$
y'	$-$	0	$+$	0	$-$	0	$+$
y	↘	极小值 $2\sqrt{b}$	↗	极大值 $\frac{a+b}{a}\sqrt{a}$	↘	极小值 $2\sqrt{b}$	↗

$\therefore$ 当 $x=\pm\sqrt{b-a}$ 时，$y_{\min}=2\sqrt{b}$.

可见，导数视角下的有关值域问题，都可用统一规范的方法来处理.其法既淡化了特技，又彰显了新课改赋予数学问题解答应具有的时代特色，值得推介.

（原文载于《数学教学研究》2007年第1期）

乘法符号法则与一类不等式简证

——从一道错解题谈起

《中学数学研究》2000年第3期《条件不等式 $b^2\geqslant 4ac$ 的应用》一文中例7的证明过程有误.为便于说明，现摘抄原文如下：

（1990年匈牙利数学奥林匹克题）若 $\triangle ABC$ 的边长之和为2，求证：$a^2+b^2+c^2+2bc<2$.

证明 由条件，得 $a+b+c=2$,

$\therefore\ a^2+b^2+c^2=4-2ab-2bc-2ca$,

$\therefore\ a^2+b^2+c^2+2abc=4-2b(a+c)+2ca(b-1)$.

又 $a+(b-2)+c=0$,

$\therefore (b-2)^2\geqslant 4ac$,

$\therefore\ 2ca\leqslant\frac{1}{2}(b-2)^2$,

$$\begin{aligned}\therefore\ a^2+b^2+c^2+2abc&\leqslant 4-2b(2-b)+\frac{1}{2}(b-2)^2(b-1)\\&=2+\frac{1}{2}b^2(b-1).\end{aligned}$$

显然由条件知 $0<b<1$，$\therefore\ b-1<0$,

从而 $a^2+b^2+c^2+2abc<2$.

上述解答错误的原因：

由 $2ca\leqslant\frac{1}{2}(b-2)^2$，又 $b-1<0$，则 $2ca(b-1)\geqslant\frac{1}{2}(b-2)^2(b-1)$，而

不是$2ca(b-1)\leqslant\frac{1}{2}(b-2)^2(b-1)$.

其实，如果我们利用熟知的乘法符号法则“正数相乘为正，两数相乘同号为正、异号为负”，即可使本题轻松获解：

由$a+b+c=2$，知a，b，c均小于1，则$(1-a)(1-b)(1-c)>0$，

$1-(a+b+c)+(ab+bc+ca)-abc>0$，

$2(ab+bc+ca)-2abc>2$，

$(a+b+c)^2-(a^2+b^2+c^2)-2abc>2$，

$\therefore\ a^2+b^2+c^2+2abc<2$.

由此可见，据此法则证明不等式简洁规范、易于操作，现略举几例.

例1 （1990年匈牙利数学竞赛题）已知d为正数a，b，c，d中最大的，求证：$a(d-b)+b(d-c)+c(d-a)<d^2$.

证明 $\because(d-a)(d-b)(d-c)\geqslant 0$，

$\therefore\ d^3-(a+b+c)d^2+(ab+bc+ca)d\geqslant abc$，又$a$，$b$，$c$，$d$为正数，

$\therefore\ d^2-(a+b+c)d+ab+bc+ca>0$，

$\therefore\ a(d-b)+b(d-c)+c(d-a)<d^2$.

例2 若n为大于1的整数，且$p^n+q^n=2$，求证：$pq\leqslant 1$.

证明 由已知条件知$p^n\geqslant 1$，$q^n\leqslant 1$，或$p^n\leqslant 1$，$q^n\geqslant 1$.

则$(p^n-1)(q^n-1)\leqslant 0$，

$\therefore\ p^nq^n-(p^n+q^n)+1\leqslant 0$，$p^nq^n-2+1\leqslant 0$，$p^nq^n\leqslant 1$，故$pq\leqslant 1$.

例3 若$\frac{1}{2}<\beta<2$，求证：$\beta^n+\beta^{-n}<2^n+2^{-n}(n\in\mathbf{N}^+)$.

证明 由已知，得$2^{-n}<\beta^n<2^n$，

则$\beta^n-2^{-n}>0$，$2^n-\beta^n>0$，

$\therefore(\beta^n-2^{-n})(2^n-\beta^n)>0$，

$2^n\beta^n-\beta^{2n}-1+2^{-n}\beta^n>0$，

$\beta^n(2^n-\beta^n-\beta^{-n}+2^{-n})>0$，

$2^n-\beta^n-\beta^{-n}+2^{-n}>0$，

$\therefore\ 2^n + 2^{-n} > \beta^n + \beta^{-n}$.

例4（第9届全苏数学奥林匹克题）证明：对于正数a，b，c，下述不等式成立：

$$a^3 + b^3 + c^3 + 3abc \geqslant ab(a+b) + bc(b+c) + ac(a+c).$$

证明 不妨设$a \geqslant b \geqslant c$，则$c(a-c)(b-c) \geqslant 0$，$(a-b)^2(a+b-c) \geqslant 0$.

即$c^3 + abc \geqslant ac^2 + bc^2$，

$a^3 + b^3 + 2abc \geqslant ab(a+b) + a^2c + b^2c$.

两式相加即得证.

（原文载于《中学数学研究》2001年第1期）

又三个简单命题及应用

《中学数学月刊》1998年第9期《一个简单命题及其应用》一文给出如下命题：

设$\{x_n\}$，$\{y_n\}$是两个正项数列，如果$x_1 > y_1$，且$\dfrac{x_{n+1}}{x_m} > \dfrac{y_{n+1}}{y_n}$，那么$x_n > y_n$.

受此启发，本文将再给出三个相关结果：

命题1 设$\{x_n\}$，$\{y_n\}$是两个非零数列，如果$x_1 = y_1$，且$\dfrac{x_{n+1}}{x_m} = \dfrac{y_{n+1}}{y_n}$，那么$x_n = y_n$.

命题2 设$\{x_n\}$，$\{y_n\}$满足$x_1 = y_1$，且$x_{n+1} - x_n = y_{n+1} - y_n$，那么$x_n = y_n$.

命题3 设$\{x_n\} = \{y_n\}$满足$x_1 > y_1$，且$x_{n+1} - x_n > y_{n+1} - y_n$，那么$x_n > y_n$.

上述命题证明都很简单，这里仅证命题2.

$$\begin{aligned} x_n &= (x_n - x_{n-1}) + (x_{n-1} - x_{n-2}) + \cdots + (x_2 - x_1) + x_1 \\ &= (y_n - y_{n-1}) + (y_{n-1} - y_{n-2}) + \cdots + (y_2 - y_1) + y_1 = y_n. \end{aligned}$$

据上述命题求解问题便捷、独特.

例1（高中《代数》下册第125页第5（1）题）若 $\sin\alpha \neq 0$，求证：

$$\cos\alpha\cos2\alpha\cdots\cos2^{n-1}\alpha = \frac{\sin2^n\alpha}{2^n\sin\alpha}.$$

证明 记左边 $= x_n$，右边 $= y_n$，则 $x_1 = y_1 = \cos\alpha$.

又 $\dfrac{x_{n+1}}{x_n} = \cos2^n\alpha$，$\dfrac{y_{n+1}}{y_n} = \dfrac{\sin2^{n+1}\alpha}{2\sin2^n\alpha} = \cos2^n\alpha$，

$\therefore \dfrac{x_{n+1}}{x_n} = \dfrac{y_{n+1}}{y_n}$.

由命题1知，原式成立.

例2（1998年安徽省部分重点中学联考题）$P_n = (1-\frac{1}{2^2})(1-\frac{1}{3^2})(1-\frac{1}{4^2})\cdots(1-\frac{1}{n^2})$ $(n \geqslant 2$，且 $n \in \mathbf{N})$，求 P_n 的计算公式，并加以证明.

证明 由 P_2，P_3，P_4，易猜想：$P_n = \dfrac{n+1}{2n}(n \geqslant 2$，且 $n \in \mathbf{N})$，证明如下：

记 $P'_n = \dfrac{n+1}{2n}$，$\because P_2 = 1 - \dfrac{1}{2^2} = \dfrac{3}{4} = \dfrac{2+1}{2\times2} = P'_2$，

又 $\dfrac{P_{n+1}}{P_n} = 1 - \dfrac{1}{(n+1)^2} = \dfrac{n^2+2n}{(n+1)^2}$，

$\dfrac{P'_{n+1}}{P_n'} = \dfrac{n+2}{2(n+1)}\cdot\dfrac{2n}{n+1} = \dfrac{n^2+2n}{(n+1)^2}$，

$\therefore \dfrac{P_{n+1}}{P_n} = \dfrac{P'_{n+1}}{P'_n}$.

由命题1知，猜想成立.

例3（高中《代数》下册封面上的恒等式）求证：$1^2 + 2^2 + \cdots + n^2 = \frac{1}{6}n(n+1)\cdot(2n+1)$.

证明 记左边 $= x_n$，右边 $= y_n$，

则 $x_1 = y_1 = 1$，又 $x_{n+1} - x_n = (n+1)^2$，

$$y_{n+1}-y_n=\frac{1}{6}(n+1)(n+2)(2n+3)-\frac{1}{6}n(n+1)(2n+1)$$
$$=\frac{1}{6}(n+1)[(n+2)(2n+3)-n(2n+1)]=(n+1)^2.$$

$\therefore\ x_{n-1}-x_n=y_{n+1}-y_n$.

由命题2知，等式成立.

例 4 （第八届 IMO 试题）求证：对任意自然数 n 和任意实数 $x(x\neq\frac{m\pi}{2^k}$，$k=0,1,\cdots,n$，m 是整数)，有 $\frac{1}{\sin2x}+\frac{1}{\sin4x}+\cdots+\frac{1}{\sin2^nx}=\cot x-\operatorname{ctg}2^nx$.

证明 记左边=x_n，右边=y_n，

$$y_1=\cot x-\cot 2x=\frac{1+\cos2x}{\sin2x}-\frac{\cos2x}{\sin2x}=\frac{1}{\sin2x}=x_1.$$

又 $x_{n+1}-x_n=\frac{1}{\sin2^{n+1}x}$,

$$y_{n+1}-y_n=\cot 2^nx-\cot 2^{n+1}x=\frac{1+\cos2^{n+1}x}{\sin2^{n+1}x}-\frac{\cos2^{n+1}x}{\sin2^{n+1}x}=\frac{1}{\sin2^{n+1}x},$$

$\therefore\ x_{n+1}-x_n=y_{n+1}-y_n$.

由命题2知，等式成立.

例5（1993年全国高考题）已知数列 $\frac{8\cdot1}{1^2\cdot3^2}$，$\frac{8\cdot2}{3^2\cdot5^2}$，$\cdots$，$\frac{8n}{(2n-1)^2\cdot(2n+1)^2}$，$\cdots$，$S_n$ 为其前 n 项和，计算得 $S_1=\frac{8}{9}$，$S_2=\frac{24}{25}$，$S_3=\frac{48}{49}$，$S_4=\frac{80}{81}$.

观察上述结果推测出计算 S_n 的公式，并加以证明.

分析 易推测 $S_n=\frac{(2n+1)^2-1}{(2n+1)^2}\ (n\in\mathbf{N}_+)$,

从而归结为证明恒等式：

$$\frac{8\cdot1}{1^2\cdot3^2}+\frac{8\cdot2}{3^2\cdot5^2}+\cdots+\frac{8n}{(2n-1)^2\cdot(2n+1)^2}=\frac{(2n+1)^2-1}{(2n+1)^2}.$$

证明 记左边 $=S'_n$，则 $S'_1=S_1=\frac{8}{9}$,

$$S'_{n+1}-S'_n=\frac{8(n+1)}{(2n+1)^2(2n+3)^2},$$

$$S_{n+1}-S_n=\frac{(2n+3)^2-1}{(2n+3)^2}-\frac{(2n+1)^2-1}{(2n+1)^2}=\frac{(2n+3)^2-(2n+1)^2}{(2n+1)^2(2n+3)^2}$$
$$=\frac{8(n+1)}{(2n+1)^2(2n+3)^2},$$

$\therefore\ S_{n+1}'-S_n'=S_{n+1}-S_n.$

由命题2知，猜想成立.

例6（1992年全国高考题） 证明：$1+\frac{1}{\sqrt{2}}+\frac{1}{\sqrt{3}}+\cdots+\frac{1}{\sqrt{n}}<2\sqrt{n}$ $(n\in\mathbf{N})$.

证明 记左边 $=x_n$，右边 $=y_n$，则 $x_1=1$，$y_1=2$，有 $x_1<y_1$.

又 $x_{n+1}-x_n=\frac{1}{\sqrt{n+1}}$,

$$y_{n+1}-y_n=2(\sqrt{n+1}-\sqrt{n})=\frac{2}{\sqrt{n+1}+\sqrt{n}}>\frac{1}{\sqrt{n+1}},$$

$\therefore\ x_{n+1}-x_n<y_{n+1}-y_n.$

由命题3知，原不等式成立.

例7（《中学教研》1998年第1—2期第68页例4的加强式）证明：$1+\frac{1}{8}+\frac{1}{27}+\cdots+\frac{1}{n^3}\leqslant\frac{29}{24}-\frac{1}{2n(n+1)}$ $(n\geqslant 2)$.

证明 记左边 $=x_n$，右边 $=y_n$，则 $x_2=y_2=\frac{9}{8}$.

又 $x_{n+1}-x_n=\frac{1}{(n+1)^3}$,

$$y_{n+1}-y_n=-\frac{1}{2(n+1)(n+2)}+\frac{1}{2n(n+1)}$$
$$=\frac{1}{n(n+1)(n+2)}>\frac{1}{(n+1)(n^2+2n+1)},$$

$\therefore\ x_{n+1}-x_n<y_{n+1}-y_n.$

由命题3知，原不等式成立.

最后指出，利用原文中的命题来证明如下这道1998年高考理科压轴题，则比多家杂志提供的解法都简便.

例8 已知数列$\{b_n\}$是等差数列，$b_1 = 1$，$b_1 + b_2 + \cdots + b_{10} = 145$.

（I）求数列$\{b_n\}$的通项b_n；

（II）设数列$\{a_n\}$的通项为$a_n = \log(1 + \frac{1}{b_n})$（其中$a > 0$，且$a \neq 0$），记$S_n$是数列$\{a_n\}$的前$n$项和. 试比较$S_n$与$\frac{1}{3}\log_a b_{n+1}$的大小，并证明你的结论.

本题求解的实质是证明不等式：$(1 + 1)(1 + \frac{1}{4})\cdots(1 + \frac{1}{3n - 2}) > \sqrt[3]{3n + 1}$.

证明 记左边$= x_n$，右边$= y_n$，则$x_1 = 2$，$y_1 = \sqrt[3]{4}$，有$x_1 > y_1$.

又$\frac{x_{n+1}}{x_n} = 1 + \frac{1}{3n + 1}$，$\frac{y_{n+1}}{y_n} = \sqrt[3]{\frac{3n + 4}{3n + 1}}$.

由$(1 + \frac{1}{3n + 1})^3 = 1 + \frac{3}{3n + 1} + \frac{3}{(3n + 1)^2} + \frac{1}{(3n + 1)^3} > \frac{3n + 4}{3n + 1}$，

则$\frac{x_{n+1}}{x_n} > \frac{y_{n+1}}{y_n}$.

由命题知，原不等式成立.

（原文载于《中学数学月刊》1999年第1期）

再谈一类与自然数有关命题的证明

对于一类与自然数有关的等式或不等式的证明题，王博在《一类与自然数有关的数学命题的证明》中给出了两个定理，方法虽好，但却增加了记忆负担；马志良在《一类与自然数有关的命题的简易证明》中给出了不借助辅助定理直接证明的方法，虽然操作起来更容易，但其关键步骤（即构造相关的不等式或等式）不易想到；张云华在《一类与自然数有关的命题的一种证法思路》中所述方法是以数学归纳法证题思路入手，先假设$n-1$时命题成立，再看n时要探讨什么，据此“分析”一步，再行证明，也不轻松.

能否在王博和马志良所述求解思路的基础上，提出一种既不“增加记忆负担”，又非“不易想到”，且较张云华提出的方法更简便、更易于操作的方法呢？其实，利用众所周知的命题“对于数列$\{a_n\}$，$\{a'_n\}$，若$a_n \leqslant a'_n$，则$S_n \leqslant S'_n$”，我在《利用“$a_n \leqslant a'_n \Rightarrow S_n \leqslant S'_n$”解题》中已给出，可简洁明了地解决这类问题.现以张云华在《一类与自然数有关的命题的一种证法思路》中所述相关例子阐述这个方法.

例1 求证：$1+\frac{1}{1+2}+\cdots+\frac{1}{1+2+\cdots+n}=2-\frac{2}{n+1}$.

证明 记$\{a_n\}$的前n项和$S_n=2-\frac{2}{n+1}$，则

$$a_n=S_n-S_{n-1}=(2-\frac{2}{n+1})-(2-\frac{2}{n})=\frac{2}{n(n+1)}$$

$$=\frac{1}{1+2+\cdots+n}\ (n\geqslant 2).$$

又$a_1=S_1=2-\frac{2}{1+1}=1$，

$$\therefore\ a_n=\frac{1}{1+2+\cdots+n}\ (n\in \mathbf{N}^+).$$

则$\{a_n\}$与$\left\{\frac{1}{1+2+\cdots+n}\right\}$的前$n$项和相等，故原式成立.

例2 求证：$\frac{1}{2}\tan\frac{x}{2}+\frac{1}{2^2}\tan\frac{x}{2^2}+\cdots+\frac{1}{2^n}\tan\frac{x}{2^n}=\frac{1}{2^n}\cot\frac{x}{2^n}-\cot x$.

证明 记$\{a_n\}$的前n项和$S_n=\frac{1}{2^n}\cot\frac{x}{2^n}-\cot x$，则

$$a_n=S_n-S_{n-1}=\frac{1}{2^n}\cot\frac{x}{2^n}-\frac{1}{2^{n-1}}\cot\frac{x}{2^{n-1}}$$

$$=\frac{1}{2^n\tan\frac{x}{2^n}}-\frac{1}{2^{n-1}}\cdot\frac{1-\tan^2\frac{x}{2^n}}{2\tan\frac{x}{2^n}}=\frac{1}{2^n}\tan\frac{x}{2^n}\ (n\geqslant 2).$$

$$又\ a_1=S_1=\frac{1}{2}\cot\frac{x}{2}-\cot x=\frac{1}{2\tan\frac{x}{2}}-\frac{1-\tan^2\frac{x}{2}}{2\tan\frac{x}{2}}=\frac{1}{2}\tan\frac{x}{2},$$

$\therefore\ a_n = \dfrac{1}{2^n}\tan\dfrac{x}{2^n}\quad (n\in\mathbf{N})$,

则$\{a_n\}$与$\left\{\dfrac{1}{2^n}\tan\dfrac{x}{2^n}\right\}$的前$n$项和相等，故原式成立.

例3（第8届IMO试题）求证：对任意自然数n和任意实数x（$x\neq\dfrac{mx}{2^k}$，$k=0, 1, \cdots, n$，m是整数），有$\dfrac{1}{\sin 2x}+\dfrac{1}{\sin 4x}+\cdots+\dfrac{1}{\sin 2^n x}=\cot x-\cot 2^n x$.

证明 记$\{a_n\}$的前n项和$S_n=\cot x-\cot 2^n x$，则

$$\begin{aligned}a_n&=S_n-S_{n-1}\\&=\cot 2^{n-1}x-\cot 2^n x\\&=\frac{1+\cos 2^n x}{\sin 2^n x}-\frac{\cos 2^n x}{\sin 2^n x}=\frac{1}{\sin 2^n x}\ (n\geqslant 2).\end{aligned}$$

又$a_1=S_1=\cot x-\cot 2x=\dfrac{1+\cos 2x}{\sin 2x}-\dfrac{\cos 2x}{\sin 2x}=\dfrac{1}{\sin 2x}$,

所以$a_n=\dfrac{1}{\sin 2^n x}\ (n\in\mathbf{N})$.

所以$\{a_n\}$与$\left\{\dfrac{1}{\sin 2^n x}\right\}$的前$n$项和相等，故原式成立.

例4 求证：

$$\arctan\frac{1}{1+1+1^2}+\arctan\frac{1}{1+2+2^2}+\cdots+\arctan\frac{1}{1+n+n^2}$$
$$=\frac{\pi}{4}-\arctan\frac{1}{n+1}.$$

证明 记$\{a_n\}$的前n项和$S_n=\dfrac{\pi}{4}-\arctan\dfrac{1}{n+1}$，则

$$a_n=S_n-S_{n-1}=\arctan\frac{1}{n}-\arctan\frac{1}{n+1}\ (n\geqslant 2),$$

$$\tan a_n=\tan\left(\arctan\frac{1}{n}-\arctan\frac{1}{n+1}\right)=\frac{\dfrac{1}{n}-\dfrac{1}{n+1}}{1+\dfrac{1}{n}\cdot\dfrac{1}{n+1}}=\frac{1}{1+n+n^2},$$

$$\therefore\ a_n=\arctan\frac{1}{1+n+n^2}\quad (n\geqslant 2).$$

又$a_1=\dfrac{\pi}{4}-\arctan\dfrac{1}{2}$,

$\tan a_1=\tan(\frac{\pi}{4}-\arctan\frac{1}{2})=\frac{1-\frac{1}{2}}{1+1\times\frac{1}{2}}=\frac{1}{3}=\frac{1}{1+1+1^2}$,

则 $a_1=\arctan\frac{1}{1+1+1^2}$,

$\therefore\ a_n=\arctan\frac{1}{1+n+n^2}\ (n\in\mathbf{N}^+)$.

则$\{a_n\}$与$\left\{\arctan\frac{1}{1+n+n^2}\right\}$的前$n$项和相等，故原式成立.

例 5 （1993 年全国高考题）已知数列 $\frac{8\cdot1}{1^2\cdot3^2}$，$\frac{8\cdot2}{3^2\cdot5^2}$，…，$\frac{8_n}{(2n-1)^2\cdot(2n+1)}$，….$S_n$为其前$n$项和，计算得$S_1=\frac{8}{9}$，$S_2=\frac{24}{25}$，$S_3=\frac{48}{49}$，$S_4=\frac{80}{81}$.

观察上述结果推测出计算S_n的公式，并加以证明.

解 易推测：$S_n=\frac{(2n+1)^2-1}{(2n+1)^2}\ (n\in\mathbf{N}^+)$,

记$\{a_n\}$的前n项和为S_n，则

$$
\begin{aligned}
a_n&=S_n-S_{n-1}\\
&=\frac{(2n+1)^2-1}{(2n+1)^2}-\frac{(2n-1)^2-1}{(2n-1)^2}=\frac{8n}{(2n+1)^2(2n+1)^2}\ (n\geqslant2).
\end{aligned}
$$

又 $a_1=S_1=\frac{3^2-1}{3^2}=\frac{8\cdot1}{1^2\cdot3^2}$,

所以 $a_n=\frac{8n}{(2n+1)^2(2n-1)^2}$.

故 $S_n=\frac{(2n+1)^2-1}{(2n+1)^2}\ (n\in\mathbf{N}^+)$.

例6 求证：$1!\ +2\cdot2!\ +3!\ +\cdots+n\cdot n!\ <(n+1)!$.

证明 记$\{a_n\}$的前n项和$S_n=(n+1)!$ ，则

$a_n=S_n-S_{n-1}=(n+1)!\ -n!\ =n\cdot n!(n\geqslant2)$.

又 $a_1=S_1=(1+1)!\ >1!$ ，

$\therefore\ a_1 + a_2 + \cdots + a_n > 1! + 2! + 3\cdot 3! + \cdots + n\cdot n!$，故原不等式成立.

例7 求证：$1+\frac{1}{2^2}+\frac{1}{3^2}+\cdots+\frac{1}{n^2}<2-\frac{1}{n}\ (n\geqslant 2)$.

证明 记$\{a_n\}$的前n项和$S_n=2-\frac{1}{n}\ (n\geqslant 2)$，则

$$a_n=S_n-S_{n-1}=\frac{1}{n-1}-\frac{1}{n}=\frac{1}{n^2-n}>\frac{1}{n^2}\ (n\geqslant 3).$$

又$a_1+a_2=S_2=2-\frac{1}{2}=\frac{3}{2}>1+\frac{1}{2^2}$，

$\therefore\ a_1+a_2+\cdots+a_n>1+\frac{1}{2^2}+\frac{1}{3^2}+\cdots+\frac{1}{n^2}\ (n\geqslant 2)$，故原不等式成立.

例8（1992年全国高考题）证明：$1+\frac{1}{\sqrt{2}}+\frac{1}{3}+\cdots+\frac{1}{\sqrt{n}}<2\sqrt{n}\ (n\in \mathbf{N}^+)$.

证明 记$\{a_n\}$的前n项和$S_n=2\sqrt{n}$，则

$$a_n=S_n-S_{n-1}=2(\sqrt{n}-\sqrt{n-1})=\frac{2}{\sqrt{n}+\sqrt{n-1}}>\frac{1}{\sqrt{n}}(n\geqslant 2).$$

又$a_1=S_1=2\sqrt{1}>1$，

则$\{a_n\}$的每一项均大于$\left\{\frac{1}{\sqrt{n}}\right\}$的相应项，故$S_n$大于$\left\{\frac{1}{\sqrt{n}}\right\}$的前$n$项和，从而原不等式成立.

例9（《中学教研》1998年第1—2期第68页例4的加强式）证明：$1+\frac{1}{8}+\frac{1}{27}+\cdots+\frac{1}{n^3}\leqslant\frac{29}{24}-\frac{1}{2n(n+1)}\ (n\geqslant 2)$.

证明 记$\{a_n\}$的前n项和$S_n=\frac{29}{24}-\frac{1}{2n(n+1)}\ (n\geqslant 2)$，则

$$a_n=S_n-S_{n-1}=-\frac{1}{2n(n+1)}+\frac{1}{2(n-1)n}$$

$$=\frac{1}{n(n+1)(n-1)}>\frac{1}{n^3}\ (n\geqslant 3).$$

又$a_1+a_2=S_2=\frac{29}{24}-\frac{1}{2\times 2\times 3}=1+\frac{1}{8}$，

所以$a_1+a_2+a_3+\cdots+a_n \geqslant 1+\frac{1}{8}+\frac{1}{27}+\cdots+\frac{1}{n^3}\quad(n \geqslant 2)$.

故原不等式成立.

例10（1991年“三南”高考试题）已知函数$f(x)=\frac{2^x-1}{2^x+1}$，证明：对于任意不小于3的自然数n，都有$f(n)>\frac{n}{n+1}$.

分析 $f(n)=\frac{2^n-1}{2^n+1}=1-\frac{2}{1+2^n}$，又$\frac{n}{n+1}=1-\frac{1}{n+1}$，故需证

$$\frac{2}{2^n+1}<\frac{1}{n+1} \Leftarrow 2^n-1>2n \Leftarrow \frac{1-2^n}{1-2}>2n$$

$$\Leftarrow 1+2+2^2+\cdots+2^{n-1}>2n \quad (n \geqslant 3).$$

记$\{a_n\}$的前n项和为S_n，

所以$a_n=S_n-S_{n-1}=2n-2(n-1)=2(n \geqslant 4)$，

所以$2^{n-1}>a_n\quad(n \geqslant 4)$，又$1+2+2^2>2\times 3$，

所以$1+2+2^2+\cdots+2^n>S_n=2n(n \geqslant 3)$.

故原不等式成立.

（原文载于《数学教学研究》2002年第3期）

一类三角问题及其对偶式的速算公式

阚政平在《一个三角恒等式的证明及其应用》中指出，在研究$\sin\frac{\pi}{5}\sin\frac{2\pi}{5}$，$\sin\frac{\pi}{7}\sin\frac{2\pi}{7}\sin\frac{3\pi}{7}$，$\sin\frac{\pi}{11}\sin\frac{2\pi}{11}\cdots\frac{5\pi}{11}$，$\sin\frac{\pi}{13}\sin\frac{2\pi}{13}\cdots\sin\frac{6\pi}{13}$求解这类问题时，发现：

若$n \in \mathbf{N}$，且$n>1$，则$\prod_{k=1}^{n-1}\sin\frac{k\pi}{n}=\frac{n}{2^{n-1}}$　　(*)

读后颇有收益，但（*）式并不能直接得出上述各题的结果. 为此，本文现给出这类问题及其对偶式的速算公式：

$$\prod_{k=1}^{n}\sin\frac{k\pi}{2n+1}=\frac{\sqrt{2n+1}}{2^n}\quad ①$$

$$\prod_{k=1}^{n}\cos\frac{k\pi}{2n+1}=\frac{1}{2^n}\quad ②$$

$$\prod_{k=1}^{n-1}\sin\frac{k\pi}{2n}=\frac{\sqrt{n}}{2^{n-1}}\quad ③$$

$$\prod_{k=1}^{n-1}\cos\frac{k\pi}{2n}=\frac{\sqrt{n}}{2^{n-1}}\quad ④$$

先证明公式①：

考虑方程$x^{2n+1}=1$，有$2n+1$个单位根，

$$x_k=\cos\frac{2k\pi}{2n+1}+\mathrm{i}\sin\frac{2k\pi}{2n+1}\ (k=0,\ 1,\ 2,\ \cdots,\ 2n).$$

由于$x_0=1$，

$$x_{2n}=\cos\frac{4n\pi}{2n+1}+\mathrm{i}\sin\frac{4n\pi}{2n+1}=\cos\frac{2\pi}{2n+1}-\mathrm{i}\sin\frac{2\pi}{2n+1}=\bar{x}_1.$$

类似可得$x_{2n-1}=\bar{x}_2$，$\cdots$，$x_{n+1}=\bar{x}_n$.

$$\begin{aligned}\therefore\ x^{2n+1}-1&=\prod_{k=0}^{2n}(x-x_k)\\&=(x-1)\prod_{k=1}^{n}(x-x_k)(x-\bar{x}_k)\\&=(x-1)\prod_{k=1}^{n}[x^2-(x_k+\bar{x}_k)x+x_k\bar{x}_k]\\&=(x-1)\prod_{k=1}^{n}(x^2-2x\cos\frac{2\mathrm{k}\pi}{2n+1}+1)\ ;\end{aligned}$$

另一方面：

$$x^{2n-1}-1=(x-1)(x^{2n}+x^{2n-1}+\cdots+x+1).$$

$$\therefore\ \prod_{k=1}^{n}(x^2-2x\cos\frac{2k\pi}{2n+1}+1)=x^{2n}+x^{2n-1}+\cdots+x+1\qquad(1)$$

在（1）式中，令$x=1$，得

$$\prod_{k=1}^{n}(2-2\cos\frac{2k\pi}{2n+1})=2n+1,$$

$$\prod_{k=1}^{n}2^2\sin^2\frac{k\pi}{2n+1}=2n+1,$$

$$2^{2n}\prod_{k=1}^{n}\sin^2\frac{k\pi}{2n+1}=2n+1,$$

$$\therefore\ \prod_{k=1}^{n}\sin\frac{k\pi}{2n+1}=\frac{\sqrt{2n+1}}{2^n}.$$

在（1）式中，令$x=-1$，得

$$\prod_{k=1}^{n}\left(2+2\cos\frac{2k\pi}{2n+1}\right)=1,$$

$$\prod_{k=1}^{n}2^2\cos^2\frac{k\pi}{2n+1}=1,$$

$$2^{2n}\prod_{k=1}^{n}\cos\frac{k\pi}{2n+1}=1,$$

$$\therefore\ \prod_{k=1}^{n}\cos\frac{k\pi}{2n+1}=\frac{1}{2^n}.$$

类似地，由方程$x^{2n}=1$，可得

$$\prod_{k=1}^{n-1}\left(x^2-2x\cos\frac{k\pi}{n}+1\right)=x^{2n-2}+x^{2n-4}+\cdots+x^2+1. \qquad (2)$$

在（2）式中，令$x=1$，仿上可得

$$\prod_{k=1}^{n-1}\sin\frac{k\pi}{2n}=\frac{\sqrt{n}}{2^{n-1}};$$

在（2）式中，令$x=-1$，则得

$$\prod_{k=1}^{n-1}\cos\frac{k\pi}{2n}=\frac{\sqrt{n}}{2^{n-1}}.$$

这组公式较好地解决了一类三角习题的求解问题. 如（*）式中，分别令$n=2$，3，5，6立得文首所述各题结果.

（原文载于《河北理科教学研究》2000年第4期）

四类平均数的又一解几解释

刘晓东在《四类平均数的几何模型》、徐章韬在《均值不等式的图解》、汪晓勤和陈剑飞在《关于五种中项大小关系的若干几何解释》中，分别利用四边形和圆的相关知识给出高二新教材中所述的四类平均数关系问题的6种平面几何解释.但用解析几何解答的方法甚少，仅见《关于五种中项大小关系的若干几何解释》中提供了西方学者给出的一个方案，但上述模型需涉及四条二次曲线的作图，这对于中学生而言并不简单明了，因而不适合于实际课堂教学.

我们自然会想，能否给出一种“简单明了”的“适合于实际课堂教学”的解析几何解释呢？回答是肯定的.

问题 已知a，b都是正数，求证：$\dfrac{2}{\dfrac{1}{a}+\dfrac{1}{b}} \leqslant \sqrt{ab} \leqslant \dfrac{a+b}{2} \leqslant \sqrt{\dfrac{a^2+b^2}{2}}$，当且仅当$a=b$时等号成立.

我现借助抛物线模型给出它的一个解析结合方法，供参考：

如图，过抛物线$y^2=2p(x-\dfrac{p}{2})$ $(p>0)$的焦点弦AB的两端点分别作y轴的垂线AA_1，BB_1.

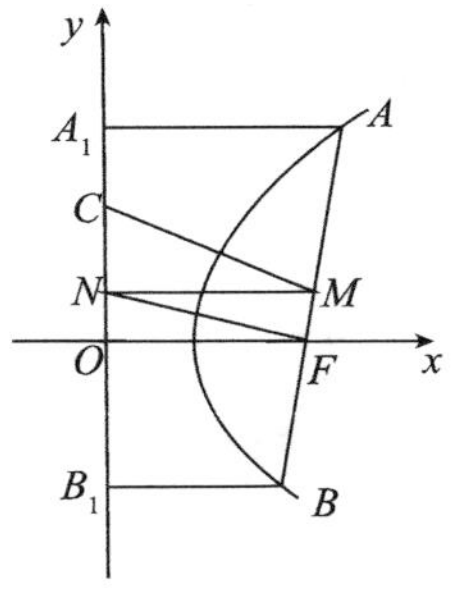

记$AA_1=a$，$BB_1=b(a>b)$，

则$A(a,\ \sqrt{2p(a-\dfrac{p}{2})})$，$B(b,\ -\sqrt{2p(b-\dfrac{p}{2})})$.

又$F(p, 0)$，由$k_{FA}=k_{BF}$，得$\dfrac{\sqrt{2p(a-\frac{p}{2})}}{a-p}=\dfrac{\sqrt{2p(b-\frac{p}{2})}}{p-b}$，

则$p=\dfrac{2ab}{a+b}$，

故抛物线方程为$y=\dfrac{4ab}{a+b}(x-\dfrac{ab}{a+b})$.

$\therefore A(a, \dfrac{2a}{a+b}\sqrt{ab})$，$B(b, -\dfrac{2b}{a+b}\sqrt{ab})$，$F(\dfrac{2ab}{a+b}, 0)$.

则AB中点M的坐标为$\left(\dfrac{a+b}{2}, \dfrac{a-b}{a+b}\sqrt{ab}\right)$.

过F作$FN\perp AB$交y轴于N点，

由$k_{FN}=-\dfrac{1}{k_{AB}}=\dfrac{b-a}{2\sqrt{ab}}$，得直线$FN$的方程为$y=\dfrac{b-a}{2\sqrt{ab}}\left(x-\dfrac{2ab}{a+b}\right)$.

令$x=0$，得$y=\dfrac{a-b}{a+b}\sqrt{ab}$，故$N$点坐标为$(0, \dfrac{a-b}{a+b}\sqrt{ab})$.

在y轴上取一点$C(0, \dfrac{a-b}{a+b}\sqrt{ab}+\dfrac{a-b}{2})$，则

$|OF|=\dfrac{2}{\frac{1}{a}+\frac{1}{b}}$，$|MN|=\dfrac{a+b}{2}$，$|FN|=\sqrt{ab}$，$|MC|=\sqrt{\dfrac{a^2+b^2}{2}}$.

由$FN\perp AB$，$MN\perp y$轴，得$|OF|<|FN|<|MN|<|MC|$，

当$a=b$时，$|OF|=|FN|=|MN|=|MC|$，

$\therefore |OF|\leqslant|FN|\leqslant|MN|\leqslant|MC|$.

$\therefore \dfrac{2}{\frac{1}{a}+\frac{1}{b}}\leqslant\sqrt{ab}\leqslant\dfrac{a+b}{2}\leqslant\sqrt{\dfrac{a^2+b^2}{2}}$，

当且仅当$a=b$时等式成立（此时点F，M重合，点O，N，C重合）.

（原文载于《中学数学》2005年第2期）

根式和下界不等式的一种新证法

——从一个问题解答谈起

1 问题提出

问题（《数学通报》1995年第8期问题969题） 已知a，b，$c \in \mathbf{R}^+$，且$a+b+c=1$，求证：$3-\sqrt{3}<\sqrt{1-3a^2}+\sqrt{1-3b^2}+\sqrt{1-3c^2}\leqslant 6$.

已见多文对这类上界不等式的解法进行探讨，但对其下界却少有研究. 我们自然要问：其下界的求解方法可否优化？为便于说明，不妨摘抄原文如下：

对于函数$y=\sqrt{1-3x^2}$，它的图象是椭圆$3x^2+y^2=1\,(x>0,\ y\geqslant 0)$在第一象限的部分，是凸的.

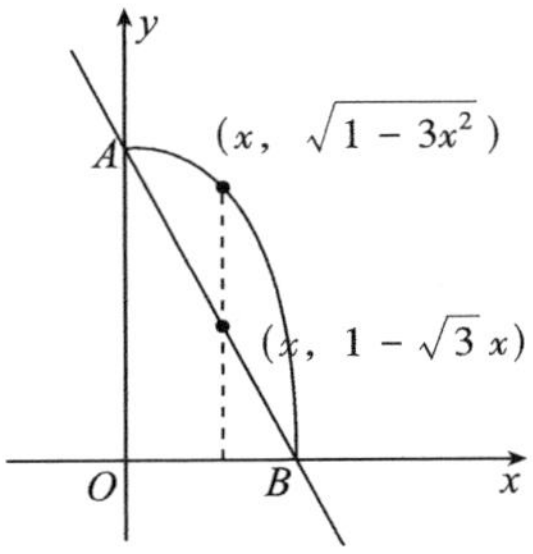

过$A(0,\ 1)$，$B(\frac{\sqrt{3}}{3},\ 0)$的直线方程为$y=1-\sqrt{3}\,x$.

对于$0<x\leqslant\frac{\sqrt{3}}{3}$，有$\sqrt{1-3x^2}>1-\sqrt{3}\,x$.

$$\begin{aligned}\therefore\ u&=\sqrt{1-3a^2}+\sqrt{1-3b^2}+\sqrt{1-3c^2}\\&>1-\sqrt{3}\,a+1-\sqrt{3}\,b+1-\sqrt{3}\,c\\&=3-\sqrt{3}\,(a+b+c)=3-\sqrt{3}.\end{aligned}$$

这里构造函数，利用凸函数图象的性质来处理，显然烦琐了，且$\sqrt{1-3x^2}>1-\sqrt{3}\,x$有误. 为此，我们有必要作解法探讨.

2 解法探讨

由已知$0 < a \leqslant \dfrac{\sqrt{3}}{3}$，知$\sqrt{3}a \geqslant 3a^2$.

$$\therefore \sqrt{1-3a^2} = \sqrt{3a^2 - 2\cdot 3a^2 + 1}$$
$$\geqslant \sqrt{3a^2 - 2\sqrt{3}a + 1} = \sqrt{(\sqrt{3}a - 1)^2} = 1 - \sqrt{3}a\cdot$$

同理$\sqrt{1-3b^2} \geqslant 1 - \sqrt{3}b$，$\sqrt{1-3c^2} \geqslant 1 - \sqrt{3}c$.

又上述三个等号至多有一个成立，

$$\therefore \sqrt{1-3a^2} + \sqrt{1-3b^2} + \sqrt{1-3c^2} > 3 - \sqrt{3}(a+b+c) = 3 - \sqrt{3}.$$

至此，联想到可否据上述办法解决下面这一个问题：

当a，b，$c \in \mathbf{R}^+$，且$a+b+c=1$，则$\sqrt{4a+1} + \sqrt{4b+1} + \sqrt{4c+1} > 2 + \sqrt{5}$.

求解的关键是：

是否存在一个恰当正实数x，使

$\sqrt{4a+1} > \sqrt{(xa+1)^2}$，即$4a+1 > x^2a^2 + 2xa + 1$成立.

又$0 < a < 1$，$\therefore a > a^2$.

只需令$4a + 1 = x^2a + 2xa + 1$，即 $x^2 + 2x = 4$，

只需$x = \sqrt{5} - 1$（负值舍去）.

$$\therefore \sqrt{4a+1} > (\sqrt{5}-1)a + 1.$$

以下仿上题，易得.

由此可知，据此方法解题的思路是：

利用待定系数法，再由$0 < a < 1$，得$a > a^2$，从而对根号下的式子进行适当的放缩去掉根号，累加即得.

3 应用举例

上述问题散见于书刊和各级各类考题中，这里仅就杨晋、黄英存在《无理不等式的一种新证法》中所给各题，据上法予以改进，同时也给出这类问

题一个简明实用的解法.

例1 已知a，b，$c \in \mathbf{R}^{+}$，且$a+b+c=1$，求证：

$$2+\sqrt{14}<\sqrt{13a+1}+\sqrt{13b+1}+\sqrt{13c+1}\leqslant 4\sqrt{3}.$$

证明 （只证左边不等式，下同）$\because\ 0<a<1$，$\therefore\ a>a^2$.

令$\sqrt{13a+1}=\sqrt{x^2a+2xa+1}>\sqrt{x^2a^2+2xa+1}=xa+1\ (x>0)$.

由$x^2+2x=13$，得$x=\sqrt{14}-1$（负值舍去），

$\therefore\ \sqrt{13a+1}>(\sqrt{14}-1)a+1$.

同理$\sqrt{13b+1}>(\sqrt{14}-1)b+1$，$\sqrt{13c+1}>(\sqrt{14}-1)c+1$.

三式相加，得

$\sqrt{13a+1}+\sqrt{13b+1}+\sqrt{13c+1}>2+\sqrt{14}$.

例2 已知a，b，$c \in \mathbf{R}^{+}$，且$a+b+c=1$.求证：

$$3+\sqrt{5}<\sqrt{4a+1}+\sqrt{4b+1}+\sqrt{4c+1}+\sqrt{4d+1}\leqslant 4\sqrt{2}.$$

证明 同例1，略.

例3 已知a，b，$c \in \mathbf{R}^{+}$，且$a+b+c=1$.求证：

$$\sqrt{6}+2\sqrt{5}<\sqrt{ab+5}+\sqrt{bc+5}+\sqrt{ca+5}\leqslant 4\sqrt{3}.$$

证明 $\because\ 0<ab<1$，$\therefore\ ab>(ab)^2$.

令$$\begin{aligned}\sqrt{ab+5}&=\sqrt{abx^2+2abx\cdot\sqrt{5}+5}\\&>\sqrt{(abx)^2+2abx\cdot\sqrt{5}+5}=abx+\sqrt{5}\ (x>0).\end{aligned}$$

由$x^2+2\sqrt{5}x=1$，得$x=\sqrt{6}-\sqrt{5}$（$\because\ x>0$），

则$\sqrt{ab+5}>(\sqrt{6}-\sqrt{5})ab+\sqrt{5}$.

同理$\sqrt{bc+5}>(\sqrt{6}-\sqrt{5})bc+\sqrt{5}$，$\sqrt{ca+5}>(\sqrt{6}-\sqrt{5})bc+\sqrt{5}$.

三式相加，得

$\sqrt{ab+5}+\sqrt{bc+5}+\sqrt{ca+5}>\sqrt{6}+2\sqrt{5}$.

例4 在$\triangle ABC$中，求证：

$$6+2\sqrt{5}<\sqrt{\tan\frac{A}{2}\tan\frac{B}{2}+5}+\sqrt{\tan\frac{B}{2}\tan\frac{C}{2}+5}+\sqrt{\tan\frac{C}{2}\tan\frac{A}{2}+5}\leqslant$$

$4\sqrt{3}$.

证明 $\because \tan\frac{A}{2}$，$\tan\frac{B}{2}$，$\tan\frac{C}{2}\in\mathbf{R}^{+}$，且

$\tan\frac{A}{2}\tan\frac{B}{2}+\tan\frac{B}{2}\tan\frac{C}{2}+\tan\frac{C}{2}\tan\frac{A}{2}=1.$

故例4即为例3.

例5 设a，b，$c\in\mathbf{R}^{+}$，且$a+b+c=2$.求证

$$2+\sqrt{7}<\sqrt{3a+1}+\sqrt{3b+1}+\sqrt{3c+1}\leqslant 3\sqrt{3}.$$

分析 令$m=\frac{a}{2}$，$n=\frac{b}{2}$，$p=\frac{c}{2}$，则原不等式为：设m，n，$p\in\mathbf{R}^{+}$，且$m+n+p=1$，求证：$2+\sqrt{7}<\sqrt{6m+1}+\sqrt{6n+1}+\sqrt{6p+1}\leqslant 3\sqrt{3}$.

证明 同例1，略.

例6 设a，b，$c\in\mathbf{R}^{+}$，且$a+b+c=1$，求证：

$2\sqrt[3]{7}+\sqrt[3]{10}<\sqrt[3]{3a+7}+\sqrt[3]{3b+7}+\sqrt[3]{3c+7}\leqslant 6.$

证明 $\because 0<a<1$，$\therefore a>a^{2}>a^{3}$.

令$\sqrt[3]{3a+7}=\sqrt[3]{x^{3}a+3x^{2}a\cdot\sqrt[3]{7}+3xa\cdot\sqrt[3]{49}+7}$

$>\sqrt[3]{x^{3}a^{3}+3x^{2}a^{2}\cdot\sqrt[3]{7}+3xa\cdot\sqrt[3]{49}+7}$

$=xa+\sqrt[3]{7}\ (x>0)$.

由$x^{3}+3\sqrt[3]{7}x^{2}+3\sqrt[3]{49}x=3$，

得$(x+\sqrt[3]{7})^{3}=10$，即$x=\sqrt[3]{10}-\sqrt[3]{7}\ (x>0)$.

$\therefore \sqrt[3]{3a+7}>(\sqrt[3]{10}-\sqrt[3]{7})a+\sqrt[3]{7}$.

同理$\sqrt[3]{3b+7}>(\sqrt[3]{10}-\sqrt[3]{7})b+\sqrt[3]{7}$，$\sqrt[3]{3c+7}>(\sqrt[3]{10}-\sqrt[3]{7})c+\sqrt[3]{7}$.

三式相加，得

$\sqrt[3]{3a+7}+\sqrt[3]{3b+7}+\sqrt[3]{3c+7}>2\sqrt[3]{7}+\sqrt[3]{10}$.

（原文载于《数学教学研究》1999年第6期）